# キャリアラダーとは何か

アメリカにおける地域と企業の戦略転換

J.フィッツジェラルド［著］
筒井美紀・阿部真大・居郷至伸［訳］

Joan Fitzgerald

MOVING UP IN THE NEW ECONOMY

Career Ladders for U.S.Workers, *Abridged Edition*

勁草書房

*MOVING UP IN THE NEW ECONOMY:*
*Career Ladders for U.S. Workers*
by Joan Fitzgerald
an ILR Press book originally published by Cornell University Press

This edition is a translation authorized by the original publisher,
via The English Agency (Japan) Ltd.
Chapters 4 and 5 of the original edition have been omitted.

# 訳者まえがき　キャリアラダー戦略とは何か

## 本書の誤読を避けるために

筒井　美紀

### 1　本書の目的／本訳書の目的

将来につながるまともな仕事（decent work）を、いかにして創出・再創出するのか。創出・再創出のみならず、いかにして拡大し維持するのか——とりわけ、とびきり高い学歴もスキルもなく、特別なコネもないような普通の人びとのために。「いつクビになるか分からない雇用（precarious employment）」の不安が心によぎる、普通の人びとのために。いま日本はこの問いを、理論的にも実践的にも解かねばならない。そうした了解はあるものの、私たちはその解を、未だ手元にたぐり寄せてはいない。もし既にたぐり寄せているのであれば、「日本版デュアルシステム」で試用期間に労働者を安く働かせるだけといったことが生じたり、役所的横並び主義によってハローワークが一律的に閉鎖されて仕事がいっそう見つけにくくなったり、公的職業紹介の趣旨を理解していない業者が求人開拓事業を落札したりといった状況に、ブレーキがかけられているはずである。もし既に解をたぐり寄せているのであれば、「企業内部での仕事の創り出され方＝働かせ方は本当に『聖域』なのか？」という根本部分にメスが入れられているはずである。社会的企業（social enterprise）や地域ビジネスが持つ理念や枠組みの新しさについて（しばしば無批判に）紹介したり論じたりすることを超えて、「そこでの雇用がまともに食べていける賃金を払えるための条件は何か？」「打ち上げ花火に終わらない『仕事おこし』には何が必要か？」といった問題が、より具体的に詰めて考えられているはずである。

日本における労働市場政策や職業能力開発政策、企業の雇用実践、地方自治体やＮＰＯ、労働組合などの現状を前にすれば、以上のような疑問の渦が、頭の中をぐるぐると回り続ける。アメリカに関するこうした疑問を整理した上で、それらに答えようとするのが、Joan Fitzgerald (2006) *Moving Up in the New Economy: Career Ladders for U. S. Workers* の試みである。著者のジョーン・フィッツジェラルド氏は、労働力開発政策と地域経済開発政策を専門とする社会学者であり、ノースイースタン大学（ボストン）の法律・政策・社会プログラムのディレクターを務めている。

アメリカといえば、堤未果氏が『ルポ貧困大国アメリカ』（岩波書店、二〇〇八年）にて、日本よりずっと早くからネオリベラリズム的市場社会化が進行し、貧困と格差に喘ぎ続けてきたこの国の深部をえぐり出している。「死に至る（至った）病」のルポルタージュである。しかし同書はまた、その中で立ち上がり始めた人びととの物語でもある。では、そうした人びとは、労働力開発の領域では、具体的にどのような取り組みをなしてきたのだろうか。課題は多いだろう――ささやかながらも上昇移動が可能なキャリアのハシゴ（＝ラダー）は、どうすれば構築できるのか。どうすればその制度は短命に終わらないのか。市民（citizen）はどのような理念に基づき、どのように関与すべきなのか。キャリアラダー戦略の可能性と限界はいかなるものか。本書は、こうした問題関心から、州政府をはじめとする地方自治体、労働力媒介機関 workforce intermediary（ＮＰＯを中心に、コミュニティ・カレッジ[1]や商工会議所、労働組合や協同組合など）、諸産業（医療、保育、教育、製造）の諸企業、訓練プログラムを受けた労働者たちへのインタビューと資料収集を通じて分析・考察を展開し、厳しい（＝「ずっこい」政治家や政策担当者なら聴かなかったふり

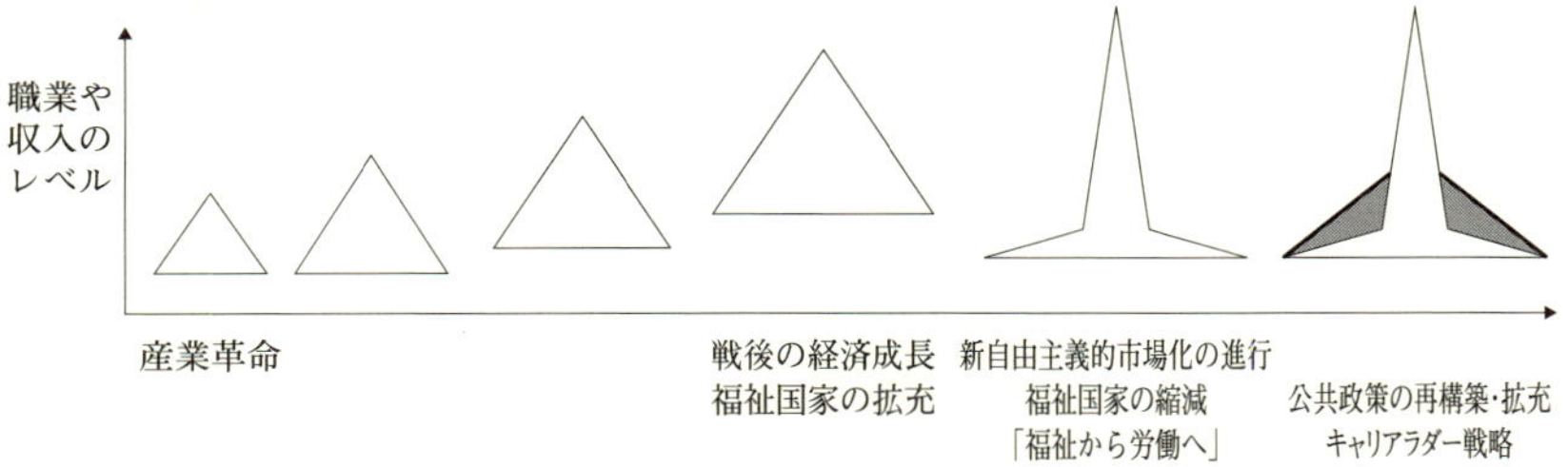


**図 0. 1**　職業・収入階層の構造変化とキャリアラダー戦略についての概念図

をするであろう）政策評価を行っている。一言で言えば本書は、キャリアラダー戦略の批判的擁護の書である。

　新刊案内のタイトルと内容説明を読んで「これは」と直感した私は、早速に原著を取り寄せた。一読して、頭の中がすっきりした（気がした）。居郷至伸氏と阿部真大氏に声をかけ、研究会を重ねる中、翻訳を決意してフィッツジェラルド氏の研究室を訪れる。拙い英語での質問に対する丁寧な説明を聞いて、日本がいま何をどう問うべきなのか、何をどう調査すべきなのか、いっそう明確になった。なるほど、日本の景気は、不透明・不安定要素を多分に有しつつも、まずまずの状態が続いてきたし、セクターによっては人手不足感も相当にある。しかし、問題は景気循環的なものではなく、構造的なものである。つまり、好景気の継続の中で、ボトムの労働者が中間レベルへと上昇移動してはこなかった。例えば総務省統計局「労働力調査」によれば、雇用者にしめる非正規社員の割合は、「就職氷河期」の一九九四年で約二〇%、「いざなぎ越え」が始まった二〇〇二年で二九%、二〇〇七年で三三%強と増え続けている。図0・1に示すように、職業・収入階層がガビョウの形をしたままであるため、つまり、中間レベルの職が非常に少ないため、そこに達しようにも達しようがないのだ。こうした構造そのものを変える、すなわち、やせ細った中間部分の職と、そこに至る職を再創出するにはどうすればよいのか。先進国に共通する喫緊の課題である。

　「いまのアメリカを見ると一〇年後の日本が分かる」。オックスフォード大学教授の苅谷剛彦氏は、比較社会学の面白さ（の一部）を、こう表現する。同書／本訳書から得られるのは、この面白さである。近代社会においては、職業構造はピラミッド型をし、戦後はケインズ的な福祉国家の枠組みのもと、その賃金・給付水準を底上げしつつ、ピラミッドをどんどん拡大してきた（図0・1）。ところが石油ショックによって低成長期に入り、アメリカでは一九八〇年代に、労働者を中核／周辺に二分するような労働編成が進行し、ピラミッド型の職業構造はガビョウ型へと変容した（図0・1の右端。因みに、本書第1章で出てくるように、経済学者のベネット・ハリソンとバリー・ブルーストーンは、その下での賃金分布を「砂時計」になぞらえている）。貧困問題は深刻化し、中産階級までをも巻き込んだのだ。周知のとおり、こうした変容は、日本では一九九〇年代に生じた。まさに「今のアメリカを見ると一〇年後の日本が分かる」である。

アメリカでは問題の深刻化が一〇年早かった分、それに対する取り組み——ガビョウ型をした職業構造ないし労働編成の、やせ細った中間部分の職とそこに至る職を再創出する——もまた、一〇年早かった。ただし、もはやピラミッド型には戻れないだろう、という前提がそこにある（この前提自体をより深く吟味する作業は不可欠だろう）。

ところで、労働力開発政策と経済開発政策というこの領域は、非常に範囲が広い。州政府、NPO、コミュニティ・カレッジ、労働組合、商工会議所、企業など、多数のアクターを含む。それに加えて外国の話となれば、アメリカのこの領域で何が起こっているのか、何が課題となっているのか、大きな見取り図をもって示してくれるような日本語の文献は少ない。連邦や自治体の仕組みや取り組みとその変遷ということであれば、行政学や財政学、社会保障や労働法学の研究者が、労働者の（再）訓練ということであればコミュニティ・カレッジや職業訓練に詳しい教育学や教育社会学の研究者が、企業の雇用実践ということであれば経営学者や労使関係の研究者が、といった具合に、詳細だが細分化された（されざるを得ない）事例研究が多い。そうした中で、仲野（菊地）組子（二〇〇六）「社会が企業を変えるアメリカ合衆国の経験」は、限られた紙面の中で、見取り図をコンパクトに描き出している。因みに、仲野（菊地）氏が紹介しているウィスコンシン州ミルウォーキー・メトロポリタン（大都市圏）の取り組みは、本訳書第4章（原著第6章）が、シカゴ大都市圏の取り組みと対比しつつ、詳解している。(2)

## 2　予想される七つの反応・反論

繰り返せば、キャリアラダー戦略とは、ガビョウ型をした職業・収入構造ないし労働編成の、やせ細った中間部分の職とそこに至る職を再創出することを目標とする。ささやかながらも上昇移動が可能なハシゴの構築と維持を目標とする。働かせ方の非聖域化、スローガン的に言えば「グッド・ジョブ・ファースト（Good Job First）」である。テコ入れすべきはまずもって労働需要側であり、労働供給側ではない、という発想だ。

キャリアラダーは、具体的には、生産性がより高い職務がラダーのより上位に位置しなければならず、それゆえにラダーを上るほど賃金もその分アップし、また、ラダーを上るにはそれだけの教育訓練（基礎学力だけではなく、ソフトスキル、チームの一員として働けるスキル、問題発見・問題解決のスキルも含む）と経験が必要になる、という仕組みでなければならない。

このように説明すると、七つの反応ないし反論が予想される。順番にリプライを試みていこう。

### ①「やりがいの搾取」ではないか？

原著タイトルを逐語的に訳すと『ニューエコノミーの中での上昇移動――アメリカの労働者のためのキャリアラダー』となる。ここから受ける印象も重なって、次のような反応が惹き起こされるだろう。「キャリアラダー？　本当は上っていけるハシゴなんてないのに、お洒落なカタカナ職業を作って「ハシゴがある」ように思い込ませ、やる気を出させるだけではないか？」――本田（二〇〇七）の概念を援用して言えば、巧妙な「やりがいの搾取」ではないか？　というわけである。

しかし、こうした読み込みは全くの誤解だ。フィッツジェラルド氏は、私たち訳者のインタビューに答えてこう言

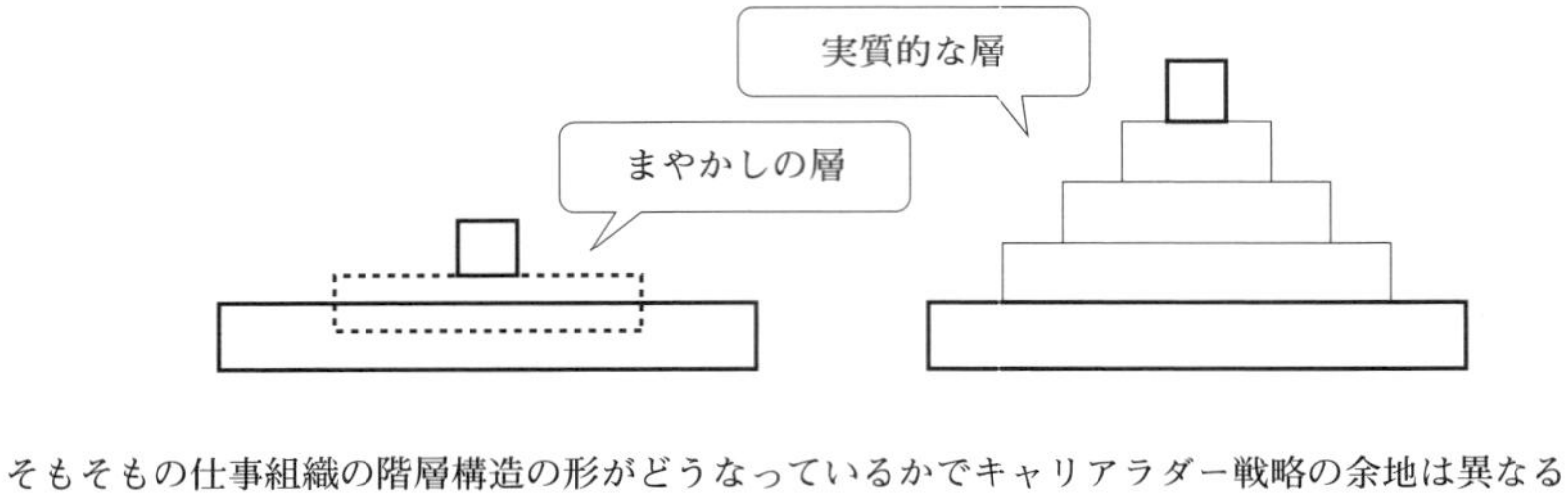

そもそもの仕事組織の階層構造の形がどうなっているかでキャリアラダー戦略の余地は異なる

**図 0.2**　キャリアラダー戦略の余地についての概念図

った。[3] キャリアラダーは、複数のスキルカテゴリーが実質的に存在する領域でなければ創出不可能である、だからその見極めを誤ってはならない、と。彼女は、創出不可能な例を二つ挙げた。一つはホテル業界での話。この業界では、膨大な数のメイドが働いている。離職率も極めて高い。モチベーションや定着率の上昇のために「訓練を受ければソムリエにもなれる」ルートを創ったところがあるらしい。果たしてこれは「キャリアラダー」だろうか。否。ソムリエ対メイドの人数比を見れば、「上ろう」という気になる人は、極めてほんの一部だろう。したがって、これではラダーにならない。いま一つの例はファーストフード業界。店長などマネジャーと一般従業員との間に、中間レベルのスキルが必要な層の実質的な「厚み」があるだろうか。いや、無い。だから、店長一人に対して一般従業員は多数、という人数比となり、やはりラダーは形成できない。ほんのわずかの人しか上れないとすれば、それはラダーにはならない。フィッツジェラルド氏はこう指摘する（彼女の指摘を図示するならば、図0・2のようになるだろう）。

　したがって、仕事組織の階層構造の形を無視して、無理矢理にラダーを創っている企業があるとすれば、その企業は一般従業員のさまざまな仕事を、細かく刻んで「ラダーっぽく」見せかけているだけである。日本でも、こうした思い込ませ戦略に誘われて、少なくとも当面のあいだは頑張って働いてしまう人は少なくないだろう。雇用主は思う、「そうしてくれたらラッキー」「現実を知って幻滅して辞めたとしても、次の人がドアを開けて入ってくるから問題ない」と。これではネオリベラリズムの思う壺だ、人びとよ、騙されるな！　という批判者の言は正論そのものである。だが本書は、まさしく、そうしたまやかしや搾取に嵌らない戦略について語っているのだ。それこそが「キャリアラダー戦略」なのである。繰り返せば、キャリアラダー戦略は、中間スキル層の「厚み」があることに「合理性がある」業種・職種においてこそ、とる意味がある。フィッツジェラルド氏は、看護職や介護職（本書第2章）、保育職（第3章）、製造職（第4章）を挙げている。

では、中間スキル層の「厚み」があることに「合理性がない」業種・職種では、一体どうすればよいのか。本書／本訳書を読み進める中で膨らみ、また最後まで答えられない疑問がこれである。この疑問については、本訳書の最後に配置されている、論点提起2（居郷至伸）が引き取って議論する。

## ②「偽りの身分制」をそのままにした「上昇移動」の「強制された自発性」ではないか？

予想される二つめの反応は、「キャリアラダー戦略は『上昇移動』を自発性の名のもとに強制しており、正社員と非正社員との間の身分的な格差を隠蔽するものではないか？　非正社員なのに正社員の責任を押し付けられている、正社員よりも能力がある、といった『逆転現象』の例が後を絶たないのではないか？　肝心なのはこれらの是正すなわち均等待遇、『同一価値労働同一賃金』、最低賃金の上昇ではないか？」というものである。私たち訳者の間でも、読み込みが浅い時期に、この点が真っ先に議論の俎上に載った。再読と議論を繰り返す中、三人が至った結論は、「キャリアラダー戦略、最低賃金上昇戦略、均等待遇戦略は互いに他を代替できない、三つとも不可欠だ」というものだ。

誰でもできるような仕事や生産性の高くない仕事をしているからといって、そうした仕事をずっと続けたいからといって、まともな生活が可能な賃金が支払われないことは正当化されない。したがって、最低賃金が引き上げられねばならない。しかし他方で、もう少し高度な仕事がしたい、もう少し裁量権の大きい仕事がしたいと望む人びともいる。そうした人びとが上っていけるようなラダーが存在しないとすれば、どうやって本人の潜在能力を伸ばせるのだ

ろうか。これに応えようというのがキャリアラダー戦略である。(4)

キャリアラダーは、教育の獲得・職務経験年数・職位が「三位一体」となった賃金マトリクス（組み合わせ表）に基づく。経営者だけではなく労働者が納得する賃金マトリクスを作成するには、均等待遇戦略と同様、職務分析をきっちり行わなければならない。その過程で「AさんとBさんの仕事内容はほとんど同じなのに、Aさんの年収はBさんの一・五倍近い」「Cさんの仕事はXということになっているが、YとZもやっている」といった（誰もが気づいている）事実が、公式にあぶり出される。このような「再発見」作業を、キャリアラダー戦略は大前提とする。ここから明らかなように、キャリアラダー戦略と均等待遇戦略は不可分なのである。さらに考えてみれば、やせ細った中間部分の職とそこに至る職がないままで均等待遇を訴えると、中間職対下位職の人数比から、賃金は下方に引っ張られる――「ダンピング」される――懸念があろう。「均衡処遇」（均等、ではなく）という名の「底辺への競争」が加速するだろう。これを防ぐ意味でも、「やせ細った部分の職をいまいちど太くする」必要がある。

以上のように、三つの戦略は相互に補完的であり、三つとも不可欠である。ところが、本書をさらっと読み流すだけだと、最初の一～二頁あたりで上記の反論ないし誤読を惹き起こすだろう。そのまま第2～4章を読み進めてしまうならば、「あれ？　もしかして誤読？」という疑問が頭をもたげ、最終章の最後の最後にある「キャリアラダーは、リビング・ウェイジ戦略全体の中の、非常に有益な一部分なのであって、銀の弾丸ではない」のくだりに至ってやっと氷解、ということになるかもしれない――と懸念されるので、「それは誤読です」と予め述べておく。

### ③日本企業が陥りがちな過重な労働負担や時間外労働の強制にならないのか？

繰り返せば、キャリアラダーの仕組みとしては、生産性がより高い職務がラダーのより上位に位置しなければならず、それゆえにラダーを上るほど賃金もその分アップする、ということでなければならない。また、ラダーを上るにはそれだけの教育訓練と経験が必要になる。ソフトスキル、チームの一員として働けるスキル、問題発見・問題解決のスキル、そうしたものが発揮されなければならない。

「その仕組みは、『日本的経営』『知的熟練』『カイゼン』をモデルとしていないか？　だとすれば、こうしたモデルが陥りがちな過重な労働負担や時間外労働の強制に陥るのではないか？」——これが予想される三つめの反応である。前出の中野（菊地）氏が既にこの疑義を表明している。ＷＲＴＰ（ウィスコンシン地域訓練パートナーシップ）の取り組みを叙述した論文（Vidal, 2004）に対して、「ＷＲＴＰの『カイゼン』が日本企業において往々にして陥るような人員削減や過重な労働負担や時間外労働の強制に至らないのかどうかについての記述はない」と氏は指摘する。

実は本書にも、こうした疑義に応えるような論考はない。思うにその理由は、本書の焦点が「やせ細った部分の職をいかにしていまいちど太くするか」であり、かかる疑義はその先で顕在化する課題のためであろう。しかしだからといって、こうした問題を等閑視しているわけではなかろう。等閑視しているのであれば、第1章で「かつてのある時期…に、労働者がより高い賃金と良い労働条件を得ることを可能にしたのは、最低賃金をアップさせ、時間外労働の支払いを命じ、労働組合の組織化を奨励し、より高度に構造化された労働市場へとつながった、政府の政策なのである」、第5章で「組合の根本的な使命は労働者のエンパワーメントであって、雇用主に仕えることではない」「組合は、賃金と時間外労働の協約、健康と安全の規制を、雇用主が遵守しているかどうか監視する」といった指摘はしないはずである。こうしたくだりからは、本書が「新しい生産システムの導入や職場改善」や「効率性の過度の追求が労働者の労働負担を引き起こすことにならないものでなければならない」という中野（菊地）氏（二〇〇六、二一三頁）と同じスタンスをとっていると考えてよいだろう。

もっとも、新しい生産システムの導入や職場改善や効率性の追求にどう向き合うかは、容易なことでは全くない。ここでは、労働者のエンパワーメントの中には、ネオリベラリズムが称揚する「人間力」「コミュニケーション能力」がいとも簡単に滑り込む、という一点だけを指摘しておく。

## ④キャリアラダーはどのくらいの長さ（高さ）なのか？

キャリアラダーというと、私たちはついつい、日本の製造業大手の（理念型的な）長期雇用を前提としたラダーを思い浮かべてしまうのではなかろうか。だが、そうではない。本書が言うところのキャリアラダーは、実にささやかな、そして堅固な――少なくとも堅固であろうとする――ラダーである。

少し本文を先取りしてしまうけれども、第3章「保育」を一例に挙げよう。アメリカでは、保育従事者の大半が高卒学歴すら持っていないという現実がある。こうした労働者たちに「高校卒業」「コミュニティ・カレッジで三カ月プログラムの修了」「同じく一年プログラムの修了」「児童発達機構（CDA）資格」といった「ささやかな」教育ラダーを提供し、かつ、職責と勤続年数を加味して賃金を保障するのである（本訳書一〇一頁）。

従来の制度では、高卒とCDA資格、あるいは高卒とコミュニティ・カレッジ短期プログラムとの間には、何の資格もなかった。保育従事者の大半の人びとにとっては、認知的スキルの不足や家族責任の負担によって、それは極めてきついラダーだった。だからこそ、その間にもう一段、二段創ろう――STARSや一五単位――ということになった。「ささやかな」教育ラダーの提供である。

単位取得・プログラム修了に注がれる「相当の努力」に対して、得られるものは実にささやかだ。例えば「保育助手」は、経験年数一年だと高卒は時給七・四五ドル、CDA資格取得者は八・九五ドルで、たった一・五〇ドルしか違わない。一日八時間働けたとして一二ドルの差である。だがこの差こそ、極めて重大なのだろう。一週間で六〇ドルも違ってくるのだから。

こうした「ささやかな上昇移動」は、しかし同時に堅固でもある――少なくとも、堅固であるための諸戦略が駆使されている。なぜなら、教育の獲得・勤続年数・職責による賃金マトリクスそれ自体が、企業・労働組合・行政・教育機関等の共同作業によって作成されており――すなわちそれは「契約」内容の詰め作業と合意／妥協の成立に他ならない――契約の遵守が要請される、という仕組みがあるからだ。[5]

もちろん、こうした契約は、通常は有期契約であり、効果がないと見なされたり、資金（補助金や助成金など）が底をつこうものなら破棄されてしまう。したがって、「ささやかで堅固な上昇移動」の仕組みがある方が、つまり、「仕事のさせ方の再組織化＝公正さを織り込みつつ労働者の質を上げる」戦略の方が、生産性も収益も上がるという実績を示すことで、雇用主を説得しなければならない。そしてこれもまた、州政府や公共的な労働力媒介機関の決定的に重要な役割である（「公共的な」とは、決して企業の「御用聞き」ではない、ということだ）。これが極めて遂行困難な役割であろうことは、想像がつくだろう。彼らはいかにして雇用主を説得したのだろうか。あるいは、説得に失敗したのだろうか。具体的な分析の諸章では、この点が詳しく描き出されている。

## ⑤「企業改革」でマクロ経済の問題を乗り切ろうという試みではないのか？

予想される五つめの反応は、「キャリアラダー戦略とは、企業や労働市場の構造改革によって、マクロ経済の問題（不況や停滞）を乗り切ろうという試みなのではないか？」である。これについては否、である。本書の他でもフィッツジェラルド氏は、〈政府はマクロ経済の舵取りを誤ってはいけない〉という趣旨のことを強調している。経済成長を促す金融政策と財政政策が大前提なのであり、その上で氏の論点は、そうした全体的な経済成長と社会的公正との間で生じる「財産の葛藤（the property conflict）」をどうするのか、にある。(6) すなわちキャリアラダー戦略は、経済成長の下で誰かが不当に得をし、誰かが不当に損をするのを認めない。こうした事態が生じないよう、例えば前項④のように、企業・労働組合・行政・教育機関等による「契約」内容の詰め作業と合意／妥協の成立を追求するのである。

ところでキャリアラダー戦略が、経済成長（とそれを促す金融政策と財政政策）を大前提とすることから明らかなように、この戦略の効果は景気状況に左右される。私はフィッツジェラルド氏に質問した。「景気がすごくよかったり、あるいは逆にすごく悪かったりする状況では、雇用主はキャリアラダー戦略をやってみようとは動機づけられないと思うのですが。そうした時期に有効な戦略は何だとお考えですか?」と。曰く「ええ、全くおっしゃるとおりよ」。後半の質問に対しては明確な回答を得られなかった。不況期に何をすべきかは、キャリアラダー戦略の守備範囲の外にある。この戦略の守備範囲は、中野（二〇〇六）を援用しながら言えば、「経済にゆとりのある安定成長期」や回復期・拡大期に、「不合理な格差を解消するための制度を確立」することにあるのだ。二一世紀に入ってからの——二〇〇二年には「いざなぎ越え」が始まった——政府の就業支援・労働力開発政策（「再チャレンジ政策」「新雇用戦略」など）はどうだった／どうであろうか。非正規社員を正社員にしたら企業主にお金を出すといった補助金のバラマキや、政府と癒着した人材業者による利益のむさぼりは、なぜ止まらないのだろうか。どうすれば止められるのだろうか。私たち訳者は、本書の問題関心と視点から光を当てて検討すべきことが、いまの日本にはたくさんある、と考えるのである。

## ⑥アメリカは日本と違いすぎるから参考にならないのではないか?

「そうだとしても、アメリカと日本はやっぱり違いすぎるから、役に立たないのではないか。例えば、日本にはコミュニティ・カレッジのようなものはないし、労働組合の役割だって、随分違う」。予想される六つめの反応が、アメリカの事例研究を参照することが持つ効用への疑問である。こうした反応は、社会的・制度的文脈抜きに、諸外国の実践を「活用」したがる向きに対する「戒め」としては意味を持つだろう。だが、次の三点で不充分さがある。

第一に、確かに日本にはコミュニティ・カレッジはないけれども、かなり近い存在として公共職業訓練短期大学校がある。「違いすぎる」「存在しない」とすぐに言ってしまわず、社会学の「機能的等価物（functional equivalency）」という発想によって、より丁寧な比較を進めていくべきであろう。

第二に、「企業別労働組合の日本／産業別・職業別労働組合のアメリカ」といった対比的理解には一定の根拠があるものの、この対比に固執すると、過渡期ないし転換期の動向に対する敏感さを失いかねない。例えば電機連合は、組合員個人（のちに家族まで拡大）の職業能力・キャリア形成を支援する「電機産業職業アカデミー」を二〇〇三年に発足させ、また、職業能力開発行政についての提言なども行っている。[7] こうした動向をきちんと捉えるためには、対比的理解はいったんカッコに括ったほうがよい。[8]

第三に、「違いすぎるから役に立たない」は、理念そのものの検討の欠如にもなりかねないという点で問題である。R・ベラーは『善い社会』で、公共哲学と社会学の接合を強調し、J・マイヤーの社会学的研究を理念の問題を欠いた分析であるとして批判している。ベラーに従えば、善き理念を体現している（しようと試みている）現状変革的な取り組みは、諸制度や慣行の違いが大きかろうと、参照される価値があるはずである。手段としての諸制度や慣行と、目標＝理念とは区別して考察しなければならない。ベラーによるマイヤー批判を単にマイヤー批判としてだけ捉えないならば、理念を欠いた分析、分析を欠いた実践という、「欠如の連鎖」の危険性が浮き彫りにされるはずである。社会学は公共哲学と実践の結節点であり、その役割を忘れた場合には、中世の「哲学は神学の卑女」ならぬ現代の「社会学は行政の卑女」となりかねないであろう。

### ⑦労働市場の外部における普遍的な生の保障をどう考えているのか？[9]

予想される七つめの反応は、「キャリアラダー戦略が、ウェルフェア・トゥ・ワーク（Welfare-to-Work, 福祉から労働へ）の政策を批判し、それを是正する試みであるにしても、そこで保障されるのが『労働する生』に限定されたものであることには変わりない」というものである。

「ウェルフェア・トゥ・ワーク」は、福祉「依存」から脱却するために就労を通して「自立」することを目標に、雇用可能な公的扶助受給者に対して、就労や就労に関連する活動を義務付ける政策である。つまり、教育訓練や職業への従事と福祉給付とを引き換え（トレード・オフ）にする。この政策では、入職のみが企図されており、それが入職後の早期離職や「貧困・失業の罠」を招いてしまった。

確かに、キャリアラダー戦略は、この状況を批判し、教育訓練や職業への従事と福祉給付のトレード・オフを和らげ、かつ労働のあり方をまともで（decent）安全な（secure）ものにしているだろう。しかしながら、労働市場の外部における普遍的な生の保障――「労働しない／できない生」が等しくまともで安全であること――が、同時に議論されない限り、キャリアラダー戦略はいとも容易にネオリベラリズムに回収されてしまう。これが七つめの反応である。

これは全くそのとおりで、頷くしかない。労働市場の内部と外部は、同時進行で公正なものにしていかねばならない、両方やらねばならないのだ――そう考えるとなおさら、本書が受け持つ方の労働市場内部のあり方だけでも、いかに重たい課題が山積みされているかが、痛感されるのである。

## 3　見極め主体と協同の政治的性質

### 見極め主体は誰なのか

以上、キャリアラダー戦略に対する七つの反応・反論へのリプライを行った。それでは、キャリアラダー戦略の話を進めよう。中間スキル層の「厚み」があることに「合理性がある」業種・職種はどれなのか、どんなラダーを構築すべきなのかといったことを、誰が見極めるのか。誰が問題の全体像を整理するのか。誰が問題解決策を提示するのか。訓練者・被訓練者は何をすればよいのか。いつ・どこで・どのくらいの期間・どのくらいの費用で、訓練すればよいのか――こうした疑問に関して全て答えを出せる人はいないだろう。それができたらスーパーパーソンである。役所だけでは決められない。分析の専門家だけでも決められない。経営者だけでも、現場の労働者だけでも決められない。必要なのは、関係する人びとの協同（cooperation）である。そして、協同に不可欠なのはコーディネーターだ。

だが、この協同という営みは実に難しい。もちろんアメリカでもそうである。日本で言えば、ハローワークと社会福祉事務所を合体させた役所にあたる、ローカルな組織で所長を務めるリッチ・オーウェンス氏（オハイオ州ウェイン郡）は、私たちに次のように指摘した[10]。

「率直に言って、我々の役所とウェイン郡・経済開発協議会との関係はちょっと緊張していますね。［というのは］経済開発協議会や商工会議所は、我々の労働力投資のプログラムが、あまりにも求職者に眼が行き過ぎていて、経営者側のニーズに対して、充分な注意を払っていない、と感じているからです。たとえ我々に、経営者側に対してできることがもっとあったとしても、経営者側はそういうふうに考えてくれることはあまりない、と僕は思います。だから我々は、自分たちが提供できることで、経営者側の役に立つような、［需要と供給を結びつける］もっといいマーケティングの仕事をしなくてはいけない。それこそまさにいま、僕が始めたことで、経済開発協議会の会長と一緒に仕事をすることでそれをやろう、っていう」。

オーウェンス氏は、「経済開発協議会の会長と一緒に仕事をする」ことで、コーディネーターの役割を真っ先に引き受けている。それにしてもなぜ、この役所は「あまりにも求職者に眼が行き過ぎ」ているのだろうか。

「それはこの役所が基本的に、ソーシャルワーカー・メンタリティ（social worker mentality）を持ったスタッフで満たされているからです。スタッフたちは、求職者の職探しと［職業能力］開発を手伝う、それが自分たちの仕事、って感じなんですね」。

「いまじゃ酪農にだってコンピュータ・スキルが不可欠なんですよ。牛の一頭一頭にマイクロチップ付けて生産管理ですから」。それゆえオーウェンス氏は、スタッフたちが、どんな職業にどんなスキルが必要なのか（LMI＝Labor Market Information）を正確に認識すること、それが極めて重要だという。

## 協同の政治的性質

確かにこれは正論だろう。だが、オーウェンス氏の発言の中では、ネガティブな意味合いを帯びている「ソーシャルワーカー・メンタリティ」は、不要なのだろうか。興味深いことに、フィッツジェラルド氏は、これと似た概念「ソーシャルワーク・エシック（ethic＝倫理）」に、ポジティブな意味合いを込めて使う。

「フィラデルフィアのプログラム、その責任者はシェリルですけど、基礎学力が必ずしも充分ではない受講者たち。私も一度見学したことがありますけど、『まあ、これでどうやって看護師になれるの？』って。でも、ある訓練テクニックがあって、合格率はなんと八三パーセント！　でも、この驚異的な合格率は、訓練テクニックを真似すればできるってもんじゃない。このプログラムが成功しているのは、一つにはシェリルのソーシャルワーク・エシックのおかげ…単なる「訓練」プログラムとは見ていない。子どもの世話や通勤・通学手段、教科書代、そういったもの全てひっくるめての支援がなければ成功しないとよく分かっているから、ちゃんとそこもやる」。

ＬＭＩや効果的訓練テクニック、これらは確かに不可欠である。だが、キャリアラダー戦略がその目標――社会的に不利な人びとが、まともな生活ができる、（ささやかな）上昇移動の希望を抱ける――を達成するには、ひっくるめての支援を怠らないという、ソーシャルワーク・エシックもまた、不可欠なのである。ひっくるめての支援（＝湯浅誠氏の言う「溜め」の整備）がなければ、たとえ細った中間職とそこに至るまでの職のパイプを太くしても、上っていける人はほとんどいないからである。たとえ意欲があっても、時間とお金がない者をハナから挫くからである。

なお、もちろんオーウェンス氏は、ソーシャルワーカー・メンタリティが不要だと言っているのではない。偏りすぎが芳しくないと言っているのだ。オーウェンス氏とフィッツジェラルド氏の強調点を考え合わせることから得られる理論的ポイントは、次のことである。すなわち、経済開発のセンスとソーシャルワーク・エシックの両方を兼ね備えたコーディネーターが欠けていたり大きな妥協を強いられたりすれば、キャリアラダー戦略は、「コスト」がかからないとして「スクリーニング」された、ごく一部の人びとの「斡旋」「マッチング」に終始してしまうだろう。[11]そう、労働力媒介機関は、求人と求職者を媒介して事足れりとしていたのでは、労働力媒介機関の名に値しないのだ。

コーディネーター、調整、仲介、媒介、連携、連絡——何かと何かを結びつける役割やプロセスを表す「美しい」概念に、人びとは酔いしれがちである。だが、こうした役割やプロセスが、極めて政治的な性質を帯びていることを忘れてはならない。これらは手段であって、ゴールではない。「ゴールに関する合意は既にできているから、これ以上の議論は不要だ」などとは思ってはならず、立ち戻ってみなければならないのだ。例えば、子どもの世話や通勤・通学手段、教科書代、これら全てをひっくるめた支援には、お金も人手も時間もかかる——それなら降りる、というパートナー企業にどう向き合うか。政治的な働きかけとしては、何をどうすれば「山が動く」のか。本書が力を込めて物語るのは、この政治的次元である。[12]

## 4　おわりに

以上のように、キャリアラダー戦略は、バウマンの「リキッド／ソリッド」なる対比的概念を借りれば、「リキッドな世界の中に、いかにソリッドな仕組みを創るか」という挑戦の一つだと言える。この挑戦は、教育の世界における保護者や親、教師や生徒・学生の「強迫観念」を和らげることにもなる。労働の世界がリキッドでガビョウ型をしているからこそ、「フリーターだけにはならないよう、資格取得がんばろう（がんばりなさい）」「早くセミナーに行かないと負け組になる（わよ）」、あるいはその反動で「会社はどこでもいい、仕事は何でもいい、とにかく正社員になれれば（なってくれれば）」などと焦るのだ――これ以上、労働供給側への「テコ入れ」をしてどこまで効果が上がるのだろうか。肝心なのは、「グッド・ジョブ・ファースト」に取り組むことではないのか。

「リキッドな世界の中に、いかにソリッドな仕組みを創るか」という挑戦は、州政府やNPO、コミュニティ・カレッジ、労働組合など公共性を有する制度体による、私的領域＝私企業の経済活動への「介入」である。「介入」などしたら、グローバル化の世の中、企業は即刻撤退だ、劣悪な条件でも喜んで人びとが働く国々に移転すればよい――本書は、こうした反論への再反論でもある。すなわち、キャリアラダーの有効性を主張することでその成功をねらいつつ、経済的合理性に基づく雇用主／政策サイドを規制していくために、対抗政治と権力関係への批判的行動を不可欠だとする、ある意味老獪な二面戦略なのだ。これによって、さまざまな制度体と市民が私企業との交渉に臨み、合意を形成し維持していこうと試みること――挫かれることも少なくはないが――市場社会化と地方分権化が加速する今日、日本が参照すべきなのは、この点ではなかろうか。ベラーらが『善い社会』で主張したように、「私たちは制度の中に生きている。したがって、善い社会を構築するには、諸制度をより善く作り変える以外にない」のである。

このあとから本文が始まる。あるべき社会の姿という理念に裏打ちされた、丹念な社会学的事例研究を吟味していただければと思う。なお、本文のうしろには、二本の論文（論点提起）が配置されている。そこでは、まずは阿部が、医療セクターを取り上げて、その日本的特殊性について議論する。続いて居郷が、保育セクターにおけるキャリアラダー戦略が私たちに投げかける論点について提起し、それに加えて、キャリアラダーを創れない業界・業種――ここでの従業者は増えている――についてはどう考えればよいのかを議論する。



**註**

（1）コミュニティ・カレッジは第二次世界大戦後、爆発的に普及したアメリカの公立の二年制大学である。日本の短期大学が主に私立であるのに対して、アメリカのコミュニティ・カレッジは大部分が公立や州立であり、コミュニティという表現にあるように、税金を払って住んでいる、その地域の住民への高等教育及び生涯教育の場――職業訓練や四年制大学への編入学の準備など――として設けられたものである。

(2) この他にも、樋口、ジゲール、労働政策研究・研修機構編（二〇〇五）などを参照。なお、日本――固有の意味での地域雇用政策が始まってからまだ日の浅い――に関する先駆的研究としては、田端編著（二〇〇六）を参照。

(3) 以下のホテル業界とファーストフード業界についての説明は、フィッツジェラルド氏へのインタビュー（二〇〇七年八月二七日）からのものである。

(4) ここで私たち訳者は、非正規労働者と正規労働者との均等待遇の実現を訴える、日本労働弁護団常任幹事の中野麻美氏が、潜在可能性を伸ばし実現することは基本的人権であると明言し、かつ、短絡的でない再チャレンジ政策の不可欠性を訴えている（中野、二〇〇六）ことを想起している。

(5) 本書の中に出てくる組合の少なからずが、独自の研究所を持っている／大学などの研究機関と連携しており（＝ブレーン機能！）、何を提案しどう交渉するのか、練っている。

(6) Fitzgerald and Leigh (2002) 参照。

(7) 櫻井純理氏（大阪地方自治研究センター研究員）の指摘による。

(8) 付言すれば、「日本は企業特殊的スキルの訓練／アメリカは一般的スキルの訓練」といった教科書的な相違点の理解それ自体もまた、再検討されるべきである。例えば製造業を扱った本訳書の第4章では、「自分たちの機械と製造工程は独自のものだと確信している製造業者に、どこでも通用するスキルというコンセプトを採用してもらうのは、骨の折れる仕事だった」といった労働力媒介機関のスタッフのコメントが出てくる。

(9) この項は、平井秀幸氏（日本学術振興会）のコメントに負う。

(10) リッチ・オーウェンス氏へのインタビュー（二〇〇七年八月二三日）より。

(11) 因みにフィッツジェラルド氏は、こうしたコーディネーターに不可欠の資質は、「異なったピースを理解している人間 someone who understands different pieces」であること、すなわち「社会的企業家」の必要条件の一つである、と述べる。思うにさまざまな領域の「異なったピースを理解している人間」たちがネットワークを結成し活動を展開することなしには、キャリアラダー戦略は社会的に広範な支持を得ることはできないだろう。

(12) 本書は政治的次元について紙面を割いている分、職務・労働過程・カリキュラムの相互関連の説明が、やや簡略的である。そうした点の詳細については、本書で登場する労働力媒介機関が発行している報告書（ウェブサイト）などを参照されたい。

## 参考文献


Bauman, Zygmunt (2000) *Liquid Modernity*, Polity Press. 森田典正訳（二〇〇一）『リキッド・モダニティ』大月書店。

Bellah, Robert, N., R. Madsen, W. M. Sullivan, A. Swidler, and S. M. Tipton (1991) *The Good Society*, Alfred A. Knopf, Inc. 中村圭志訳（二〇〇〇）『善い社会――道徳的エコロジーの制度論』みすず書房。

Fitzgerald, Joan, and N. Leigh. 2002. *Economic Revitalization: Cases and Strategies for City and Suburb*. Thousand Oaks, Cal.: Sage.

樋口美雄、サリヴァン・ジゲール、労働政策研究・研修機構編（二〇〇五）『地域の雇用戦略――七カ国の経験に学ぶ〝地方の取り組み〟』日本経済新聞社。

本田由紀（二〇〇七）「〈やりがい〉の搾取――拡大する新たな『働きすぎ』」、『世界』二〇〇七年三月号。

仲野（菊地）組子（二〇〇六）「社会が企業を変えるアメリカ合衆国の経験」、夏目啓二編著『二十一世紀の経営』日本評論社。

中野麻美（二〇〇六）『労働ダンピング――雇用の多様化の果てに』岩波書店。

田端博邦編著（二〇〇六）『地域雇用と福祉――公共政策と福祉の交錯』（失われた一〇年？ 九〇年代日本をとらえなおす 社会科学研究所全所的プロジェクト研究NO・一六）東京大学社会科学研究所。

堤未果（二〇〇八）『ルポ貧困大国アメリカ』岩波書店。

湯浅誠（二〇〇八）『反貧困――「すべり台社会」からの脱出』岩波書店。

Vidal, Matt (2004) "Not Just Another Consultant", in *COWS REPORT*. http://www.cows.org/pdf/workdev/wrtp/rp-hpwo.pdf

# キャリアラダーとは何か

## アメリカにおける地域と企業の戦略転換

*Moving Up in the New Economy: Career Ladders for U. S. Workers* 抄訳

目　次

# 凡　例

一　本書は、Joan Fitzgerald (2006) *Moving Up in the New Economy: Career Ladders for U.S. Workers*, Cornell University Press の抄訳である。原著の Ch. 4 Education と Ch. 5 Biotechnology に関しては、紙幅の都合上、著作権者（The Century Foundation, Inc.）と原著者の許可を得て割愛した。

一　原註については、主なものを（1）（2）…のように表記し、各章末に掲げた。

一　訳註については、［1］［2］…のように表記し、各章末に掲げた。ただし、簡単なものについては、［　］を用いて本文中に挿入した。

一　索引と参考文献については、主なものを掲げた。なお、原著の略語一覧は、索引の中に入れ込んだ。

# 第1章　キャリアラダーの可能性と限界

かつてアメリカ合衆国は、普通の人が、人生を通じた経済状態の改善を期待することが可能な国であった。私たち何百万人にとって、もはやこれは当てはまらなくなった。多くの成人の生活水準は、自分の親たちよりも低くなっている。中年となった彼らには、戦後世代を特徴づけた劇的な収入増加を見込める者はほとんどいない。反対に、仕事の不安定性が、多様な経済階層にわたって共通の問題となった。かつてはブルーカラーにしか当てはまらないと見なされていたレイオフ［一時的解雇］は、管理職や技術職（エンジニアのような）をも、しばしば襲っている。サービスセクターでは、不安定雇用が蔓延している。人びとは人生を通じて、仕事だけでなくキャリアまでも何度か変えるものである――必ずしもより良いわけではない――という規範を、私たちは受け入れるようになった。最も高い教育を受け、よいコネを持つ人びとにとっては諸機会を提供するものなのかもしれない、こうした移行が、エリート層にとってすら、下降移動の結果に終わるとしても。低スキルの仕事に就く人びとにとっては、職場における、あるいは転職による、キャリア上昇の機会は、ますます滅多に生じなくなっている。福祉改革の文脈では、これが意味するのは、福祉から労働へと移動した何百万の人びとのほとんどが、貧困から抜け出せなくなっている、ということだ。

本書は、合衆国の労働者の上昇移動を回復することがテーマである。とりわけ、上昇移動にぴたりと的を据えた、ある一つの労働力開発戦略、すなわち、単に職だけではなく、キャリアラダーをも創出（再創出）する戦略を、本書は扱う。キャリアラダー戦略は、職業的前進[訳註1]の明示的な道筋をつける装置なのである。

この戦略が立ち向かうべき課題は、見かけよりも複雑である。仕事の責任と収入レベルは、大まかには諸スキルと相関を持つものの、入職レベルからの上昇を人びとに可能にさせることは、単に彼らを教育訓練することなのではない。低賃金労働者にとって、スキルと経験を蓄積しながら、より責任があり、より賃金の良い仕事に進むことを通して前進していくという道筋は、彼らが進んでいける、より中間的な仕事が無いという単純な理由によって、存在しないことがしょっちゅうだ。多くの産業では、あるべき、ないしかつてはあった中間レベルの諸段階が、単に失われているのである。トップには賃金の良い専門職と管理職の仕事があり、ボトムには行き止まりの仕事がある――そして中間の職は、あったとしても皆無に等しい。また別のところでは、スキル、給料、キャリアの軌跡からして専門職あるいは準専門職と定義できる仕事は下方分解されて、低賃金で離職率の高い雇用者によって遂行されている。その結果、キャリアラダー・プログラムはほとんどの場合、労働者が必要な訓練を得られるよう支援するのと同じくらい、雇用主が職場の再構造化を行うよう奨励することに、向けられねばならない。

さらには、雇用主はさまざまな要因に反応しながら職場を組織するため、キャリアラダーを創出するいかなる試みも、そうした諸要因――組織がビジネスを行う競争的な環境から、労働力不足やスキルのミスマッチ、地理的限界まで――を考慮に入れなければならない。

したがって、キャリアラダー戦略の成功は、確実なことなどでは全くない。キャリアラダー戦略が、その擁護者が望むように、国民経済全体に対して、またアメリカの労働者の賃金全体に対してインパクトを持つかどうかは、なおさら確実なことではない。本書は、近年のキャリアラダー・プログラムの見込みと限界とについて、両者についてのより深い理解によって、こうしたプログラムが取り組もうとしている諸問題の解決に、私たちはもっと近づけるという希望の下に、探究するものである。

キャリアラダー・プログラムは、低賃金労働者のために、賃金を上昇させ、より納得のいく仕事[訳註2]を創出することが可能である。しかしそれが成功するには、補完性[訳註3]のある規制、労働力開発政策、所得補助によって、支援されねばならない。さらには、著しい数の雇用主が、このアプローチが自己利益になると確信することが必要である。これまでのところ、国家の職業訓練と労働者教育プログラムは、目標としてのキャリアアップを、ごくわずかに支援しているにすぎない。雇用主から地域・州・国家の経済開発政策まで、ニューエコノミーの中に全ての労働者にとっての機会を創出するには、私たちはまだまだ長い道のりを行かねばならない。

何十ものキャリアラダー・プログラムが、この一〇年ほどの間に国じゅうで立ち上がった。たどっていけば徐々により良い仕事に就けるであろう道筋を特定することで、低スキル・低賃金労働に対するこの国の趨勢を減殺する——全てが、こうした試みである。このようなプログラムは、キャリアラダーの次の段階に進むには、どのような教育訓練が必要なのかを明らかにし、彼らが訓練を修了するのに必要な支援サービスと財政援助とを提供する。例えばキャリアラダー・プログラムは、看護助手が公認准看護師になるのを、事務従事者が情報技術者になるのを、銀行のテラーが融資業務担当者になるのを支援している。幾つかのケースでは、キャリアラダーは既に存在していた。しかし、雇用者と雇用者予備軍は、そのラダーを活用する際、支援を必要としていた。また別のケースでは、ラダーの段のギャップを埋めるべく新たな職が必要とされており、かつ雇用主はそうすることの有益さについて教育される必要があった。全てのケースにおいて、それぞれのプログラムは雇用主と雇用者を結ぶ決定的なリンクを——そしてたいていはコミュニティを超えたリンクを——供給していた。ほとんどのキャリアラダー・プログラムは、コミュニティ・カレッジ、労働組合、コミュニティの組織、雇用主らのコンビネーションを含むパートナーシップである。政府の労働力開発諸局から、多大な支援を受けているプログラムもあれば、独立にやっているプログラムもある。

確かにこうしたプログラムは、連携の金字塔である。にもかかわらず、それらの任務は、雇用主の抵抗や雇用者の前に立ちはだかる障壁、既存の労働者訓練機関の不足、の克服として描かれてよい。こうした諸課題の一つ一つについて、少し説明しよう。

もしキャリアラダーが確立されることとなると、雇用主たちは進んで、キャリアアップの可能性のある職を創出し、自社の内部労働市場について明確に考えなくてはならない。だが、多くの雇用主はそうではない。彼らは労働者への投資よりもコスト削減を優先し、それによって労働力のダウンサイジング［人員削減］とアウトソーシング［外注］を行ってきたのだ。臨時的で離職率の高い低賃金労働力に頼る方が、よりコスト効果が高いという単純な考えを持った雇用主もいる。加えて、幾つかの産業における雇用実践を見ると、女性やアフリカ系アメリカ人、ラテン系アメリカ人、その他のマイノリティをキャリアアップさせることに対して、あからさまな偏見が示されている。そうした企業は、自らの人事実践を、厳しすぎるほどの目で眺めてみようとはまず思わない。これとは反対に、いくらその気があっても、規模が小さすぎて本物のキャリアラダーを持てない企業もある。小企業が優勢な諸産業においては、熟慮された多企業的取り組みが、企業間のキャリアアップの道筋を創出するために求められる。これらは持続すべき、決して小さくはない成果である。要するに、既存の凝り固まった雇用実践と産業構造の両者が、キャリアラダーの確立を困難にするかもしれない、ということだ。

専門職の障壁と個人的な障壁もまた、関係している。看護の分野では、例えば、四大卒の看護師（正看護師）は、経験を積んだ医療従事者を、ＯＪＴを経由することで正看護師の資格により近づきやすくする試みに、しばしば抵抗する。同時に、キャリアラダーを上っていきたい多くの者は、キャリアアップに対する深刻な障害に直面する。進歩を遂げるには、労働者たちはしばしば、仕事を持ち、家庭を切り盛りしつつ家族の責任を果たし、そして学校に通う、ということを同時にやらなくてはならない。これら三方面に対処することは、最も恵まれた労働者であっても容易ではない。ましてや貧しい人びとにとっては、はるかに大問題である。自由になる時間、金銭的補助、そして社会的・精神的支援が利用可能でなければ、多くの労働者は、キャリアラダーの次の段階へと彼らを上げてくれる訓練プログラムを進んで始めようとしないだろうし、それらを修了することもできないだろう（教育の継続を困難にする家族の要求と通勤・通学手段の問題は、同一クラスター［群］に属している。これが転々とした職歴を生み出し、そしてキャリアアップに不利に作用する）。

こうした困難な状況にあるアメリカの労働者は大勢いる。今日の経済は、ハイテクと高スキル労働者を必要とし、彼らに報酬をはずむ経済として、しばしば特徴づけられる。そしてまた実際にそうである。しかし同時に、アメリカの労働者の三分の二強が、大卒学歴を持っていないのだ。一九九〇年代後半における最長の経済成長期に、五分の一以上の男子と三分の一の女子のフルタイム労働者は、経済学者たちが貧困レベルと見なす賃金しか稼いでいない。これらは連邦レベルの職業訓練システムを大いに必要とする状況である。しかし、その代わりに私たちが持っているシステムは、議会における各々の取り組みがそれを改善しているとはいえ、この課題に対しては不充分なままである。

一九六〇年代以来、連邦政府は貧しい労働者と解雇労働者に対する職業訓練を供給してきた。しかし、これらのプログラムのほとんどは――「マンパワー開発訓練支援」「総合的雇用訓練支援」「職業訓練パートナーシップ法」を含め――低賃金労働への補助金支給以上のことはやり損ねてきた。この分野の専門家は幾つかの説明を提示している。曰く、職業訓練とその他の成人教育プログラムとの調整の失敗、貧しい人びとへの過度の焦点化により、それが雇用主の目には顧客［受講者］のスティグマ化［烙印を押されること］と映った、ほとんど需要の無いスキルに向けて人びとを訓練するという偏向、需要が見込まれるスキルを提供することの度重なる失敗(1)。

連邦職業訓練、成人教育、リテラシー、職業的リハビリテーションをより合理化された柔軟な労働力開発システムへと統合するため、一九九八年に議会は「労働力投資法」を制定した。この立法の核は、ワンストップ雇用センター、すなわち全額連邦資金による雇用プログラムへと集中化される、アクセス・ポイントを創出することであった。しかし、ワンストップ・センターの第一義の目的は、まずもって人びとに職業を斡旋することであり、斡旋の取り組みが失敗して初めて限定的な訓練を提供する、というものであった。したがって、新しい立法は過去のシステムの断片を修復することを試みる一方で、労働力開発の方向性を、可能な限り訓練を少なくした職業斡旋から、キャリアアップの可能性のある職業に人びとが入っていくのに充分な訓練の提供へと、変化させはしなかった。実際、この立法では、その前身にあたるプログラム、すなわち「職業訓練パートナーシップ法」よりも、実際のスキル訓練への資金供給は少なかった。しかし、もしより高いレベルで資金が供給されたとしても、現行システムは、最初の職業斡旋を越えて労働者がキャリアアップをするのに必要な、現行の訓練——生涯学習——を提供し支援するものとして確立されはしないだろう。

雇用主の抵抗、労働者が直面する障壁、既存の訓練プログラムの不充分さを乗り越えるには、やるべきことがたくさんある。それを実行するキャリアラダー・プログラムの能力は、本書が探究する中心的な問題である。そうした探究は究極的に、本書を二つの方向に導く。キャリアラダー戦略が成功する可能性は、プログラムそれ自体の質にある部分は左右され、そしてプログラムが直面するより大きな経済的諸力に、恐らくずっと大きな程度で左右される。

労働力開発の分野では、労働力媒介機関——雇用主、求職者、教育者、その他のサービス供給者の間に結びつきを創り出す任務を帯びた独立の組織——に対して熱い視線が向けられている。媒介機関は、低スキル労働者が良い職に就くことに関して、伝統的な職業訓練供給機関がなしてきたよりも、ずっと大きな成功を遂げることを期待されている。これは主に、媒介機関が、求職者が応えるべき要請と同様に、雇用主のニーズにも取り組むためである。この分野のたいていの研究者と擁護者は、労働組合、コミュニティ・カレッジ、コミュニティ・ベースの組織、あるいは政府保証の組織は、効果的な媒介機関になり得ると主張している。増えつつある文献は、労働力開発の中心的な関係者間の不可欠なリンクを、いかにして最も良く創出し維持することができるか、という問いに取り組んでいる。

キャリアラダー・プログラムは、こうした関係者間の結びつきができるよう設計され、労働力媒介機関の同じ顔ぶれによって運営されるものである。確かに、こうした文献の教訓からは得るものがある。しかし、キャリアラダー・プログラムが、単なる職業訓練・職業斡旋の促進機関以上の存在でなければならないとすれば、そしてまた、雇用主が仕事を構造化するやり方や、政府の労働力政策が生涯学習と昇進機会を支援するやり方に影響を及ぼすことにも成功しなければならないとすれば、既存のプログラムの実践と将来のプログラムの可能性については、もっと多くのことが紐解かれ報告されるべきである。それが本書の課題であり、じきに私はそこへと――媒介機関の概念全体へと――戻ろうと思う。

しかしながら、効果的なプログラムの質や、個々の媒介機関の能力よりも恐らくより重要なことに、キャリアラダーの可能性は、いかなるプログラムの統制をも超えた経済的諸力に左右される。キャリアラダーの研究は、昇進の道筋を構造化・再構造化するのに、雇用主にはどのような自由裁量があるのかについて調べねばならない。実際、たいていは市場の力に主導される、一億四二〇〇万人の労働者からなる経済のことを考えると、キャリアラダー・プログラムの潜在的なインパクトは、いかなる状況下であれ、バケツの中の一滴以上のものに達するのかどうか、と問うことが重要である。

本章の残りの部分では、これらの問題のより詳細な議論へと進み、その上で本書の構成について述べる。

## ニューエコノミーの経済的趨勢――キャリアアップの困難化

ニューエコノミーにおける幾つかの趨勢は、良い職をさらに希少なものにしつつある。第一に、労働組合の衰退は、旧いタイプの職の保障と昇進システムを解体した[(2)]。第二に、製品市場で激化する競争は、企業に対してコスト削減、とりわけ人件費削減のプレッシャーを与えた。第三に、製造業からサービス業へと雇用がシフトした。サービス業では、収入格差がより大きく、昇進見込みはより少ないという傾向がある。こうした趨勢の結果は、賃金の二極化であり（アメリカの最富裕層と最貧層の収入ギャップが拡大している）、上昇移動の喪失である。これらの趨勢は相互に結びつき合っているけれども、以下ではそれぞれ分けて議論していこう。

## 賃金の二極化と低賃金労働の蔓延

アメリカ合衆国の、収入の不平等レベルは、産業化されたあらゆる国家の中で最も高い。一九八〇年代の半ば、経済学者のベネット・ハリソンとバリー・ブルーストーンは、その賃金分布を砂時計になぞらえた。「中産階級」の賃金を稼ぐ家族がどんどん少なくなっていたのだ。(3) それ以来、賃金の二極化は進む一方である。この二極の間で、最高収入の職と最低収入の職は、最近の職業増加分のほぼ六〇％をしめる。一九九〇年代、所得分布の五分位中央の職の増加はわずか六％ほどであった。同時に、最高収入の職と最低収入の職の開きはますます拡大した。一九七〇年から二〇〇〇年にかけて、トップ一〇％の稼得者は三〇％の収入増加、ボトム一〇％は二〇％の喪失となった（底辺労働者の実質賃金は、一九九〇年代後半から上昇したものの、二〇〇〇年までには再び下降した）。これらの知見は、アスペン・インスティチュートの国内戦略班が遂行した研究（二〇〇〇）の中で引用されており、著者たちを次のような結論に導いている――もしこの趨勢が続くとすれば、それは経済成長を鈍化させ、移民、民族、人種をめぐる現在の緊張を潜在的に高めるであろう。

先に言及したように、男性労働者の五分の一と女性労働者のほぼ三分の一が、単なる低賃金ではなく貧困レベルの賃金しか稼いでいない。そしてこれは、より多くの労働者がパートタイムで働いていることの単なる反映ではない。貧しい人びとの四四・五％が、家族の中の少なくとも一人は、フルタイムで働いているのである。政府の公式貧困レベルは、非常に低く設定されているので、いまや政府自身が概して、貧困レベルの二〇〇％を、援助プログラムの打ち切りに活用している。こうした足切り基準を使うと、高齢ではないアメリカ人の一六・七％が、ワーキング・プアの家族の中で生活している計算になる。

完全雇用経済における低賃金労働の蔓延の背景には、幾つかの趨勢がある。貿易のパターン、移民、賃金規制の弱体化、労働組合の衰退などが全て、重大な変化を生み出している。しかしながら、製造業からサービス業へのシフトが、恐らく最も重要な要因である。かつて製造セクターは、非常に多くの組合労働者を有していた。彼らの雇用期間は、労働協約において規制され、予期可能であった。このことは想起する価値がある。公共政策もまた、低賃金諸国との競争やアウトソーシングから、このセクターを守っていた。これらの要因は、賃金を比較的高く、また各業種内の収入分布を比較的平等に保っていた。こうした現実の中で、キャリアラダーは大きな部分をしめてはいなかった。自動車の組立のような半熟練労働においては、幾つかのキャリアラダーが存在していた（組立ラインから熟練職へ）。けれども、ほとんどの労働者に影響するものではなかった。にもかかわらず、基本的な賃金は、中産階級の生活水準を支えるのに充分であった。戦後期から一九七〇年代の終わりにかけて、製造業は比較的低学歴の人びとに、中産階級の賃金を支払っていた。これらの職は衰退するにつれ、より低賃金のサービスセクターの職に取って替わられた。サービスセクターの職は、一九八四年から二〇〇〇年の間、雇用の増加に最も寄与したのである。

　人的資本論の見方からすると、製造業の最盛期に払われた賃金よりも、サービス職の賃金が有意に低いことを示唆する、サービス職に固有の要因はない。合衆国労働統計局（ＢＬＳ）によれば、製造セクターとサービスセクターで要求されるスキル全体には、ほとんど差がない[4]。製造セクターが他のセクターに比べて比較的高賃金となってきたのは、他より高い組合組織率が主な原因である（製造業の労働組合の最盛期には、労組拒否企業でさえ、組合組織化を阻止さえできるのなら、組合賃金に近い額を支払った）。これとは反対に、より低い組合組織率によって、サービスセクターのより低い賃金と、賃金のより大きな分散は説明される。経済学者のリチャード・フリーマンは、組合組織率の低下は、一九八〇年代と一九九〇年代における低賃金労働の増加の二〇％を説明する、と算出している[5]。

　言い換えれば、低賃金労働に縛りつけられるアメリカ人がどんどん増えているのは、人びとを賃金の良い職に就けるのに充分な教育訓練を提供していないことだけではなく、賃金の良い職を充分に創り出していないからなのである。一九八四年から一九九六年を対象期間とした或る研究は、アメリカ経済は約四分の一の労働者にしか、リビング・ウエイジ[訳註4]を支払っていなかったことを示している。賃金の第九〇百分位と第九五百分位の労働者の賃金増加は、それぞれ二七・二％と三一・一％であった。ボトムの第一〇・第二〇百分位の労働者（それぞれ〇・九％と七％）と比べると、かなり急速な増加である。

### 廃れゆく上昇移動

中産階級の職の消滅は、低賃金労働に就く人びとにとっては、キャリアアップの機会が少なくなっていることもまた、意味している。ここ数年で雇用の増加が最も著しかったのは平均賃金以下の職業であった。経済政策研究所によるセンサスのレビューと労働統計局のデータによれば、二〇〇〇年から二〇〇二年の間、平均以上の給与がありつつ、雇用が拡大した私的セクターの産業は、金融、保険、不動産のみであった（そしてもちろん、これらのセクターは、平均賃金以下の事務職がたくさんある）。しかし、賃金の良いほとんど全てのセクターは、雇用にしめる割合を低下させた。最も顕著には、製造業、情報産業、公益事業、卸売業、対事業所専門サービス業、である。(6) 雇用構造には人種的な諸次元があり、労働市場のボトムの四分位［二五％］は、もっぱら、黒人、ヒスパニック、難民がしめている。

個人にとっての賃金増加の機会は、時代とともに減少してきている。アネット・バーンハートらによる研究は、男性サンプルの二つのグループの、一五年間の賃金増加を比較している。一つめのグループは一九六六年が、いま一つは一九七九年が開始時点である。後者のグループでは賃金増加が二一％も減ったというのがその知見であり、これが意味するのは、賃金分布の中央部分に移動する労働者が約四〇％減少した、ということである。(7) ベビーブーマー世代（一九四六年〜一九六四年生まれ）と「ベビーバスト（baby bust）」世代（一九六五年〜一九七六年生まれ）との比較では、収入増加はベビーバスト世代の方が低いことが分かっている。

所得動態パネル調査（ＰＳＩＤ）は、実際の人口構成よりも低収入家庭が多く含まれた、約五〇〇〇家族の全国サンプルに基づくものである。ノースイースタン大学のグレッグ・ダンカンと、シラキュース大学・政策研究センターの彼の同僚らは、このＰＳＩＤを活用し、男性の二一歳からの上昇移動パターンについて追跡を続けている。彼らは、一九六八年に労働市場に参入した者と、一九八〇年以降に参入した者とを比較している。労働市場への参入者が、公式の貧困ラインにいる三人家族を扶養するのに充分な年収を稼げるようになるまでに何年かかるか。中産階級の地位に上昇するまでに何年かかるか。彼らの分析によれば、一九八〇年に労働市場に参入した者は、中産階級レベルの収入に達するのに——達すればの話だが——より時間がかかっている。彼らのわずか五五％しか、二五歳までに公式の貧困ラインに達していない。これに対して一九六八年参入グループは七〇％である。二五歳までに中産階級の地位につくのは、一九六八年参入コーホートの三四％に対して、一九八〇年以降参入コーホートはわずか一七％である。教育と人種の要因を投入しても、これらの結果は説明されない。ダンカンらは次のように結論した。「収入レベルがより低く、その増加がより遅くなったことで、大卒でさえ、『誰もが、収入が上がって徐々に生活水準が上昇していく』というアメリカン・ドリームが裏切られている」(8)。

## 雇用主と、いつクビになるか分からない雇用

製造業の衰退とサービス業の成長は、グローバル競争の拡大とその結果生じた、企業に対する労働コスト削減圧力と同様に、考慮に入れるべき経済的諸力である。しかしながら、諸産業が競争に対してどのように反応し、サービスセクターの職がどのように組織されるかは、雇用主のなす意図的な選択の結果である。したがって、こうした経済的諸力が労働市場に及ぼす効果——過去二〇年にわたる収入の二極化と低賃金労働の蔓延——は、上昇移動の減少と同様、より大きな経済的趨勢の帰結ではあるものの、あり得る唯一の帰結というわけではない。それは、雇用主が仕事をいかに構造化しているかの結果なのだ。

戦後期、雇用関係は概して、狭い職務記述、終身雇用、先任権制度〔訳註5〕に基づく賃金上昇を土台に組織化されていた(9)。一九七〇年代と一九八〇年代、多くの産業で企業は、激化するグローバル競争市場に対してより敏感であれというニ

ーズ、規制緩和がたいていの雇用者を臨時的労働力として扱うことを許容するという事実への反応として、より柔軟で「リーンな［贅肉＝ムダを削ぎ落とした］」生産システムへと移行した。(10)

一九七〇年代までは、企業が課してよい価格と、企業が直面する競争の点で、主要産業の幾つかは、規制がなされていた。これらは、電話、ガス、電気、航空、州間トラック輸送、天然ガス、といった企業を含んでいた。こうした産業の企業は、固定された収益率が保障されていたので、労働コストに関して競争しようとはしなかった。このような産業が、良好で安定したブルーカラー職と強力な労働組合の砦であったのは、驚くことではない。これらの産業はみな、規制緩和がなされた。価格競争という新たな世界は、より低い労働コストに向けた競争を生み出した。同じ理由で、かつては病院も、課してよい価格の点で規制されており、公正な収益が保障されていた。これによっても病院は、組合組織と性分が合っていた。しかし、その他の産業と同様に、一九七〇年代以降、病院も徐々に規制緩和がなされ、その結果は、最もスキルの高い医療職を除く全ての職の臨時雇用化であった。

これと関連する変化の一つは、組織構造のフラット化である。これは企業内におけるキャリアアップの機会を減少させた。経済学者の故ベネット・ハリスンは『リーン・アンド・ミーン』［訳註6］で、一九八〇年代と一九九〇年代初期における、職の生み出し手としての小企業の強みと考えられていたものの多くは、大企業がかつては内製していた財とサービスを外注するにつれて、実際には垂直分解機能を果たしただけのことなのだ、という説得力ある証拠を示した。現実には、新しくダイナミックな小企業における職の急成長というよりはむしろ、かつては高賃金で安定した労働市場の中心であった大企業がまさに、いまやより多くの労働を外注するようになっていた、ということなのである。新しいベンチャー企業と考えられていたものの多くは、その内部労働市場がすでに空洞化していた大企業の、コスト節約の手段としての従属機関だったのだ。このダウンサイジングにおいては、企業は、かつてはその内部でなされていた業務を、請負業者と派遣労働者が遂行することに頼る。(11) もちろんその動機は、キャリアラダーを上りゆく労働者のパイプラインを支援するというよりはむしろ、「縮小に備えるべく」である。例えばＩＢＭは、一九九〇年代を迎えるまでは、レイオフ無し政策で知られていたものの、一九九〇年代になると、労働者削減、雇用エージェンシー（派遣会社）を通した低スキル職の人材配置、レイオフした労働者をコンサルタントとして派遣ベースで再雇用することによって、雇用のリストラクチュアリングを行ったのである。[12]

新しい柔軟性はしばしば、労働者にとっての利益であると喧伝されている。しかし現実は、主として経営側の便宜であると定義でき、輪郭を描ける。カリフォルニア大学ロサンジェルス校の法学教授キャサリン・ストーンは、柔軟性というこのブランドは、いつクビになるか分からない雇用（precarious employment）、すなわち、派遣あるいは請負労働者の臨時的な雇用を超えて、フルタイムではあるものの、長期の雇用保障は約束されない職に就く人びとまでをも含むカテゴリーを創出したのだ、と論じている。[13]これとは対照的に、第二次世界大戦の終わりから一九七〇年代の初期までは、ずっと多くの人びとが、自分の職は長期にわたるものであり、懸命に働けば同一企業内で昇進できる、と考えることができた。多くの企業はすでにキャリアラダーを確立しており、昇進にあたっては、ＯＪＴのみが要求されることがしばしばであった。経験に応じて給与が増える、契約に基づく先任権システムを持つ企業もあった。このシステムは、少なくとも製造業と、公益事業と輸送セクター内の規制のある諸産業においては、雇用主と雇用者の幸福を維持し、離職率は低く、昇進と報奨のシステムは公正なものと思われていたのである。

今日の、いつクビになるか分からない雇用のシステムは、ストーン教授が「新しい心理的契約」と呼ぶものの下で作動しており、それは戦後期に優勢であった心的態度とは著しく異なっている（表１・１）。一つの大きな違いは、職の保障である。現在では、三分の二の雇用主が、雇用者に対して職の保障を請け合っていない。多くの産業において、職はより広義に定義されているため、労働者はいかなる特定の職においても、より多くのスキルを獲得しなければならない。しかも、一企業内での昇進を期待するよりはむしろ、労働者はネットワーク作りをより重要と考えつつ、より頻繁に職を変えねばならないことを予期している。労働組合は衰退し、労働者はより頻繁に雇用主を変えているため、賃金は競争的市場で耐えうるものがベースとなり、個別的な調停による解決が、団体交渉に取って替わってい

**表 1.1　雇用に関する期待、過去と現在**

| 旧い心理的契約 | 新しい心理的契約 |
|---|---|
| 職の保障 | エンプロイヤビリティの保障 |
| 企業特殊的訓練 | 一般的訓練 |
| 脱スキル［脱技能］化 | スキルの向上 |
| 昇進の機会 | ネットワーク作りの機会 |
| 指揮監督 | ミクロなレベルの職務統制 |
| 年功と結びついた賃金と給付 | 市場ベースの賃金 |
| 団体交渉と不満・苦情の仲裁 | 公平性に関する個々人の申し立てに対する争議の調停解決手続き |

出典：Stone（2001）p. 572.

る。(14)

一九八〇年以前に労働市場の一部となっていた人びとは、この新しい方針は自分たちにとって損失だと見なしている。だが、より若い労働者は、いまある姿でしか事態を知らない。私がシアトルで、二人のソフトウェア会社の役員に、いつクビになるか分からない雇用について説明していたとき、一方の、二十幾つかの女性が不思議そうに私を見つめてこう言った。「なぜ私が五年以上もの勤続を望むというのですか」。この女性は自分をフリーエージェントと見なしており、職の保障と安全性よりも自由に対して価値をおいているのだ。この新しい自由は、それを上手く活用できる鋭敏な人びとを利するかもしれない。しかし他方で、この経済の雇用構造における景気循環と成り行き任せの移行に対して無力な、数え切れない人びとを、置き去りにするものである。

今日では、高いレベルの教育も成長産業での雇用も、いつクビになるか分からない雇用から人びとを護ってはいない。一九九〇年代、多くの大企業は、何千人もの大卒労働者の解雇によって管理職層全体をなくした。シリコンバレーの労働者の約四〇％が、一企業との長期にわたる安定的な雇用ではなく、特定プロジェクト関連の「柔軟な」（すなわち臨時の）契約の下にある。こうした「常時ある」仕事ですら、離職率は高い。情報産業における独立請負契約者は、ハイアラーキカルな一企業内にとどまるよりも、企業間を転々とすることで上昇していく「境界なき」キャリアを有している。こうしたキャリアのシステムにおいては、人びとは長期雇用者ではない。人びとは人的資本の所有者であり、それは雇用主によって期間の定めなく活用されるものなのだ。ヒューレット・パッカードの共同創始者であるウィリアム・ヒューレットは、かつて人びとに次のように助言した。「もしここで成功したいのなら、三つのことを進んでやらねばならない。頻繁に職を変えよ、競争相手に話しかけよ、そしてリスクをとれ――もしそれが失敗を意味するとしても、だ」。

ローズマリー・バットとジェフリー・キーフェは、規制緩和と、かつては統合されていたベル電話システムの解体以降、電気通信産業における職の上層移動が衰退したことをデータで示した。[15] 旧来のベル電話システムの下では、従業員は継続雇用と継続的な訓練投資が保障されていた。ある女性従業員たちは事務職から管理職への昇進が可能であると了解されており、また電話オペレーターという極めて女性の多い職にとどまる者ですら、職の保障、まともな賃金と給付を得ていたのだ。ベル電話会社による独占の緩和にともなって、競争および利幅の下落が生じた。そこで電話会社は大方、固定費と人件費を最小化するよう組織替えを実施した。

ペンシルベニア大学ウォートン・スクールのピーター・キャペリ教授は、ＡＴ＆Ｔにおける新たな労働関係がどのように機能しているか、次のように記述する。

ＡＴ＆Ｔは最も劇的な雇用関係の変化の一つを経験し、一連の新しい方針を打ち出すことで、ニュー・ディールを社員に提示しようとした。同社の役員は、オールド・ディールがどのようなものであったかを次のように説明した。「従業者は日々きっちりと仕事をこなし、並外れた忠誠心、コミットメント、信頼性を示しました。それに関する限り弊社は、公正な賃金、安定した将来、職階を上がっていく機会によって、大半の従業員に報いてきたのです。管理職と専門職は事実上、終身雇用が保障されていました」。ベル電話システムの解体と規制緩和がもたらした競争によって、「弊社は、起業家精神、個人責任、アカウンタビリティの奨励に着手したのです。給与は業績とより密接に連動するようにし、最も劇的なこととして、余剰人員の解雇に踏み切りました。つまり、一九八〇年代に、弊社の心理的契約は解消されました」と同社の役員は指摘した。雇用保障が崩壊した時点で、社員の忠誠心や

コミットメントも姿を消したのである。(16)

バットとキーフェは、企業が競争力の確保のために顧客市場を分断化するにつれて、電話会社における女性の移動がいかにして侵食されたかを明らかにしている。企業は、小企業と大企業という顧客分離と同様、住民顧客を上層と下層に分離し、またしばしば女性従業員を別の都市や州に住居を与えて住まわせた。今日、電話オペレーターの職は請負に外注され、その支払いは最低賃金を上回る程度だ。企業はまた、企業が提供する訓練を授業料償還付きのプログラムに置き換えた。それにより従業員は、スキルの習得に関して自ら手はずを整え、資金を工面することに直面するようになったのだ。低収入の従業員にとっては、授業料償還付きのプログラムはほとんど役に立たない。

労働組織における同様の変化は、サービスセクターの至るところで進行中である。顧客の分断化は、サービス産業において一つの規範となりつつある。サービスは例えば、上層地域の住民向けと下層地域の住民向けに分けるのと同様、小企業向けと大企業向けと別々にして提供されている。より良い顧客はより良いサービスを享受できる。この戦略によって企業は、スキルのある労働者を可能な限り最小限の人数で活用し、彼らがさらなるビジネスを生み出すところに努力を投入することによって、収益を極大化できる。だが企業の諸機能が分割され地理的に分離されるとき、その企業内における上昇移動はほとんど不可能になるのだ。

アメリカの労働者たちは、雇用主よりも自らの職業に対してより愛着を感じるようになっているというのが、こうした変化に対する一つの共通した反応である。先任権で得られる利益が低下するにつれて、かつて雇用者の長期的な昇進可能性の決定において重要であったようには、労使関係は重要ではなくなっている。ニューエコノミーにおいては、キャリア形成は或る組織から別の組織へと繰り返し移動することを要請する。バイオテクノロジー労働者のキャリアの軌跡に関する或る研究は、昇進は、伝統的なキャリアラダーよりはむしろ石蹴り遊びに似ている、と示唆している。

新しい柔軟な労働市場に関する他のマニフェストと同様に、石蹴り遊び――或る雇用主から次の雇用主へと切り替え、数回の失業と引き換えに断続的な起業家的機会を得る――で、高度なスキルを持つ労働者はときおり成功する。しかし、この新しい柔軟性は、低いスキルと低い学歴しかない労働者に対しては、しばしば矛盾をはらんだ事態をもたらす。こうした労働者は、働きすぎと不完全雇用という両方の状態に、より置かれがちである。経済学者のバリー・ブルーストーンとスティーブン・ローズは次のように指摘する。「労働時間短縮の週、一時的解雇、あるいはそれに続いて起こり得る失業を埋め合わせるために、彼らは、働けるときはできる限り働く(17)」。この「潤沢か欠乏か」サイクルにおいては、いつクビになるか分からない雇用者は、生活水準を上げようというのではなく、ただそれを維持するためだけに、働けるときはより長時間働く。境界なきキャリアの新たなシステムは、多くの人びとにとっては、自由を拡大するよりはむしろ、雇用の不安定性を増大させているのである。

## 雇用主の自由裁量についての疑問

もしニューエコノミーが、いつクビになるか分からない仕事をより多く創り出しているとすれば、より良い賃金の仕事の数を増やし、キャリアアップの可能性を高められるように、公共政策はゲームのルールに対して、またキャリアラダー・プログラムは雇用主の選択に対して、影響を及ぼすことはできるのだろうか。一見すると答えは「否」あるいは「できそうにもない」に思える。しかしながら、かつてのある時期、製造業者間の国内競争が極めて熾烈だったとき、雇用主は収益極大化のために仕事を構造化した。その時期に、繊維・衣服・自動車・鉄鋼産業において、労働者がより高い賃金と良い労働条件を得ることを可能にしたのは、最低賃金をアップさせ、時間外労働の支払いを命じ、労働組合の組織化を奨励し、より高度に構造化された労働市場へとつながった、政府の政策なのである。こうした政策は、いずれの競争者にも優位性を与えず、全ての競争者に安定した労働供給を与えることによって、産業の競争上のニーズにも適った。ニューエコノミーにおいても、また別の公共政策一式が、柔軟な雇用が持つ利益を、雇用主と雇用者のために最大化し、労働者にとっての、保障の新たな一形態を創出し得るかもしれない。実際、新たな種類のキャリアラダーの推進は――スキルの通用性[訳註7]の或る形態を内蔵すれば――その切符となり得る。

いかなる場合であれ激化した競争は、賃金と仕事の安定性を侵食する必要はない。収益性は、低賃金・低スキル・低水準保障の労働力戦略を企業が採用することを、必ずしも要請しない。実際のところ、同一産業内で雇用主たちは既に、異なる賃金率で支払い、異なるテクノロジーを活用している。ハイロードとローロード[訳註8]の選択はともに、収益を生み出せるのである。

ラッセル・セイジ財団による研究は、次の点を示唆する。すなわち、雇用主は職場の組織化に関してかなりの自由裁量を有している。低スキル・低賃金モデルに基づくか、ハイ・パフォーマンスの労働実践、労働者訓練への投資、明確に構造化されたキャリアパスのモデルに基づくか。テクノロジーと労働者のスキルを雇用主が現在活用するその仕方がかなり多岐にわたることが、こうした自由裁量の証拠である。プラスチック製造では、同一職業の労働者間の給付総額は、企業がローロードの製造者であるかハイロードの製造者であるかによって、時給で七ドルもの違いがある[18]。製品の性質が、モノ造りがどのように組織されるかを決定することもある。医療機器製造では、労働者にとって良い職（機会、スキル、まともな賃金）も悪い職をも生み出すようテクノロジーが活用され得る。注射器やカテーテルのようなローテクの医療品製造では、大量生産にもかかわらず、実は先進的なテクノロジーと高度なスキルを持つ労働者が頼りなのである。反対に、電子外科装置のようなハイテク製品の受注生産では、テクノロジーは製品内に埋め込まれており、逆説的に、低スキルの労働者によって生産されている。所与の業種において仕事がどのように組織化されるかは、時代によって、企業によって、当該業種内の職業によって、さまざまに異なるのである。

雇用の再構造化に関する決定はそれ自身、進行中のリストラクチュアリングに従属している。コスト削減や他の望ましい目標が達成されないならば、内部労働市場を取り壊したり、仕事の脱スキル化ののちにそれらを再構築するために、雇用主がリストラクチュアリングを行うことは珍しくない。例えば、正看護師の不足と保健維持機構（HMO）からのコスト削減圧力への反応として、多くの病院は一九八〇～一九九〇年代に、看護助手の対正看護師比率上昇を試みた。これによって看護サービスをどのように行うか、その再設計が必要になった。この戦略は直接的な労働コストを引き下げはした。だが多くの病院は、次の点に気がついた。新しい構造の下では、患者の諸問題は以前のようには把握されず、結局のところより抜本的で費用のかかる介入が必要となるため、この戦略はケアのコストを押し上げる、と。一〇〇〇を越す病院を対象とした、正看護師の配置比率、患者の気持ち、費用の関係についてのある研究は、正看護師のより高比率の配置が、結果的に患者の不満とコストを引き下げることを明らかにしている[19]。コスト削減のために病院は、低スキルのスタッフに依存するかもしれないし、しないかもしれない、と言うのは正確ではない。異なる時点での異なる状況への反応として、病院は人員配置のパターンを変えている、と言うべきである。

同様に、保険産業の幾つかの企業は、低賃金で人が雇える遠隔地に顧客サービスセンターを置くという決定を撤回した。これらの産業に関する事例研究は、次の知見を得ている。思ったほどのコスト削減ではなかったと雇用主が気づいたとき、彼らは諸活動を再統合し、内部労働市場の幾つかの部分を再創造する——したがって、より多くの昇進機会を再創出する[20]。遠隔地でのセンター設置も、元に戻されたやり方もともに、収益が出せるし効率的なのである。

こうした諸事例で示したように、賃金を引き下げ移動の道筋を取り除くと非生産的かもしれず、望んでいたほど収益が出ないかもしれないことに気づいている雇用主もいる。しかしこれは、キャリアラダーの再創出に向けての全般的趨勢を予示するものではない。キャリアラダーの擁護者は、雇用主がキャリアラダーに特別の関心を寄せる二つの状況を示唆している——充分にスキルのある労働者の高い離職率あるいは大幅な不足のいずれかを経験している状況——だが、こうした状況ですら、キャリアラダー戦略が選択されることを保障するわけではない。

離職は、低賃金で人を雇う雇用主にとっての主要な問題となった。忠誠心を持たねばならない理由も実際の利害もほとんどないため、低賃金労働者はしばしば、より良い職を求めて、あるいはまた他の理由によって比較的短期間で離職する。離職率が最も急増している一一の低スキル職業では、その水準が非常に高いために、ポスト増加による新規求人はだいたい六件に一件、残りは離職者の後任探しである。多くの銀行で、テラーの年間離職率は、六五〜八〇%となっている。この離職率は、老人ホームで働く公認看護助手のそれよりも高い。

高離職率は、それに反応して雇用主が労働条件の改善をする、ということを自動的には意味しない。取り替え可能な労働力の充分な供給を活用できるときに、離職に上手く対処できるようになった雇用主もいる。多くの銀行は、大学生あるいは高校生すら、テラーとして活用している。彼らは一〜二年しかこの職にとどまらないと知りつつも、その期間においては信頼できる労働者だからである。UPS宅急便は、トラックへの荷積みの仕事に大学生を雇うことで、年間四〇〇%の離職率に対処している。[21] しかし他の雇用主は――例えば、医療供給業者、保育センター、学校は――高離職率を前提に対処する戦略によっては、質の高いサービスを供給できない。これらの雇用主は、士気・生産性・職務納得を高めるために、キャリアラダーを促進する傾向が高い。

高離職率とあわせてスキルのある労働者の不足を経験している雇用主には、彼らの会社のより低いスキルの労働者への訓練投資をする――従業員がそれに沿って昇進できる、より高い賃金で中程度のスキルの仕事のキャリアパスを創出する理由が、もっとあるかもしれない。

雇用主は、彼らの組織の仕事を構造化する自由裁量を無限に持ってはいないし、個々の産業の個々の雇用主が直面する制約については、考慮に入れねばならない。しかし、次の点を認めることは重要である。すなわち、収益性という制約の下においてすら、雇用主は一般に、職場をどのように構造化するのかに関して選択肢を持っている。雇用主はしばしば、良い賃金と昇進可能性をともなった良い職を提供する道筋を取る選択肢を持つ。このことは、彼らが独力でそれを理解すること、もし選ぶならそれを選ぶこと、入職レベルの労働者が便利に活用できるキャリアラダーを創出することを意味しない。また、たいていの低賃金労働者は、教育訓練システムをあれこれ見て、雇用主が創出するかもしれない昇進機会を上手く活用できるようにしてくれるプログラムを見つけ出すすべを知らない。だが前述したように、そのためにこそ、私たちには媒介機関があるのだ。

## 労働力媒介機関——仕事、教育、キャリアアップを結合する

「労働力媒介機関」という概念は、財団、擁護団体、（私自身を含む）研究者らによって、意味が二極化されている。この観念は、労働者でも雇用主でもない外部団体が、労働者がスキルとキャリアを向上させていく機会を極大化するために必要とされる、というものである。標準的な説明では、こうした媒介機関は、キャリアラダー・プログラムによって提供される機能とほぼ同様の、三つの際立った機能を提供せねばならない、とされている。すなわち、雇用主と求職者——とりわけ低賃金、低スキルの求職者——の両方に労働市場サービスを供すること。共通の目標に向けて、パートナーと資金の流れを組織化すること。そして「コミュニティの他の制度体が、低スキルの労働者にとってさまざまな昇進の道筋をともなった、より効果的で均等性の高い地域労働市場の創出に向けて共同で取り組むよう動員すること」[22]。原理的な説明としては、媒介機関は構造的ギャップを埋めるために必要とされる、と言える。雇用主は、現職ないし将来の労働者に対する訓練機会の提供が持つ価値を正確に評価しないかもしれないし、労働者たちはキャリアの機会の見つけ方と活用の仕方を知らないかもしれないからである。

労働力媒介機関は、人びとが安定した職を維持することを妨げる障害、人びとが就きたいと望む仕事を雇用主が供給することを妨げる障害の除去に取り組む。媒介機関は、彼らの顧客を労働市場に向けて準備させるため、職業訓練、教育、ソフトスキル（例えば時間管理、労働者の礼儀作法、コミュニケーション、葛藤・対立への対処など）を組み合わせて提供する。媒介機関はまた、ある範囲の社会的支援サービス（薬物治療、心理カウンセリング、保育、通勤・通学手段など）の調整もする。さらには、顧客と雇用主の間に生じる諸問題を解決する。人びとが働きながら教育を続け、それによってより良い仕事へと移れることを助けるために、より長期的なキャリア・ガイダンスを提供する機関もあ

る。

たいていの中産階級の人びとは、教育と、それによって仕事が見つかる社会的ネットワークには既にアクセスできているので、媒介機関はほとんどの場合、低収入グループを対象とする。多くのコミュニティ・ベースの組織（CBO）が、この分野において極めて大きな効果を発揮している。多くの文献が、効果のあるプログラムの諸要素を特定し、人びとを福祉から労働へと、しばしばリビング・ウェイジの得られる職へと移行させるのに必要な、綜合的な一連のサービスを提供するために、諸組織がどのようにネットワーク化されたか、データをもって示している。しばしば引用される一つの例は、ジェーン・アダムス・リソース社（JARC）だ。非営利のコミュニティ開発法人であり、シカゴの地域訓練連盟の中心になっている。JARCは一九八五年に組織された。シカゴの北西に位置するレイブンスウッド・コミュニティの、より広範な労使関係戦略の一部として、製造業者に対して技術援助と職業訓練を提供するのが目的であった。JARCは、金属加工会社に対する職業訓練を地域一体に拡大してきた。JARCは、地域製造業訓練連盟（RMTA）という、シカゴ大都市圏の製造業者の生産性向上を目的に組織された、地域コンソーシアムの設立メンバーである。JARCは、都市住民とりわけ低収入者層にとってより多くの職業機会を創出するために、雇用主が労働者を雇用し昇進させるやり方に影響を及ぼしてきたのである。

キャリアラダー戦略を追求する媒介機関の中には、差し迫った労働力不足に対処しようとする全米規模の組織も二、三ある。例えばVHA保健財団は、病院やその他の医療機関の入職レベルの労働者が、専門的な地位に進んでいけるようにする、幾つかの都市におけるキャリアラダー・イニシアチブに資金提供を行っている。組合員のためにキャリアラダーを促進し、継続教育を提供する労働組合もある。例えば、全米運輸労働者組合のサンフランシスコ支部とニューヨーク支部では、労働者が伝統的な大量輸送システムの保全職から、インテリジェント輸送システムの保全に関連する職へと進んで行けるよう、キャリアラダーを開発している。

多くのコミュニティ・カレッジは、個々の産業での昇進を促進する履修証明書[訳註9]と学位を入念に設計している。これらのプログラムは基礎的なスキルから始まり、人びとがいったん雇われてからは、継続的にグレードアップする訓練を提供する。こうしたコミュニティ・カレッジの幾つかは、非伝統的な学生に対する支援サービスを提供したり、あるいはまた、そのために、コミュニティ・ベースの組織と社会的サービス機関とをネットワーク化したりする。例えば、シアトル郊外にあるショアライン・コミュニティ・カレッジは、雇用主と福祉から立ち去りつつある労働者のために、四つの職業クラスターにおけるキャリアラダーを創出すべく、力を尽くしている。学生たちは最初に評価を受け、雇用準備プログラム、補習クラス、あるいはＥＳＬ（第二言語としての英語教育）に出席する。重点目標とされた職業の一つで、入職レベルの職を開始できるに足るスキルを学生が得られたらすぐに、より良い職へと昇進できるよう、仕事と継続教育を合体させる。学生は当初からキャリア・プランを開発し、自身のキャリア目標に向けて進み続けられるよう、カウンセラーとともに努力する。定着指導の専門家は、学生と雇用主の連絡担当者として働き、キャリアパスの選択に関して学生のために働く。コミュニティ・カレッジは、媒介機関として機能する。つまりコミュニティ・カレッジのスタッフは、学生たちが確実に訓練と学業をやり遂げるよう、支援サービスを提供したり差し向けたりする。またスタッフは、雇用主とも協働し、昇進機会を同定したり、労働者が仕事上で直面するかもしれない諸問題を、雇用主が理解できるよう助力する。

こうした手短かな諸例が示すように、労働力媒介機関は、効果的なキャリアラダーの創出に必要なパートナーシップを促進する。そして多数の媒介機関が、キャリアラダー戦略の追求に関心を抱いている。膨大な量の研究が、人びとを入職レベルの職からリビング・ウェイジの得られる職へと移行させ得る、綜合的な一連のサービスを提供するのに必要な、効果のあるプログラムの諸要素を見極めている。これは価値のある情報である。しかし、既存の職に人びとをマッチングさせることを超えて進むことは――この国が生み出す類の職を変え始めることは――ずっと困難な仕事である。いかなる状況下でいかなる媒介機関が、この難題に耐えられるのか。それは、さらなる検討を必要とする論点である。

## 本書の構成

キャリアラダーに関する三つの主な問いが、本書の枠組みを作っている。第一、キャリアラダー・プログラムが、個々の雇用主が仕事を再構造化するのを、個々の労働者が昇進するのを助けることに成功するには、プログラムそれ自体のレベルにおいて、何が必要か。第二、経済を動かすマクロ経済的な影響力を所与として、最も成功したキャリアラダー・プログラムですら、重大な変化をどれほど生み出せるのか。第三、将来の見込みをより望ましく変え得るような連邦・州・地域の労働力開発政策は存在するのだろうか——言い換えれば、アメリカの労働者の上昇移動を再生する見込みを改善するかもしれない、生涯学習と昇進を支援する公共政策は存在するのだろうか。

続く各章は、個別の産業の労働市場と、雇用主の雇い方と雇用者の昇進のあり方を、労働力媒介機関が変え得る程度について検討する。各章は、入職レベルの労働者の昇進機会をより多く創出する可能性がある経済セクターに焦点を当てる。さまざまな経済セクターが、キャリアラダーの構築にあたって媒介機関が直面する、それぞれに特有な一連の難題を例示するために選ばれている。それらのセクターとは、医療、保育、伝統的製造業、である。[訳註10]

最初の二つのセクター——医療と保育——は、直接的に給与を通してかあるいは間接的に補償金を経由してかによって、基本的には政府が賃金を定めている、国内的なサービス産業である。いずれにおいても中心的な関心は、サービスの質である。それぞれにおけるキャリアラダーの検討からは、サービスの質と仕事の質（賃金レベルも含む）をいかにして改善するかをめぐる議論の中味が明らかにされる。これらのセクターでは女性が優位を占めている（教育職においては顕著ではなくなってきているが）。医療や保育では、フルタイムで働いても労働者は貧困から抜け出せないでいる。保育と医療は伝統的に、女性がその家族のために無償で供給してきた。労働市場サービスとしては、歴史的には、サービスは奴隷制時代には有色女性によって無償で遂行され、移民とアフリカ系アメリカ人によって、極めて低賃金で遂行される二〇世紀へと移ってきたのである。この私的な無償労働が徐々に家庭の外部すなわち市場へと入って行くにつれて、国民としての私たちは、私たちが望みまたそのために進んで賃金を払うサービスの質について決定をなさねばならない。〔訳註11〕

原理的に、これら二つのサービスセクターの産業は、キャリアラダー開発への大きな可能性を持つ。なぜなら、大部分が政府によって資金提供がなされる公的セクターのサービスであり、いずれもが深刻な労働力不足に直面しているからである。市民がこの労働力不足に関して――そして労働力不足・サービスの質・賃上げの結びつきに関して――より意識を高めるにつれて、訓練と賃上げというキャリアラダーの二つのコストに充当する資金の増加のために、政治的圧力は活用され得る。

製造業もまた、学ぶところが非常に多い。なぜなら製造業は、経済開発目標とキャリアラダー戦略の結びつきを例証しているからだ。例えば、バイオテクノロジー産業はまだ新しく、生産を始めたばかりであり、仕事の諸カテゴリーとそれ向けの資格とは流動的――つまり、この仕事にはこの資格、というようにはなっていないし、学位ですら、そのように対応していないからである。コミュニティ・カレッジは、熟練生産労働者の需要に適うよう準備を整えているけれども、雇用主による投入資本が相当量あっても、納得のいくカリキュラムの確立は、その途上にある。

伝統的な製造業においては、仕事の総数は減少しつつあるけれども、多くの業種が、ブルーカラー労働者の昇進機会を創出する、新しく収益率の高い、ハイ・パフォーマンス生産方式を採用している。ここでもまた、キャリアラダー・プログラムは、より広範な経済開発戦略の文脈においてのみ理解され得る。もし市や州が、製造業者が高度に競争的な環境の中で適応していくのを維持したり助けたりしないのであれば、キャリアラダーの重要性はほとんどないだろう。しかし、最も支援的な環境においてさえ、多くの製造業者は競争力維持の困難さを認識している。一つの中心的な研究の焦点は、労働力開発と経済開発の統合された戦略に意味がある製造セクターを特定することである。

人びとという観点においては、本書は大卒未満学歴から始める者に焦点を当てる。いつクビになるか分からない雇用は、あらゆる学歴の人びとに影響を及ぼしている。だが、大卒未満学歴の者は、キャリアラダーの道筋を上がっていくのがより難しい。福祉から労働への移行過程にある人びとにとっては、入職レベルの仕事より先に進むことはいっそう難しい。とりわけ、高卒未満あるいは基礎的リテラシーのない者にとってはそうである。しかし、キャリアラダー・プログラムは、単なる「福祉から労働へ（Welfare-to-Work）」戦略なのではない。実際、もしキャリアラダー・プログラムが、失業者を職に就かせることに焦点化するのであれば、そこから上昇移動をしていく道筋、中流レベルの収入が得られる職へ至る道筋を創出するという、主たる使命を果たし損ねていることになる。

各章は、それぞれの産業の現在の動向について、それが雇用とキャリア移動にどのように影響しているのかにふれつつ、記述する。その上で、さまざまな規模で展開中のキャリアラダー・プログラムの諸事例を提示する。個々の雇用主がコミュニティの諸組織と協同した取り組みもあれば、複数のパートナーを含む、市ないし州規模の実地講習プログラムもある。たいていのイニシアチブが開始して間もなく、長期的な評価がなされていないものの、全て有望だと言えよう。したがって本書は、これらのプログラムがどのようにして実行に移されたのか、どのように機能しているのか、媒介機関がどのように雇用主の実践に影響を及ぼしているのか、プログラムのパートナーがどのようにして法律制定と政策発案を当を得たものにしているか、に多くの力点を置く。ときおり本書は、プログラム修了者の物語を、あるいはまた、法改正に向けた擁護活動やロビー活動を展開する個人やグループの物語を強調したりする。全章に共通する一つの焦点は、成文化された資格ベースのキャリアステップが、昇進機会の構築に最も効果的だというその程度が、どのくらいのものなのかである。各章は最後に、各産業のより広い経済情勢の中で、キャリアラダー戦略が持ち得るインパクトについての疑問を提示する。

第2章「医療」は、対人ケアと医療関連の職業について検討する。医療セクターは一見すると、キャリアラダー戦略の追求に理想的なセクターに思える。この産業には多くの入職レベルの仕事と補助職的なポジションがあり、人口の高齢化、コミュニティ・ベースの介護の成長、病院看護の縮小とともに、その需要は拡大していくだろう。しかし、キャリアラダーが、例えば食事介助者や看護助手のために存在が必要である程度は、こうした要因の数に依存する。三つのアプローチが試みられている——より多くの教育訓練が必要な、次第に賃金が良くなる職業へと人びとが進みゆくのを援助する、既存の仕事の賃金と専門性を高める、スキルと経験の増加につれて賃金が上がる諸段階を、職業内に創出する。本章は、これらの戦略がそれぞれ、実践においてどのように試みられているかを描き出す。対人ケアと保育の労働市場の構造は、労働者に昇進への明確な道筋を示すために、仕事のカテゴリーを追加し、そしてそれに対応する資格証明を創出する必要性を示唆する。そうした戦略は、いま流行のグッド・プラクティス——仕事のカテゴリー数を削減する——に直面して吹き飛ばされてしまっている。だが、対人ケアと保育の領域では全く逆のことが、スキル、賃金、労働者の士気を向上する、したがってコストのかさむ離職率を引き下げる機会を創出するかもしれないのだ。

医療従事者の賃金を上げ、必要な訓練を拡大し、その労働条件を改善しようという政治的行動への可能性は、保育従事者の場合と同様に高い。両方の労働者カテゴリーは、補助職・準専門職（paraprofessional）の擁護者であるスティーブ・ドーソンとリック・サーピンが「かつて解雇された公共的雇用者」として言及したものであるという強みを持つ[23]。医療従事者にはまた、親たちが受ける介護について懸念を抱く中産階級の有権者がいる。実際、すでに諸々の擁護組織は、医療従事者に対するキャリアラダー・プログラムにもっと州の資源を投資せよというロビー活動で効果を上げてきている。しかし、プログラムの数は、需要に応えるには、まだまだ足りない状態である。

第3章「保育」は、センター・ベースと在宅ベースの保育従事者のためのキャリアラダーについて探究する。保育従事者の状況は、賃金が低く、労働者がしばしば敬意を示されず、昇進機会がほとんどなく、そして大事なことだが、これらの職への資金の大部分は公的な補助金である、という点で、補助職的な医療従事者と同様である。しかしながらその他の点では、保育従事者の状況はより悪い。医療給付が得られる見込みは医療従事者よりも低く、ほんのわずかな者が、組合契約によってカバーされているにすぎない。

保育の分野では、キャリアラダーへの幾つかの異なるアプローチが、州、地域、地区のレベルで試みられている。医療分野と同様に、中産階級の有権者――この場合はデイケアの必要な子どもがいる親たち――が、キャリアラダーにより多くの公的資源を割くことの支持に向けて、動員され得る。しかし保育に関しては、訓練と賃金の原資獲得に向けた政治的組織化には何年もかかった。雇用主に参加を説得することも、難題として続いてきた。なぜなら、賃上げの原資は常に暫定的であったし、そのため賃上げの幅も微々たるものだったからである。そうだとしても、ほとんどのプログラムは、職務納得、保育の質、離職率の引き下げにおいて劇的な効果を有していると思われる。保育従事者のためのキャリアラダー・プログラムに暗雲を投げかける中心的な問題は、主として州からの資金が、州の財政危機の中で維持され得るかどうか、ということである[訳註12]。

第4章「製造」は、金属加工や食品のような伝統的な製造セクターでのキャリア形成について検討する。しばしば製造は「オールドエコノミー」の職であると見なされている。しかし実際のところは、これらの多くの仕事はより高いレベルのスキルを要請し、昇進機会を提供しているのである。アメリカ製造セクターの衰退を考えると、これらの業種におけるキャリアラダー戦略は、国内における職の維持に焦点を当てるべきである。その目標に向けて、この章で考察されるプログラムは全て、労働力増大と経済開発に向けた諸戦略（と諸機関）の統合を試みている。

医療と保育の分野において、資格の有用性――それはスキルをパッケージ化し、労働者の獲得スキルがどこでも通用するという証明書を供給する――は、かなりよく確立されており、キャリアラダー・プログラムでは資格が便利に活用されている。しかしながら、製造においては、資格に関する疑問点は明らかになっていない。キャリアラダー・プログラムは全国的な資格を信頼し、それに基づいて個々の職場で公認の職務記述書を作り出すべきだろうか。それとも、雇用主が既に確立した、そしてしばしば組合との交渉の下に設定された仕事のカテゴリー――それはときおり個々の企業の職場に特殊的なものである――と合わせていくべきだろうか。この章は、こうした議論について検討し、シカゴとミルウォーキーにおける訓練の体系化の取り組みに焦点を当てる。これら二都市の媒介機関は、問題に対して全く異なるアプローチをとってきており、それぞれに長所と短所がある。

第5章「ニューエコノミーの中で上昇移動するためのアジェンダ」は、キャリアラダー・プログラムが当面の課題に対して成功を収めるのに不可欠な措置に関して、とりわけ、雇用主を説得して仕事の再構造化をさせるには何が必要なのかに関して、本書の主な論点を総合する。この最終章はまた、キャリアアップと賃金アップの戦略を支援するであろう政策アプローチの概略を説明する。本書で描かれたプログラムのほとんどは比較的新しいものである。それらは国家の労働力開発システムが当てるべき焦点を変えるための、有望な実践を提示している。職の供給への集中が主たる目標ではないとすれば、それはキャリアアップの促進であろう。結論で言及される最も大切な論点は、こうしたプログラムや政策が集合的に、アメリカの労働者にとっての上昇移動の再生に、大きなインパクトを持ち得るか否か、である。

**註**

（1）Osterman（1993）, Leigh（1989）.

（2）Kantor（1997）, Harrison and Bluestone（1988）を参照。

（3）Harrison and Bluestone（1988）を参照。これらの知見と他の知見をめぐって、かなりの方法論的な議論が起こったけれども、カロリーは家族収入の不平等について分析した幾つかの手法を比較して、一九六〇年代後半以降より、不平等は確実に増大している、と結論する（Karoly（1993）を参照）。また、Danznger and Gottschalk（1993, 1998）も参照。

（4）Silvestri（1993）.

（5）Freeman（1996）. フリーマンは、異なる方法とサンプルを用いた幾つかの研究を同定した。異なる幾つかの時期にわたっても、それらはほぼ同一の知見を得ている。

（6）Mishel, Bernstein, and Allegretto（2004）.

（7）Bernhardt et al.（2001）. この研究は、一九六六～一九八一年と、一九七九～一九九四年の、男性の一五年間の時系列サンプルを比較したものである。

(8) Duncan, Boisjoly, and Smeeding (1995, 15). これは、教育は関係ない、という意味ではない。教育レベルの高い労働者と低い労働者の収入格差は、一九六〇年代より拡大し続けており、教育は依然として最も説明力のある唯一の独立変数である (Katz and Murphy 1992)。カレッジ委員会によれば、教育レベル別・年間世帯収入の中央値は、次のようになっている。

| | |
|---|---|
| 九学年未満 | 一六、一五四ドル |
| 高校卒業 | 三四、三七三ドル |
| 準学士 | 四八、六〇四ドル |
| 学士以上 | 六六、四七四ドル |
| 博士 | 八四、一〇〇ドル |

しかし、一九六〇年代と一九八〇年代の労働市場参入者の雇用パターンを比較すると、教育は、人びとが思っているほど、賃金増加に対する独立変数としての効果は大きくない、ということが分かっている。二〇〇一年では、低賃金労働者のほぼ三五%が高卒者、三〇%がカレッジ修了者である (Mitnik, Zeidenberg, and Dresser 2002 を参照)。良い収入と安定した昇進パターンを保障するには、より高い教育レベルが必要である。しかし、労働市場の構造的変化のためにもはや充分ではない (Reich 1991 中谷巌訳『ザ・ワーク・オブ・ネーションズ』(ダイヤモンド社、一九九一))。高卒以下学歴の人びとが、低賃金の職に縛りつけられたままであるのは驚くことではない。だが、子どものいる低賃金労働者の二二%が、何らかの中等後教育を受けた者であることは、驚くことである。何らかのカレッジ教育の経験者は、大卒者の賃金よりは高卒者の賃金に近い (Bernhardt 1999, 157)。

(9) Cappelli (1999, 63). 若山由美訳『雇用の未来』(日本経済新聞社、二〇〇一、一〇三～一〇五頁) 参照。

(10) Piore and Sabel (1984). 山之内靖ほか訳『第二の産業分水嶺』(筑摩書房、一九九三) 参照。

(11) Harrison (1994) を参照。

(12) Cappelli (1999, 74). 邦訳一一八頁参照。

(13) Stone (2001, 519–661).

(14) Stone (2004, 2001).

(15) Batt and Keefe (1998).

(16) Cappelli (1999). 邦訳五〇〜五一頁参照。
(17) Bluestone and Rose (1997).
(18) Ballantine and Ferguson (2003).
(19) Needleman et al. (2001). これらの諸結果は、複雑さと病院のユニットによって異なるけれども、知見は全体を捉えたものである。
(20) Moss, Salzman, and Tilly (2000).
(21) Cappelli (1999, 192). 邦訳二七二頁参照。
(22) Kazis (2004), Fitzgerald (2000).
(23) Dawson and Surpin (2001).

## 訳註

[1] advancement は文脈に応じて訳し分けている。career advancement は「キャリアアップ」、occupational advancement は「職業的前進」、advancement は「昇進」などである。

[2] satisfactory job は「納得のいく仕事」、job satisfaction は「職務満足」ではなく「職務納得」と訳している。まともな生活・尊厳を維持できる生活（decent life）が可能な賃金か、教育達成や職務経験が正当に評価されるラダーとなっているか、といった面も射程に含まれているので、「満足」よりも「納得」という訳語の方が適切であると考える。

[3] 「補完性のある」は complementary の訳である。例えば、三つの制度体にA∪B∪Cという包含関係がある場合、BはCができないこと（規制など）を、AはBができないことをする、という関係を「補完性がある」と形容する。

[4] living wage とは、最低限の生活を営むことが可能なレベルの所得のことである。

[5] 「先任権制度（seniority）」とは、長期勤続者を優先的に扱うアメリカの雇用保障の制度のこと。例えば、レイオフ（一時解雇）を実施する場合、勤続年数の短い者（通常は若者）からその対象になる。

[6] lean は、少し前に出てきたように「贅肉＝ムダを削ぎ落とした」の意味。これに対して、lean and mean は米俗語で、「（野心で）ぎらぎらした、しゃかりきの」の意味。以下で説明されるように、大企業がコスト削減に血道をあげたさまを形容するもの。

[7] portability（of skills）は「（スキルの）通用性」、形容詞の portable は「どこでも通用する」と訳している。

［8］「ハイロード」と「ローロード」については、本訳書の一二六～一二七頁（第4章）にコンパクトな説明がある。なお、仲野（菊池）組子も、ほぼ同様の説明をしている（「社会が企業を変えるアメリカ合衆国の経験」、夏目啓二編著『二一世紀の企業経営』（日本評論社、第八章、二一九頁））。

［9］certificateを「履修証明書」と訳している。日本では、二〇〇七年の学校教育法改正により、一二月から大学等が学位に準じる「履修証明書」を授与できるようになった。文部科学省は施行規則で、証明を出せるプログラムを「一二〇時間以上」に限定している。開講の際に同省に届け出る必要はないけれども、教育内容や受講資格などの情報の事前公開が義務付けられた。

［10］凡例でも述べたように、本訳書では紙幅の都合上、教育とバイオテクノロジーの章を割愛している。原文ではこの箇所は「それらのセクターとは、医療、保育、教育、バイオテクノロジー、伝統的製造業、である」となっている。また、続く一文の書き出しも、原文は「最初の三つのセクター――医療、保育、教育――は」である。

［11］原文では、このあとに、教育に関してはどこに焦点を当てるのかとその根拠についての説明がある。

［12］原文では、このあとに「教育の章では」で始まる一段落、続いて「バイオテクノロジーの章では」で始まる一段落がある。

# 第2章　医　療

アメリカでは、いかなる産業においても、低いレベルにある労働者の賃金を上げ、キャリアアップの機会を増やすことは簡単ではないだろう。しかし、医療の分野は、他の分野に比べて目指すべき道がはっきりしている。それは他の分野にはないさまざまな要因が重なり合っているためである。

①病院、老人ホーム、ホームヘルプ・ステーションの事業者はますますひどい人手不足に陥っている。②その結果、中産階級の患者とその家族たちが提供されるサービスに不満を募らせている。③ストレスの溜まった労働者が増え、彼らの声が労働組合によって代弁されている。これらの三つのグループが、この仕事をより魅力的なものとすることに強い関心を持っている。そして、彼らはこの産業における主な資金源となっている政府の政策決定者に対してどのように圧力をかければよいかも心得ている。

したがって、他のどのセクターより、医療セクターにおいて、労働者のキャリアパスを改善するための多様なプログラムが試みられていることは驚きではない。これらのプログラムは、他の産業にも適用可能な重要なモデルを提供している。しかし、そうした取り組みは、同時に私たちの道のりはまだ長いことも教えてくれる。医療産業においても、最底辺にいる労働者たち――対人の、実践的な、終わることのない患者のケアを行う者たち――は、最低限の生活ができるだけの賃金すら、稼いでいないのである。

## 対人ケアを提供する労働者の不足

社会科学者として、私は軽々しく「危機」という言葉を使わない。しかし、この先の一〇年間、長期療養施設で働く最前線の労働者たちについては、本当の「危機」に直面すると言ってよいだろう。

コーネル大学　応用老年学研究所所長　カール・ピルマー博士

対人ケアを提供する労働者が全てのレベルにおいて、つまり、家事援助サービスから看護助手(1)、准看護師、正看護師に至るまで不足していることは明白である。一九九五年以降、この仕事を辞める人の数は、始める人の数を上回っている。看護学校の入学者数は、二〇〇一年に三・七%、二〇〇二年に八%増加した。だが、この増加をふまえても、一九九五年に比べると、入学者数は一万人も減っている。また、この程度の増加では、労働統計局が推計する二〇一〇年までの労働力需要を満たすことはできない。こうした状況を生み出している最大の理由は、この仕事がストレスに満ち薄給であることだ。医療負担を抑えようとするメディケイド[訳註1]やメディケア[訳註2]、民間保険会社の取り組みのために、医療機関の患者数は増え、労働環境は悪化し、賃金は抑制されている。それに加え、この産業の伝統や教育要件を考えると、働き手の不足している仕事の一群は、低賃金労働者が上ることのできるキャリアラダーというより、むしろ密閉された、列車の仕切り客室の連なりのように見える。表2・1に示した、現在の医療職のヒエラルキーを参照してもらうと分かりやすいだろう。

最も低い入職レベルの職業は家事援助サービスである。こうした職に就く者は家事援助や個別援助を行っており、主に家事援助サービスの事業者に雇用されている。フルタイムで働く労働者はほとんどいない。もう少し熟練を要す

**表 2.1**　医療職のヒエラルキー（2003 年）

| 職業 | 教育／訓練の要件 | 平均時給（ドル） | 全国雇用者（人） |
|---|---|---|---|
| 正看護師 | 準学士（2 年）、専門学校（3 年）、学士（4 年） | 24.63 | 2,246,430 |
| 放射線技師 | 1 年の履修証明コース、準学士（2 年）、専門学校（3 年）、学士（4 年） | 20.03 | 170,030 |
| 手術助手 | 9〜24 ヵ月のコース、専門学校、準学士 | 15.74 | 73,250 |
| 作業療法助手・補助者 | 助手：1 年の履修証明コース、コミュニティ・カレッジか専門学校の準学士（2 年）　補助者：OJT | 16.63 | 25,000 |
| 准看護師 | 1 年のコミュニティ・カレッジのコース（フルタイム）、または民間の履修証明コース | 15.97 | 682,590 |
| 薬剤師助手 | 準学士 | 11.47 | 211,270 |
| 公認看護助手 | 長期療養施設では連邦政府は公認看護助手履修証明書に向けた 75 時間と 12 時間の OJT を要請している。それに州ごとの追加要件が加わる場合もある。病院内訓練は多様である。 | 10.12 | 1,341,650 |
| ホームヘルパー | メディケアのもとで働こうとすると 12 分野の能力試験に合格しなくてはならない。連邦法では正看護師のもとでの 75 時間の訓練が勧奨されている。 | 9.22 | 583,880 |
| 家事援助注） | ほとんどの州では公式な訓練はない。数州では正看護師のもとでの 40 時間以上の訓練が行われている。 | 8.18 | 487,220 |

注）サービス供給事業者に雇われている者。独立請負業者の平均時給はより低い。
出所：労働統計局（2003 年 6 月）。http://www.bls.gov/oes/hom.htm.

る職種としてはホームヘルパーと看護助手がある。看護助手になるよりもホームヘルパーの方が多くの教育を必要とする州もあれば、その逆、または同じくらいの州もある。ホームヘルパーの仕事は、老人ホームやホームヘルプ・ステーションよりも病院や診療所で雇用されている方がたくさん稼げる。時給は八ドルから一〇ドルの間くらいである。しかし、家事援助と同じく、フルタイムで働く者はほとんどいない。一方、看護助手の大半（六五％）は老人ホームなどの長期療養施設で働いている。看護助手全体では平均時給は一〇・一二ドルである。病院で働いている者の方が長期療養施設で働いている者よりも多く稼いでいる。

　准看護師になるためには、高校を卒業するか、高校卒業程度認定証書[訳注3]を取得している必要があり、それに加え、一年間の資格認定プログラムを修了しなくてはならない。ホームヘルパーや看護助手よりもかなり賃金はよく、ほとんどの施設で時給一六ドルほどで働いている。高校卒業後、准看護師よりも長い期間を要する他の資格認定プログラムを修了した医療技術者は、平均的に、准看護師より少しばかり収入が高い。しかし、これらの仕事は、他の低賃金の仕事と同じく、さらに長期にわたる教育を受けなければ、キャリアアップの道は望めない。

正看護師となると、学歴はもっと高い。半数以上が病院で雇用されており、平均時給は二五・四ドルである。老人ホームで働く正看護師は、時給が平均よりも少し低く二二・四四ドルである。正看護師、とりわけ大卒の正看護師には先の長いキャリアラダーが用意されている。正看護師はナース・プラクティショナー〔訳註4〕になることもできるし、さらなる専門性を身につけたり、管理職につくこともできる。しかし、それより下位の医療職は、賃金が低く、キャリアアップの道も限られているため、他に比べて魅力的な職業選択というわけではない。労働市場がタイトでより賃金の高い仕事が選べる地域となればなおさらのことである。それゆえ、対人ケアを提供する労働者は、産業全体を通して不足することになる。

ただし、組織の違い——老人ホームなどの長期療養施設であるか、病院であるか、ホームヘルプサービスの事業者であるか——によっても、労働者の実態はそれぞれ異なってくる。

## 長期療養施設

現在、合衆国では一二〇万人もの人びとが長期療養施設で暮らしている。そしてその需要はますます高まっている。(2) 一年に九六二億ドルの勢いで、医療的かつ個別的な支援を求める人びとに、長期にわたるケアを提供する老人ホームの事業は拡大している。その理由の一つは人口が高齢化していること、いま一つは自宅療養が可能な程度にまで回復する前に、患者を退院させてしまう病院が増えていることである。

しかし、これらの施設において対人ケアの約八割から九割を提供している看護助手——その大半は移民、またはマイノリティの女性である——の数は減ってきている。四〇以上の州が、老人ホームで看護助手などの医療補助職に就く労働者の不足が深刻化していることを報告している。

一つの大きな理由は賃金である。老人ホームにおける看護助手の平均初任給は、時給換算で六・七〇ドルである。フルタイムで働いて年収は一万四〇〇〇ドル、ほとんどの場合、諸給付は付かない。老人ホームで働く全ての看護助手の平均時給は一〇・一二ドルである。このことは賃金上昇がほとんどないことを示している。看護助手全国ネットワークがおこなった離職者の研究によると、たとえこの仕事が好きでもこの賃金で家族を支えていくことができずに職場を去る人もしばしばいる。

老人ホームの職員の正確な離職率を算出することは、それぞれで計算方法が異なるために難しいのだが、ほとんどの情報源が、公認看護助手の年間離職率を八〇%から一〇〇%としている。(3) コスト削減と結びついたこのような高い離職率によって、ほとんどの老人ホームが、常に人員不足に悩まされている。メディケア・メディケイド・サービスセンターが最近刊行した報告書によると、全国の老人ホームの九〇%以上が深刻な人手不足に悩まされている。実際、老人ホームで一人の利用者が一日に受ける対人ケアの平均時間はたったの三・五二時間である。これは、専門機関が勧奨するレベルを大きく下回っている。また、看護助手全国ネットワークがおこなった時間分析によると、一二人の患者を担当した――決して珍しいことではない――八時間のシフトで入っている看護助手が五つの主な仕事――入浴介助、食事介助、排泄介助、着衣介助、歩行介助――を全てこなすことは不可能である。その調査結果を裏付ける研究もされている。(4)

こうした状態が帰結するのは看護助手の過重労働と、しばしば起こる不適切なケアである。マサチューセッツ医療政策会議の最近の報告によると、長期療養施設における労働とケアは、ともに質の低さによって特徴づけられる（表2・2参照）。

一九九五年に行われた『コンシューマー・レポート』［訳註5］の調査で八〇ヵ所の老人ホームを回った評価担当者によると、そのうち彼女が母親を預けてもよいと思ったホームはたったの七つであった。厚生省医療保険財政管理局（メディケ

表 2.2　長期療養施設に典型的な労働とケアの質の特徴

| 労働の質 | ケアの質 |
|---|---|
| 不充分で下がり続ける賃金 | 慌ただしく遅れがちなケア |
| 健康保険の欠如 | 継続性の欠如 |
| 不充分な訓練とキャリアアップ | 怪我の高い危険性 |
| 危険な労働負担 | 熟練職員の不足 |
| 貧弱な管理と監督実践 | |

出所：PHI（医療補助職機構）。

アとメディケイドの運営主体）が認可している老人ホームのなかで、六〇％以上が、毎年実施される調査において最低限の安全衛生基準をクリアしていない。老人ホーム産業の専門家であった、故スーザン・C・イートンは、七〇％の老人ホームが、ケアの質と労働者の労働条件の観点から見てレベルが低いだろうと推定している[5]。

長期療養施設で働く労働者の賃金を上げ労働条件を改善していくこと、そして、彼女らの教育の機会を増やしていくことが必要である。少なくとも八つの研究が、長期療養施設で働いている専門職、医療補助職のスタッフの双方ともに、高齢者ケアの充分な専門教育を受けていないことを報告している。そのことはいまや、労働者本人たちだけでなく、患者の家族や患者擁護団体にとっても明白である。そして、それは時間の経過とともにますます差し迫った問題となるだろう。というのも、二〇〇〇年から二〇三〇年にかけて、六五歳以上の高齢者人口は二倍になることが予想されるのに対し、これまで補助的なケアの仕事を担ってきた二五歳から五四歳の女性人口は七％しか増えないと予想されるからだ。

**病院**

病院も同様にひどい人員不足を経験している。正看護師のケースを考えると、それは、主に彼女らの労働条件を悪化させた経費削減の結果である。過去三〇年間にわたって、連邦政府はメディケアとメディケイドの適用を受ける病院に充当する予算を削減してきた。一九七四年、メディケアとメディケイドを受けている患者の治療に対して、対病院報酬の上限が、まずは定められた。一九八三年には医療報酬の定額支払い制が導入され、それによって、患者を退院させようとする病院側のインセンティブが強められた。さらに、一九九七年の財政収支均衡法では、多くの診断で医療報酬額が減らされ、患者を追い出そうとする病院のインセンティブがさらに強められた。民間保険会社もコスト削減のためにマネージド・ケア[訳註6]を導入し、入院数と入院期間を減らし続けている。

その結果、以前よりも急性疾患の入院患者が増え、より多くのケアを必要とするようになった。しかし、コスト抑制のため、それに見合った職員配置の変更はされなかった。それどころか、多くの病院は正看護師の数を減らし、不充分な教育しか受けていない職員を雇って、患者の監督という正看護師なみの責任を彼女らに押し付けている。患者と職員の関係を最善のものとするような人員配置になっていないのである。米国看護師協会が二〇〇一年に行った全国調査によると、七五％の看護師が、主に人員配置の変化によって職場でのケアの質が低下したと報告した。

看護態勢の専門家であるスザンヌ・ゴードンによると、患者の症状がますます酷くなり、監督責任がますます重くなるなかで、看護師たちはもはや、自分たちが担当する患者と充分なコンタクトをとり、早期発見や診療のためのネットワークを構築するという、伝統的な役割を遂行することができなくなっている。そして、正看護師よりも多くの時間を患者と過ごしている看護助手は、そうした役割の遂行に必要な訓練——と病院内での尊重・尊敬——を全く受けていない。

正看護師のストレスは高まり、患者の信頼も落ちる。このようなコスト削減に伴ういま一つの変化は、人材不足を補うための「流動的な」(floating) 人材の活用、そして残業の増加である。ある部局の看護師が病気になったり休暇中であったりする場合、他の部局、または人材派遣会社から「流動的な」看護師が呼ばれ、その代わりをする。彼女らはしばしばその部局においては専門家でなく、患者のこともよく知らない。また、もしそういった人材が使えないとなると、看護師たちは、一二時間のシフトに入った後でも、しばしば残業することを求められる。

仕事上のストレスに呼応するように、多くのベテラン看護師は職場を離れるか、またはパートタイムや病院以外での勤務を選ぶようになってきている。そして、看護学校はそのギャップを埋めるだけの人材を卒業させていない。実際、看護学校の入学者数は一九九五年に比べて一五％も減少した。こうした状況が続くと、二〇二〇年までに、この国の看護師は二〇％の供給不足となるだろう。それゆえ、病院は外国から看護師をリクルートしているが、未充足率は依然高く、専門家はこの状態が続くだろうと予測している。

病院は医療補助職のスタッフの人材不足も経験している。このことは、老人ホームと同じくらい賃金が低く離職率の高い看護助手についても当てはまるだろう。技能技術職（放射線技師、呼吸テクニシャン、薬剤テクニシャンなど）については、人手不足は教育上の障害の結果であると考えられる。わが国の専門学校やコミュニティ・カレッジは、こうしたコースを増やすことはもちろん、現在の需要を満たすこともできていない。

病院とその患者、労働者たちは、現在、長年にわたるコスト削減の結果、その報いを受けている。しかし、その規模の大きさと仕事やサービスの多様性を考えると、病院は、職務納得度を上げ、ストレスを減らし、低いレベルにある職員への教育訓練を奨励することでキャリアアップの機会を与える（または、病院側からするとスタッフの欠員を補充する）だけの余裕を、まだもっている。

## ホームヘルプサービス

先ほど述べた人口学上の変化と病院から早期退院させられて追加治療を必要とする患者の増大によって、ホームヘルプサービスに対する需要は高まっている。さらに州はさまざまな障がいをもった人びとを長期療養施設から家庭やコミュニティケア・プログラムへと移すことでコストを削減している。(6) しかし、ホームヘルプサービスを提供する事業者数は、メディケア――わが国におけるホームヘルプサービスの収入の約二六％を占める――の医療報酬政策によって増減を繰り返している。(7)

会社に雇用されていようと利用者に直接雇用されていようと、ホームヘルパーの仕事は不安定で孤立し、行き止まりの仕事である。賃金は他のどんな医療・介護職よりも低い。

ホームヘルプサービスの利用者にとって最大の問題は、有能なヘルパーを探せないことである。家庭においてはサービスの効果を測ることが難しいため、ホームヘルプサービスの質に関する研究はほとんどなされていない。しかし、医療政策に関する情報やアドバイスを提供する全米科学アカデミーのNPOである医療研究所は、ホームヘルパーに求められる教育水準が不充分であるため、全国で増えている、家から出られない疾患を抱えた患者たちのニーズに応えることができていないと指摘している。

## 三つのキャリアラダー戦略

ホームヘルパーがリビング・ウェイジに近づく唯一の道は組合活動である。サンフランシスコのホームヘルパーはサービス従業員国際労働組合（SEIU）(8)のもとで組合を結成してから一〇年間でその賃金を二倍にした。そして、二〇〇三年、ワシントン州では、唯一、新たに組織された二六〇〇〇人のホームヘルパーの組合が一〇％――時給八・四三ドル――の賃上げに成功した。

SEIU七六七支部長、ディヴィッド・ロルフ

ここまで見てきた三つの職場全てにおいて、対人ケアを行う労働者の技能、賃金、職務納得度を引き上げることは、労働者自身だけでなく、彼女らを雇う雇用主や患者にとっても、直面する差し迫った問題を解決する糸口となるだろう。低賃金の入職レベルの職階からキャリアアップしていける機会の創出は、上位の職階で生じている人手不足を解消するだけでなく、入職レベルの仕事に労働者を惹きつけることにもつながる。

しかし、どのように取り組めばよいのだろうか。特に、入職レベルの仕事に縛りつけられている貧困状態の労働者が、より良い仕事に就くための教育も訓練も受けておらず、それを可能にする時間も資源もないときに、彼女らをキャリアアップさせるためにはどうすればよいのだろうか。

こうした問題状況に対処する際には、三つの戦略をとることができる。(一)既存の対人ケアの仕事の賃金と専門性を高める。(二)現在区別されていない仕事のなかに職階をつくり、技能の習熟を評価し、賃金の上昇を可能にする。(三)人びとをより高度な教育を必要とする賃金の良い仕事にキャリアアップさせる。これらの戦略は、既に医療産業において試みられている。

## 既存の仕事の賃金と専門性を高める

看護助手をはじめとする医療補助職の賃金を上げ、労働条件を改善するための最も効率的な唯一の方法は、組合の組織化である。二〇〇一年、組合加入の看護助手の平均時給が一〇・一七ドルであったのに対し、全体の平均は八・一四ドルであった。組合を組織するだけで、キャリアパスがなくても、二五%の賃上げが可能となったのだ。サービス従業員国際労働組合(SEIU)と全米州・郡・市職員同盟(AFSCME)は、ともに医療補助職の労働者を組織化運動の対象としている。

しかし、この戦略だけでどこまで行けるかを示す最も印象的な例は、ロサンゼルスにおける取り組みだろう。ここでは、SEIUによる組合運動がヒエラルキーの最底辺にいた家事援助者たちを、わずかな賃金しか得ていない臨時雇用のフリーランサーから、時給一一・五〇ドルの医療補助職へと引き上げたのだ。

家事援助者たちの状況は産業別労働組合の基準からかけ離れている。元来、女性、マイノリティ、移民がほとんどであったカリフォルニア州の家事援助者には、雇用主すらいなかった。彼女らの報酬は州や郡の財源から支払われていたが、州や郡のどの機関も正式な雇用主にはなろうとしなかった。そのような関係になってしまうと、家事援助サービスの基準設定に対する法的責任を負わねばならないためである。

状況が悪化するなかで、州裁判所は、家事援助者には雇用主がいないため、組織化の権利をもたない請負労働者であるとする判決を下した。一九九〇年代初頭、労働組合員、高齢者、患者を擁護する活動家、消費者団体、宗教団体が州議会に働きかけ、ついに、ロサンゼルス郡が家事援助者たちの正式な雇用者となることを認めさせた。そして一九九七年、郡は公的機関である介助者協議会を設置し、家事援助者の訓練と仕事をコーディネートする責任を引き受け、彼らとの団体交渉に入った。これは賃上げ要求のために必要な家事援助者の組織化の第一歩で、医療産業における待遇改善へ向けた多くのステップと同様、政治的に勝ち取られたものであった。

ロサンゼルス郡において公的な機関が発足するとすぐに、ＳＥＩＵは組織化に向けた地道な運動を始め、その結果、郡の七五〇〇〇人の家事援助者が組合に参加し、一九九九年、郡との協定が結ばれた。これを勝ち取るために、組合は三五〇万ドルを使い、四〇人のフルタイムのオルガナイザーを雇用した。また、団結権を勝ち取ったときと同様の政治的連携も継続する必要があった。実際、ケアの継続性を心配する患者活動家団体を安心させるために、組合はその契約のなかにストライキをしないという条項を入れ、家事援助者の雇用と解雇の権利は患者の側にあることを認めた。その代わり、組合は介助者協議会から訓練プログラムを充実させるという約束を取り付けた。しかし、基本的には、組合は賃上げの方法として、伝統的な戦略（ストライキなど）ではなく、むしろ、政治的連携や政治活動をとっていたのである。

賃上げ資金の出所を考えると、この方法はおそらく賢明であった。にもかかわらず、賃上げは、かつてもいまも闘争である。介助者協議会は最初、賃上げのためのどんな財源も州から受けていなかった。そして、その財源を郡が充当するだけの余裕もなかった。これは、連邦負担金も増えないことを意味していた。この点について『Ｌ・Ａ・ウィークリー』のジョン・シーリーは次のように説明した。

ほとんどの家事援助者が高齢者と障がい者のもとで働いている。その費用はメディケイドが負担し、五一％を連邦政府が出している。残りの四九％は二対一の割合で州と郡が負担している。したがって約三二％が州の財源から出ていることになる。連邦政府の政策では労働コストの補償は最低賃金の二倍まで可能としているのに、共和党員の州知事のもと、州は長い間、最低賃金の五・五〇ドル以上は出そうとしなかった。この補償の上限は郡が最低賃金以上を出すことが（原理的には）自由であっても、それを全て郡の財源でまかなわなくてはならないことを意味していた。[9]

しかし、一九九九年、州は時給を六・二五ドルに引き上げた。そして二〇〇〇年五月、労働組合からの不断の政治的圧力を受け、「尊厳のある加齢」法が州議会を通過し、グレイ・デービス知事が署名した。この法律で、州は家事援助者の賃金における自らの負担額の定期的引き上げを明言した。最初、州は最低賃金以上を出そうとしなかった。しかし、この法律は、二〇〇〇年（財政年度）に最大で七・五〇ドル、二〇〇一年に八・五〇ドル、二〇〇二年に九・五〇ドル、そして二〇〇三年には一一・五〇ドルまで引き上げることを定めたのである。ただし、それは州の一般歳入が前年の五％以上増加しているときに限られていた。

二〇〇三年の六月にこの条件は満たされなくなり、結局、州の負担は九・五〇ドルに健康保険給付金を加えた額となった。実際の賃金は郡によって異なる。[10] しかし、二〇〇〇年から二〇〇一年にかけて、州の財源のなかに家事援助者の賃金を七・五〇ドルまで引き上げるための予算が組み込まれた。これだけでも大きな前進である。ただし、私たちは、カリフォルニア州での二人の子どもをもつ成人のリビング・ウェイジが、二〇〇〇年で時給一三・二一ドルであることを忘れてはならない。

◎ホームヘルパー協同組合協会

同じ戦略であるがやや異なるバージョン——待遇改善のための集合行動——がニューヨークのサウスブロンクスで試みられている。そこでは、同じく最底辺にあるホームヘルパーの仕事をより良くしようとする試みが、労働組合ではなく、協同組合によってなされている。ホームヘルパー協同組合協会（ＣＨＣＡ）は、貧困者擁護の活動家であるリック・サーピンによって一九八五年に創立された。彼はホームヘルプサービスが、ニューヨークの最下層地域に住む人びとへの雇用の供給源として期待できると考えた。彼は、受講者たちに通常よりも良い教育をし、ホームヘルパーの事業者に通常よりも良い賃金を払わせようと考えた。CHCAの正規のホームヘルパー（公認看護助手にほぼ該当する）に対する訓練プログラムは、四週間の座学と九〇日間のOJTを含んでいる。これは、看護助手の教育期間について連邦政府が定めている七一五時間、ニューヨーク州が定めている三週間を大きく上回る教育期間である。技術的なスキルに加え、このプログラムは批判的思考、問題解決、そしてチーム作りについても教えている。修了者は全員、CHCAによって雇用される。ここは訓練センターであるだけでなく、七五〇人のヘルパーを抱える事業所でもあるのだ。

CHCAの初任給は六・七五ドルであり、諸給付が付く。これは国内の正規のホームヘルパーの平均賃金を下回っているが、諸給付が付いており、約七〇％がフルタイムで雇用されている。これは、この産業においては異例のことで、当然、年収を比較するとてつもない差になる。CHCAの平均時給は諸給付付きで九ドル、さらにフルタイムの労働者は健康保険と生命保険に加入し、有給休暇も与えられる（CHCAは協同組合であるため、普通ならば経営者へと流れる収入をそうした使途に向けることができる）。それに加え、組合員（約八〇％はCHCAの労働者である）は事業所の利益分配として、年間で二〇〇ドルから四〇〇ドルの配当小切手を受け取る。

労働者たちはCHCAのなかでキャリアアップできる。現在働く三五人の管理職のうち、一二人はホームヘルパー出身である。また、CHCAでとったクラスはブロンクス・カレッジで一二単位まで認定される。しかし、協同組合が最も力を入れているのは、労働者たちを賃金のより良い他の仕事に移行させることではなく、彼女らの労働条件を改善していくことである。現在、ホームヘルプサービスに対して支払われている報酬を考えると、ここでもそれは限定的なものにならざるをえない。

しかし、時間と財政的な支援があれば、CHCAのアプローチは別の場所にも適用可能であると思われる。それが、他の多くの待遇改善の戦略の成功例とは違う点である。ブロンクス協同組合を立ち上げ、その経営に成功している非営利の擁護団体である医療補助職機構（ＰＨＩ）は、現在、同様の労働者主体のホームヘルプサービス事業をニューハンプシャー州のフィラデルフィアとマンチェスターで立ち上げるのに協力している。ＰＨＩの理事長であるスティーブ・ドーソンは、新しい協同組合を立ち上げるのに、組織づくり、事業計画、助成金や融資、その他の資金集めを含め、約一年かかると言っている（これはお金のかかる計画なのだ。ニューハンプシャーに最近できた非常に小規模な協同組合は、その設立のために、チャールズ・スチュワート・モッド基金から三年で四五万ドルの助成金、自己資本金二五万ドルのうち、一〇万ドルはニューハンプシャー・コミュニティ・ローン・ファンドからの長期融資、五万ドルは米国カトリック人類発展キャンペーンから五年間の無利子融資を受けた。さらに、事業所を運営する人材の訓練には少なくとも一年、事業の黒字転換には通常、さらに数年を要する)。

## 仕事のなかにラダーをつくる

もしも我々のところで働く職員が、自分たちの子どもに食べさせるだけの賃金を得ていないのだとしたら、彼女らは担当している高齢の女性が食事できなくても何とも思わないだろう。

ニューコートランド老人ホームネットワーク理事長兼代表執行役、ゲイル・カス

医療・看護職においては、最も低いレベルの仕事ならば、就くのはそれほど困難なことではない。家事援助であれば訓練は全く必要ないし、ホームヘルパーや看護助手になるための訓練も多くの人に開かれている。先に議論したような労働組合や地域の団体、病院やコミュニティ・カレッジなどは、連邦や州によって定められている短期の訓練プログラムを提供している。

しかし、労働者がいったん入職レベルの仕事に就くと、例えば正看護師のような、まともな収入を得ることのできる仕事にキャリアアップする機会はほとんどなくなる。もしそうしたければ、彼女らは一年以上、学校に戻って訓練を受け直さなくてはならない。しかし、はじめてこの仕事に就いた人の多くにとっては、フルタイムで働くのに慣れることだけでも一苦労である。ということは、准看護師や医療テクニシャンの資格のための教育を受けることなど手の届かないことのように見えるし、特にそれが仕事や育児の時間を犠牲にしてなされるならばなおさらである。公認看護助手のなかには、たとえいまの仕事よりも収入がよかったとしても転職したくないと考える者もいる。なぜなら、いまの仕事で経験を積んで高い専門性を獲得しているからである。にもかかわらず、長期療養施設や病院においては、彼女らがより高いレベルの資格、例えば腫瘍学や回復看護などの教育を受けてそうした専門性を身につけたとしても、それに伴って報酬が上がるということはほとんどない。一般的には、公認看護助手のなかにそうした専門家がいることすら知られていないのである。

しかし、公認看護助手が大量に辞めていくにつれ、いくつかの老人ホームが看護の質を上げて公認看護助手の仕事のなかに職階をつくり、施設におけるスタッフの離職を減らそうとする試みをはじめた。その一方で、看護助手全国ネットワークは、施設ごとに緩やかに行われているそうした試みの進度を上げ、公認看護助手の専門性の全国基準をつくり、そうしたキャリアアップが賃上げに値するものであることを州政府に説得する努力を続けている。

しかし、准看護師になれない、またはなりたくない老人ホームの公認看護助手のためにキャリアアップの機会をつくる最も興味深い試みの一つは、特定の医学的な専門性に重きを置かないものである。むしろそれは、公認看護助手を訓練して、チームの一員として働き、老人ホームの利用者のケアプランを作成し、施設のなかでリーダー的な役割を担えるようにすることに重きを置いている。コネチカット州の二一の有料老人ホームチェーン、アップル・ヘルスケアのキャリアラダー・プログラムがこれである。(11)

◎アップル・ヘルスケア

アップルの看護部門統括の元副社長で、このプログラムの開発に携わったスーザン・ミショースキーは、このプログラムを、従来の医療職のヒエラルキーとは違う、老人ホームのやり方に近い、利用者主体の参加型福祉の思想のもとにつくったと述べている。アップルでおこなわれている教育プログラムは、パイオニア・ネットワークの掲げる原理に一部は基づいている。このネットワークは、長期療養施設の文化をスタッフ主体から利用者主体のものへと変化させようとしている全国的な組織である。

アップルは公認看護助手に三つのキャリアアップコースを提供している。それぞれのコースは週に二時間で八週間おこなわれ、出席時間分の給料が出る。最初のコースでは、各患者のニーズを把握しそれに応じたケアを施していく方法を学ぶ。二番目のコースでは、居住者と職員の間で開かれる委員会について学ぶ。この委員会は両者にとって住みやすく働きやすい環境を整えるために開かれるものである。三番目のコースでは、葛藤・対立への対処やピア・メンタリングといったトピックを扱う。

アップルの公認看護助手は全米の老人ホームの公認看護助手の平均時給に近い、時給九・二五ドルから始める。しかし、ほとんどの公認看護助手は時間がたてば賃金が上昇し、アップルの公認看護助手の平均時給である一〇ドルから一二ドルの間になる。このプログラムは社内で公式には評価されてこなかったが、これによって、離職率が下がり、それゆえ、派遣スタッフに頼ることが少なくなったことから、アップルの経営者は、それ自身、意味のあるものだったと述べている。ミショースキーによると、アップルの看護助手の離職率は、年間五〇%から六〇%であったのが、三〇%にまで低下した。それは、間違いなくケアの質と一貫性に好影響を与えた、と言う。

こうしたキャリアパス・プログラムは、より広範囲に及ぶ対人ケアに従事する職員の質を向上させようとするプロセスの一端にすぎない。アップルは公認看護助手にキャリアアップの機会を与えるだけでなく、委員会に出席させることで、彼女らの声をケアプランに反映させた。その結果、労働時間はより柔軟なものになり、新人が受けるオリエンテーション・プログラムは最短で二週間にまで短縮された。「スタッフが孤立して働いていると彼女らの定着率を改善することができない。定着率の改善を可能にするような職場文化の形成に最も成功している老人ホームとは、お互いが交流しつつ共に働くことのできる職場である」。ミショースキーはこう強調する。

**マサチューセッツ老人ホーム品質イニシアチブ**〔州民発案〕

個々の老人ホームの取り組みは、最底辺にいる職員に対してどのようにして施設内でのキャリアパスをつくっていくかというモデルを与えてはくれる。しかし、これらの取り組みは、全米にいる他の長期療養施設で働く何十万という数の公認看護助手たちには何の影響も及ぼさない。老人ホームのなかでのキャリアラダーの構築に大きな変化をもたらすためには、法律の制定が必要である。次に挙げるマサチューセッツ州での取り組みのように、それには相応の政治的な組織化が求められる。

二〇〇〇年、マサチューセッツ州議会は二年間で四二〇〇万ドルの老人ホーム品質イニシアチブを通した。そのうちの三五〇〇万ドルは賃金パススルーの予算である。つまり、その予算は長期療養施設で働く医療補助職の賃金を上げたり給付を充実させるために使われなくてはならない。それによって、マサチューセッツ州の公認看護助手の時給の中央値は、二〇〇〇年の九・三六ドルから二〇〇二年には一一・三六ドルへと上昇した。残りの予算のうち、一一〇〇万ドルは、公認看護助手の訓練を受ける人びとの財政的な援助にあてられた。その半分ほどは生活保護受給者のために使われた。残りの五〇〇万ドルは、拡張された医療・介護キャリアラダー・イニシアチブ（ＥＣＣＬＩ）に割り当てられた。ＥＣＣＬＩは、二〇〇〇年に、対人ケアに従事する職員のキャリアラダーをさまざまな方法で構築しようと試みる一三の老人ホームに資金提供し、二〇〇二年には、こうしたプログラムをさらに発展させるために新たな資金提供をはじめた。二〇〇四年までに七二の老人ホームと六つのホームヘルプ事業者が資金提供を受けている。

老人ホーム品質イニシアチブは、一九九八年に広域ボストン法律サービスによって立ち上げられた、高齢者ケアの改善のための連合（CORE）の努力の結果である。COREは労働組合と長期療養施設の経営者と患者擁護団体の連合である。当時、PHIの州医療政策のディレクターであったバーバラ・フランクによると、COREの最も困難な仕事とは、これら全てのグループに彼らの共通の利害関心を認識させることであった。アルツハイマー病協会のような患者擁護団体は、はじめは老人ホームの人手不足に注目する。しかし、次第に人手不足と賃金の低さの関連性や、ケアの質と労働環境の関連性に気づき始める。「多くの研究で、職場において敬意を払われ充分な賃金を得てはじめて人は献身的に仕事をすると言われているのに、平均的な中産階級の人びとは低賃金労働者の境遇は自分とは関係のないことだと思っている。しかし、そうした労働者が自分の両親の世話をするとなったとき、彼らにとってこの問題は重大なものとなる」とフランクは言う。彼女はこうした問題を経営者にも共有してもらわなくてはならなかった。彼女は何ヵ月も老人ホームの経営者たちの会議に出席し、労働条件を改善すればスタッフの定着率の向上が可能なこと、そして賃金を上げ、良い教育を受けさせ、キャリアパスをつくることが、ビジネスの上でもよい投資になることを説明した。

いったん、パートナーシップができあがると、COREは全国でコミュニティ集会を開き、老人ホームの人手不足と、そのことと低賃金との関連、そしてケアの質との関連を訴えた。COREはまた、メディアでも発言した。メンバーたちは関係するテーマの特別調査委員会に出席し、公聴会で証言した。そして、ついにECCLIは、労働力開発の予算が長期療養施設における労働者の待遇改善に使われなくてはならないこと、補助金は長期療養システムの安定化とそこで働く低賃金労働者の賃金上昇という二つの目的のために使われなくてはならないことを、人びとに、そして議会に納得させた。

ECCLIからの最初の補助金（第一期）を受け取った一三の老人ホームは、その補助金を、無資格の看護助手に資格を取らせるための教育や、認知症やリハビリテーションといった専門分野の訓練に使った。議会はこれらのホームに、労働者が訓練を受けている間は少なくとも通常の賃金の半分以上を支払うこと、上位の職階に進むための訓練を受けた者は昇進させることを求めた。その場合、少なくとも三％の賃上げをすること、第一期の終了後も継続的に賃金を上げることを求めた。

二〇〇一年六月に第二期がはじまり、合計で三〇の長期療養施設の経営者と三〇の労働力開発機関、一〇のコミュニティ・カレッジを含む、七つの事業体に助成金が出された。彼らの使命は、全員が公認看護助手のための新たな職業分類のシステム（職場のキャリアラダー）をサポートできるように、これらのグループの取り組みを調整することであった。これは、公認看護助手に対する訓練だけでなく、有料老人ホームの管理者や監督者たちに、これまでと違ったように公認看護助手を扱うようにさせるための訓練も含んでいた。

二七の施設の約六〇〇人の労働者が、第二言語としての英語教育のクラスから、仕事の質を向上させるための多様なクラス（痴呆症に関するクラスや創傷管理に関するクラスなど）に至るまで、キャリアアップのためのさまざまなコースを受講した。こうした教育の結果は、上手くいったものもあれば、そうでないものもある。第一期が終わりにさしかかろうとする頃、私は、第一期の参加老人ホームの会議に出席した。そこでは、何人かの管理職が、公認看護助手たちはもっと多くの教育を受けたがっていると報告した。何人かの公認看護助手たちは、賃金の上昇だけでなく、自らのキャリアパスが見通せることに魅力を感じていると述べた。確かにこれらの老人ホームのうちいくつかは離職率が下がり、派遣労働者を使う頻度も減った。しかし、こうして創られたキャリアラダーにも限界はある。外部の研究者たちによる第二期の評価では、次のような結果が出ている。公認看護助手はよりリーダーシップを発揮し、自信をつけ、患者やその家族とより良いコミュニケーションをとれるようになってきている。二つの事業体では公認看護助手1から公認看護助手2へ上がると三％の、公認看護助手2から公認看護助手3へ上がると四％の賃金上昇があった。他の五つの事業体では、看護技術のコースを修了した公認看護助手には、時給八ドルから一〇ドルの間の初任給に、二五セントから五〇セントが上乗せされた。ある事業体では、コースを修了し、職階が上がるごとに五〇セントの時給が上乗せされた。コースの受講者の大半は教育に満足したが、彼女らの生活水準にはたいした変化はない。それでも、老人ホームの管理者たちは、この試みがはじまってから人材募集が容易になり、スタッフの定着率が改善したと語った。

いくらかの賃金上昇はあったが、こうした職階を正式に職務記述書のなかに書き込んだのは七つの事業体のうち二つ、公認看護助手のレベル以上の職階を設けた事業体は一つもなかった。と同時に、公認看護助手の賃金は未だに最低限のリビング・ウェイジを大きく下回ってる。女性教育・産業組合の計算によると、マサチューセッツで二人の子どもをもつシングルマザーのリビング・ウェイジは、地域によるが、一三・五〇ドルから一八・五〇ドルである。

## 十全なキャリアラダー・プログラム

私は仕事中にもできるだけ勉強しようとします。でも同僚たちは私に成功してもらいたくないようなのです。夜勤の暇な時間に私が本を取り出すのを見ると、すぐにボスは私に何かやることを言いつけるのです。

フィラデルフィアの看護助手（女性・匿名）[12]

しかし、より意欲的なキャリアラダー・プログラムも存在する。全国の病院や組合、政府機関が、全てのレベルにおいて不足している医療従事者への人びとのニーズに対して反応し始めている。これらの機関は、例えば医者や弁護士や配管工の場合と同じように、入職レベルの仕事に就いている医療従事者がキャリアアップできるようなラダーの構築の必要性にも注意を払っている。これらのプログラムのうちのいくつかは、対人ケアの領域に焦点を絞っている。例えば公認看護助手から准看護師、正看護師といったように。また、病院や他の医療施設における技術職にキャリアアップさせようとするプログラムもある。受講者たちに全てのアレンジメントを任せるのではなく、彼女らの困難な環境に合わせてプログラムを提供しているところが、最も大きな成功をおさめている。

◎ＡＦＳＣＭＥ一一九九Ｃ訓練向上基金：公認看護助手から准看護師へ

エレン・アイワーは中学三年生のとき、医者になりたいと進路指導教員に言ったが、成績が足りていないと言われた。高校を卒業する前に妊娠してしまったアイワーにとって、いかなる医療職のキャリアも手の届かないもののように思えた。結局、彼女は重度の知的障がい者に対する或る組合のコミュニティサービスでパートタイムの仕事に就いた。そこでは利用者の家事援助をして、時給九・二三ドル（と給付）を稼いでいた。その後、アイワーは公認看護助手になるための雇用主負担の短期コースを受講し、公認看護助手になった。その結果、組合のある病院で時給一二・八八ドルのパートタイムの仕事を手にした。これら二つの仕事を足しても生活できる賃金にはかなり足りなかった。だが、二人の子どもを育てている間はそれ以上のキャリアアップは望むべくもなかった。二〇〇〇年三月、アイワーの人生は大きく変化する。ＡＦＳＣＭＥ一一九九Ｃ訓練向上基金による最初の准看護師養成のクラスに、彼女は入ったのだ。[13] それは再チャレンジの機会を生み出し、キャリアラダーを創るために用意されたプログラムの一環であった。

訓練向上基金は一九七四年、このフィラデルフィアの組合支部と約六〇の病院や老人ホーム、他の医療施設との間の交渉の結果、設立された。経営側はこの基金に対し総人件費の一・五％を拠出した。組合はそのお金でカウンセリングや職業紹介、修了試験の開催やさまざまなワークショップを始めた。そのなかで最も重要なのは、公認看護助手と准看護師を現実的なペースで訓練する諸コースである。フィラデルフィアの中心街という便利な場所の建物のなかにブレスリン・センターが設けられ、組合のメンバーだけでなく、ウェルフェア・トゥ・ワーク（福祉から労働へ）の対象者やコミュニティの住民たちも、そこで提供されるさまざまな訓練コースやその他のサービスを利用することができる。

二〇〇〇年、約九〇〇人の人びとがブレスリン・センターに入学し、そのうちの約三〇〇人が、センターが「プレ看護」クラスと呼ぶクラスに入った。そこで彼女らは本格的な訓練に入る前に、数学や英語や基礎的なスキルを学んだ。これらのプレ看護クラスは、医療技術の習得というより、将来の訓練の準備となるものである。このクラスは介護技術に重きを置いたもので、これによって受講者たちはこれまで自分が仕事の中でどの程度の経験を積んだのかを理解することができる。

ブレスリン・センターでは毎年約二〇〇人の公認看護助手が卒業する。センターが国で唯一の組合経営の准看護学校(14)をつくった二〇〇〇年三月から二〇〇三年九月までに、一〇二人の准看護師が卒業した。准看護師コースは有業の受講者を対象としているため、他のところにある准看護師コース——フルタイムの学生が一年間学ぶ——よりも期間は長い。ブレスリン・センターでは週に二日、四時から一〇時までの夜間と、隔週の土曜日と日曜日に、終日、クラスがある。これは、働く親にとってはきついスケジュールだが、伝統的な准看護師コースよりも金銭的には楽である。在学中も仕事を続けられるし、コース修了後には大幅な賃金アップが見込まれる。フィラデルフィア地区の公認看護助手は、組合のある病院の場合、時給一〇ドルから一五ドルの間、組合のある有料老人ホームの場合、時給八ドルから一〇ドルの間で仕事を始める。それが准看護師になると、一気に一七ドルから一八ドルの間に跳ね上がる(15)。

ブレスリン・センターの受講者と教師たちは、この訓練プログラムが成功するためには、技術的訓練だけでなく、双方の信頼関係が不可欠であると強調する。センターの多くの指導者は自身が公認看護助手の出身で正看護師、または看護の修士号獲得にまで至った人たちである。それゆえ、彼女らは受講者たちが仕事と家庭と教育を両立しようとするときに直面する困難を理解している。睡眠不足や、夫や同僚からのねたみの声など。そして彼女らはそうした困難に打ち勝つように受講者たちを支援するのである。そのため、クラスは少人数で行われる。それによって教師は受講者の個別のニーズに対応することが可能となり、受講者たちの間に助け合いの空気が生まれる。

受講者たちと話をすると、その効果は明白だった。彼女らが異常にきついスケジュールについて話してくれた後、私は「どうやったらできるの?」と尋ねた。彼女らの答えは次のようなものだった。「私の先生たちはギブアップさせてくれませんから」「何度か本当に辞めたいと思ったわ。でもクラスメートに電話をかけたら彼女は励ましてくれたの。私も彼女に同じように接するつもり」「やらなかったら、残りの人生、ずっと貧乏でしょ」。私がトレイシー・ポントンと話をしたとき、彼女は二週間前にプレ看護コースを修了して准看護師コースのエントリーテストの準備をしている最中だった。ポントンは二人のティーンエイジャーと四歳の子ども、そして七ヵ月の赤ちゃんの母親だった。彼女はフルタイムの公認看護助手として郊外の老人ホームで働くかたわら、週に三日、クラスに出席していた。彼女の帰りは毎日夜中の二時だった。彼女のクラスメートだったポーレット・ジェニングスは、午後一一時から午前七時までのシフトで公認看護助手として働き、午前八時から午前一一時まで別の仕事をしていた。その後、家に帰り、家族の食事の支度をして、昼寝をして、それから、週に三日、午後四時から午後一一時までのクラスに向かう。同じく受講者であるステイシー・キングは、フルタイムの仕事をもちつつ准看護師のクラスに出席し、さらに時間を見つけてはプレ看護クラスでチューターもしていた。

「でもお子さんたちは不平をもらすんじゃないの？」と私は彼女らに聞いた。答えは全員が「そうよ」だった。「そうよ。でも子どもたちは、それが短い期間のことで准看護師になったら暮らし向きが良くなるって知ってるから」「そうよ。でも娘は私が福祉を受けているだけじゃなくて働いて学校にも行ってるから尊敬してくれているの」「そうよ。でも子どもたちが自尊心をもつためには私が自尊心をもたなくてはならないの」「そうよ。でも他に何か選択肢はある？」

もしも訓練向上基金がなければ、これらの女性の大半には選択肢はなかっただろう。しかし、彼女らが上ることのできるキャリアラダーを創るためにはお金がかかる。二〇〇三年のフィラデルフィア・プログラムの予算は四八〇万ドルだった。そのうちの約三〇〇万ドルは経営者からの寄付金で、残りは市や州や国からの労働力開発のための補助金でまかなわれた。多分、他の場所でこうしたプログラムを試みるときに最大の障害となるのは、端的に予算の問題だろう。

准看護師コースは全ての受講者から徴収する授業料がベースとなっており、この訓練基金の適用を受けた組合員は授業料補償を受ける。政府からの補助金は受講者たちの経済的なバックアップのために使われる。

◎看護キャリアのラダー：准看護師から正看護師へ

長期的な財源を確保するためには財団法人という手もある。例えば、ロバート・ウッド・ジョンソン財団は一九八八年、ニューヨークで准看護師や他の医療従事者を正看護師にするための試験的なプログラムをはじめた。看護キャリアラダー（L．I．N．C．）と呼ばれるこのプロジェクトが、第一期で参加者の九三％を卒業させるという成功をおさめると、財団はその拡張を決定した。

平均四四万ドルの助成金が、主要都市にある九つの病院協会に出され、それぞれが、低いレベルにある労働者を一〇〇人、看護職またはそれに近い職種へとキャリアアップさせることを求められた。財団は管理費は出すが、本代や講師料は現場がそれぞれ負担しなくてはならない。さらに、参加している医療機関は、雇用者が学校に通っている間、彼女と代替要員の双方に対して給料を支払わなくてはならなかった。[16] その代わり、フルタイムの賃金でフルタイムで学校に通いパートタイムで働く受講者たちは、毎年、一八ヵ月はその職場で働き続けるという同意書を書かされた。ニューヨークと同じく、他の現場（途中で終わってしまったオハイオを除く）でも受講者の修了率は高かった。九三四人の受講者のうち、四〇二人が修了、一五〇人がプログラム終了時に修了見込みであった。修了率は約六〇％ということになる。

L．I．N．C．の全国ディレクターであるペギー・マクネリーは、プログラムの成功は、地域の組合の協力と効果的なコンサルティングがあったこと、そして、ブレスリン・センターと同様にプログラム自体の見直しを行ったことだとしている。マクネリーは看護師からしばしば求められる薬剤投与量の計算についてのワークショップを催したときのことを語っている。彼女がこのワークショップを始めたとき、多くの受講者に割合を計算するのに必要な基礎数学の知識のないことに気づいた。そこで彼女はただちに基礎数学の知識を教える補習クラスを設けた。しかし、受講者はいなかった。彼女は、大人の受講者たちが補習授業の必要な人間に分類されることに抵抗感を持っていることを知った。そこで彼女はワークショップにはじめから基礎数学の知識の習得を含めた。その結果、実際に受講者数は増加した。

◎カリーグ・イン・ケアリング

ロバート・ウッド・ジョンソン財団は、それぞれの組織のニーズが満たされるとL. I. N. C. への資金提供を終了した。しかし、教育による看護職の成長に関心を抱き続けた財団は、まもなく、カリーグ・イン・ケアリングという別のプログラムを始めた。これは、看護労働力開発のための地域協働体である。財団は一九九六年から三七州の地域協働体に補助金を出し、それぞれの地域における将来的な看護労働力の需要を見積もり、それに合わせた労働力開発の戦略を選んできた。この戦略は看護と看護教育に関わる全ての利害関係者によって始められ、全てのレベルの看護職の間の移動性を妨げる障害をなくすことに重点を置いている。最も大きな障害とは、看護教育を行うさまざまな学校の間に調整（教育専門家は「接続 articulation」と呼ぶ）がないことである。コミュニティ・カレッジや病院経営の学校で二年間のプログラムを修了した看護師と同様、准看護師も、さらに高いレベルの看護職に就くための教育を受けるのに適した人材である。しかし、多くの場合、その道のりは必要以上に長いものとなる。なぜなら、普通、専門学校やコミュニティ・カレッジで履修した単位は、学士号取得に向けた単位として認められないからである。そのため、看護師たちは全く同じ科目を四年制大学でもう一度受講しなくてはならない。これでは、上級学校でさらに学ぼうという気にはとてもなれない。カリーグ・イン・ケアリングは助成金を受けている事業体に、コースの受講以前に受けてきた教育に対して単位を与えるための州全体で統一された接続モデルを構築するように求めている。

プログラムの全国ディレクターであるメアリー・フライ・ラプソンは、メリーランドで彼女のキャリアをスタートした。彼女はそこで州全体の接続システムの構築を手伝った。一九八四年のことである。

彼女の独自の調査によると、ほとんどのコミュニティ・カレッジで行われている看護カリキュラムは、大学レベルのカリキュラムに決して劣っていない。この情報をもって、ラプソンは大学の経営者たちに固定観念のいくつかを捨ててもらおうと説得にまわってきた。その固定観念とは、下位レベルの機関で提供されるコースは大学で提供されるコースに比べるべくもない、とか、カリキュラムを調整する唯一の方法は全ての学校が同じカリキュラムで実施するようにすることだ、とか、このような接続は上位あるいは下位レベルの機関のいずれかをつぶすだろう、とかいうものである。いったん、こうした問題が話にのぼり、その誤解について論じられるようになると、彼女は教育専門家とともに、学生が前の学校で習ったことをきちんと習得していることを誰もが納得できる方法で測定し、現在の在学機関がそれに対して単位を与えるように説得する。

ラプソンは、学校を出た看護師や准看護師がコースでの勉強と仕事に費やしている時間が、看護職においてより正しく評価されるようになってきていると考えている。「私たちは共通の核を認識しつつあります。さまざまな理由で、異なるキャリアを通って人びとは看護の仕事に就きます。多くのマイノリティの看護師は、教育を受けられるときに受けられる、受けられる場所で受けられる、ということでなくてはなりません。彼女らが違う教育課程を選んできたからといって、不当に扱うことに何の意味があるのでしょうか」。実際、クリーブランドで実施されたある研究では、カリーグ・イン・ケアリングの接続モデルに参加した看護師は、学士のプログラムを取り直さざるをえなかった準学士の看護師と比べて、職務遂行能力に何の遜色もなかった。さらに、前者は学位の取得に後者の六〇%の時間しかかからず、金銭的にもかなり少なくて済んだのだ。

コロラドのプログラムでは、州の看護教育協議会が、准看護師から準学士の正看護師への、または準学士の正看護師から学士の正看護師へのキャリアアップを阻害する障壁を取り除いてきた。協議会は、州のコミュニティ・カレッジが提供している看護師の準学士のプログラムが、公式には二年間ということになっているが、実際に修了するには通常は三年かかっていることを発見した。いくつかの準学士のプログラムは一〇〇かそれ以上の履修単位を必要とする（ほとんどの準学士の必要履修単位は六〇単位、学士の必要履修単位は一二〇単位である）。なぜなら、経営者の需要に応じて新しいテクノロジーや治療方法をコースに盛り込んでいかなくてはならないためである。つまり、准看護師の履修証明書（一年間のプログラム）をとってから準学士の学位を取ろうとすると、四年間、学校に通わなくてはならないことになる。この道のりを短くするために、コロラド・コミュニティ・カレッジのシステムでは、準学士の正看護師コースの取得単位を最大で七八単位とし、履修証明書を得た全ての准看護師は、準学士の正看護師の学位に向けて、一年分の学位を取得したこととして認められる。従来のコースは無駄な重複をなくすために調整され、その結果、准看護師はもう一年間、教育を受ければ正看護師になれるようになったのである。

カリーグ・イン・ケアリングが接続に焦点を絞っていることは重要であるが、それはキャリアの移動性のたった一つの側面でしかない。准看護師から看護師へのキャリアアップはかなりの賃金上昇を伴うため、コロラドの准看護師の多くは接続の調整がうまくいくと正看護師になろうとした。しかし、その戦略も、準学士号をもつ正看護師に学士号をとらせることにはあまり効果がなかった。理由は明白である。正看護師の給料は、他の場所と同様コロラドでも、概して先任権制度にのっとっている。それはつまり、準学士号をもつ正看護師が、学士号をもつ正看護師と同じ給料で同じ仕事ができるということである。学士号をもっていないとさらに上の専門職や管理職は目指せないのだが、将来のキャリアアップの機会が、現状の報酬の確かさほどの魅力がないことは明白である。高い学位が高い収入や他のかたちでの評価に結びつかない限り、準学士号をもつ正看護師が学士号を取りたいと思う気持ちは制限されるだろう。

◎ケープコッド病院：医療専門職へのキャリアラダー

マサチューセッツ州のケープコッド病院は、医療政策に関心をもつ人びとにとって羨望の対象である。しかし、ここでの事例は、この戦略が潜在的な困難を秘めたものであることも示している。ケープコッドのプログラムは、一つの病院のなかにキャリアラダーを構築しようとするものである。だが、病院の組合と経営者の対立が、効果的なプログラムをつくることの障壁となっている。さらに、プログラムの改善のために続けられている交渉が、両者の関係をますます悪化させている。

一九八一年当時、サービス従業員国際労働組合（ＳＥＩＵ）の七六七支部の支部長であったビル・パストライシュは、ケープコッド病院と、キャリアラダー・プログラムのための資金提供の契約を結んだ。共同キャリア開発委員会が、経営側からと組合側からの各三人のメンバーで構成され、ラダーを創りはじめた。委員会は、病院の全ての仕事に関して必要な資格を特定し、必要な技術を教えるコースを開設したり発展させたりした。こうした集中的な取り組みが終了すると、委員会は、教育訓練プログラムを新しく開設したり修正したりするために、月に一回のペースで開かれることになった。

委員会は病院がサポートすべき四つのキャリアパスを示した。一つめは、入職レベルの職種に適用するＯＪＴプログラム。例えば六四セントの時給アップにつながる公認看護助手Ⅰから公認看護助手Ⅱへのキャリアアップ・プログラムなどがある。

二つめは、非専門職を専門職に引き上げるためのプログラム。数学やタイピング、医学の専門用語についてなど、基本的な知識を身につける。病院はこれらのクラスをコミュニティ・カレッジの講師を職場に招いて開講することを認めている。クラスは空きシフトを利用しておこなわれ、職員はクラスに出席するために終業時間を一時間早めたり、始業時間を一時間遅らせたりすることができる。

三つめは、さらに専門性の高い職員のキャリアアップのための社内訓練プログラム。例えば、診療放射線技師からＣＴスキャン技師、チューマー・レジスター［訳註7］、放射線治療技師へのキャリアアップ・プログラムがある。講師は主に職員が自らの専門の範囲内で可能な新しい治療法を教える。

四つめは職場外でのプログラムである。通常はケープコッド・コミュニティ・カレッジで開講される。病院はこうしたキャリアアップを望む職員の授業料を負担することにも同意している。

組合も病院も、プログラムの開始後、どのくらいの人がキャリアアップしたかに関するデータをもっていない。また、プログラムの費用に関するいかなる情報も公表していない。両者ともに、病院の空きポストの八〇％が現職従業員の昇進で埋められたことについては認めているが、他の多くの内部キャリアラダーと同様、空きポストは上の職階よりも下の職階の方が多い。病院の労務課長であるアーサー・ラシャンスは、最も多かったのは清掃係から秘書あるいは事務補助スタッフへのキャリアアップであり、公認看護助手はほとんどキャリアアップできていないのではないか、と推測している。

経営者はこのプログラムの続行にいくつかの条件をつけている。最も関心があるのはキャリアラダーへの投資に対する病院の収益を増やすことである。ラシャンスやＳＥＩＵ七六七支部の前執行委員長であるジェーン・ヒューイットが指摘するように、一つの問題は、キャリアアップのためのクラスを受講している職員が、しばしば、その先にある仕事について何も知らないこと、または自分がそれに向いているかどうか分からないことである。ラシャンスは最もよくある、清掃係から事務補助職へのキャリアアップの事例を紹介する。病院の各階の情報は、医者や看護師や補助職のスタッフや患者や来訪者とコミュニケーションをとらなくてはならないユニットの事務員のところで止まってしまう。したがって、清掃係から事務補助職へとキャリアアップした多くの職員は、その仕事で求められるコミュニケーション能力や組織で必要な能力が分からずにすぐに辞めてしまう。同様に、最近開設された、民間の保険会社への請求業務をおこなう入力オペレーターになるためのコースでは、修了した受講者のうち、誰もこの仕事に就こうとはしなかった。ラシャンスと他のスタッフは、現在、新しいアプローチをとっている。これは、まず何よりも先に病院の将来的な労働需要を予測し、その上でその需要に基づくコースを開設するというもので、「いま足りないからやっています」というようなやり方の対極に位置するものである。例えば、取り組みの一つに、病院における呼吸テクニシャン［技能技術者］の将来的な人手不足の解消がある。病院は、こうした急を要する問題があると分かると、自ら進んでＳＥＩＵに訓練プログラムを始めるように勧め、資金を提供することに同意した。

他方、ヒューイットは、より多くのキャリアガイダンスが必要だと考えている。現在、年刊のキャリアアップガイドでは、病院の全ての仕事と教育施設を紹介している。職員はこのガイドを使って他の仕事に必要な訓練を知ることができる。しかし、このガイドでは、その仕事がどの程度の頻度で空くのかとか、自分がその仕事に合っているのかということまでは分からない。ラシャンスはこの意見に同意しつつも、病院は経営体であり教育機関ではないのでそこまでする必要はないと主張している。

経営側と組合の関係は、二〇〇〇年、ケープコッド病院がこの地域の二三施設を保有する親会社であるケープコッド・ヘルスケアと合併すると悪化した。労働組合があるのは、そのうちのたった五施設であるため（そこでは八〇％もの職員が加入しているのだが）、教育訓練サービスのディレクターであるリチャード・クロップは、組合化されていない他の施設の役にも立つように、会社が組合とは独立したキャリアラダーを創る必要があると主張した。組合の代表者たちは、経営者が組合と協力してプログラム改善の取り組みをしたがらないことに腹を立てており、組合のサポートなしでは同様のプログラムもうまくいかないと主張している。いずれにせよ、協力体制なくしてはどちらのプログラムも成功することはなさそうだ。

◎未来への架け橋

どの会社でも労使関係は複雑で緊張しているので、両者が協調してキャリアラダー・プログラムを遂行することは難しい。そこで、組合と会社と教育機関の主張をうまく調停できる独立した機関が必要となってくる。「未来への架け橋」はボストンのジャマイカ・プレイン地区開発会社（ＪＰＮＤＣ）の特別イニシアティブのディレクターであるサラ・グリフィンが創設した。

それ以前に、グリフィンはウェルフェア・トゥ・ワークのプログラムを大成功させたことがあった。それは、ボストンの世界的に有名な付属病院が集まっている地区［ロングウッド医療地区］の近隣に住む人びとを訓練して、病院内の清掃や配膳の仕事に就かせるというものだった。しかし、そうして得られた仕事はたった時給八ドルから九ドルくらいのもので、一度その仕事に就くと新しいスキルを身につけてキャリアアップすることは困難だった。グリフィンは彼女のプログラムの修了生がキャリアアップするだけの能力をもっていることを知っていた。そこで彼女は、病院やメディカルスクールの人事担当部課長と話し、キャリアアップの可能性を模索し始めた。彼女は、中間レベルから上位レベルの専門職において離職率が高く、慢性的な人手不足に陥っていることを発見した。にもかかわらず、ほとんどの内部訓練は、入職レベルから中間レベルの仕事に就く職員に対してではなく、医者や看護師に対して行われていた。グリフィンはこのギャップをチャンスとみたのである。

同じ時期に、フリート・ボストン慈善信託は、低賃金労働者のためのキャリアラダーの新しいアイデアを試す場所を探していた。グリフィンは低賃金労働者に対する彼女のプログラムに参加したメディカルセンター——ベス・イスラエル・ディーコネス・メディカルセンター、ボストン小児病院、ニューイングランド・バプテスト病院、ハーバード医科歯科大学院——にキャリアラダー訓練の話をもちかけた。これらの機関の同意とフリートからの助成金で、彼女はプログラムを開始した。

二〇〇〇年三月、ＪＰＮＤＣと近くのフェンウェイ地域開発会社はそれぞれの現場の人事部長、部局責任者、そして職員たちと顔合わせをし、準学士未満の全ての職階において、どのようなスキルとそのための訓練が必要要かを確認した。

彼らはまた、これらの職種の現在の高い離職率の理由も調査した。ＪＰＮＤＣは「キャリアマップ」を記したレポートをそれぞれの現場で作成した。キャリアマップとは、離職率の高いこれらの職種にどこから入り、そしてそこからどこに出ていくかを、各部門（清掃、給食、管理、治療、研究）ごとに明らかにしたものである。このマップを見ることで経営者は、職員のキャリアアップを阻害しているキャリアパスのギャップや障害を見つけることができた。(17)例えば、ある部局ではグレード2に一〇〇の職種があったが、グレード3にはたったの三つしか職種がなかった。こ

| | ケア職 | 医療事務／職員管理業務 | 技術職 |
|---|---|---|---|
| レベル1<br>8.5–12ドル／GEDレベル | | 食事管理／環境管理、倉庫係、運搬係<br>研究所／動物実験助手、図書館助手 | |
| レベル2<br>9–14ドル／GEDレベル | ケアアシスタント<br>ケアコーワーカー | ユニットアシスタント<br>診療記録係 | 放射線フィルム係<br>消毒係長<br>研究所／動物実験アシスタント |
| レベル3（A）<br>12–18ドル／GED＋スキル訓練 | ケアアシスタントリーダー<br>プラクティスアシスタント | ユニット事務<br>管理アソシエイトⅡ<br>スタッフアシスタントⅡ | 実験技術者助手<br>放射線技術者助手 |
| （B）<br>13–20ドル／準学士レベル | メディカルアシスタント<br>准看護師 | 管理アソシエイトⅢ–Ⅳ<br>スタッフアシスタントⅢ–Ⅴ<br>顧客担当 | 放射線技術者<br>実験技能技術者<br>手術技能技術者 |
| （C）<br>15–30ドル／学士レベル | 正看護師 | 管理職 | 医療技術者<br>実験技能技術者 |

出所：ジャマイカ・プレイン地区開発会社（JPNDC）の特別イニシアチブ。

**図2.1**　ボストンの病院におけるキャリアパスの概略

うした取り組みによって病院の職員は、内部構造のどこを変える必要があるかを知った。この調査は同時に、JPNDCが大量に空きのある職種に訓練の力点を置くことを可能にした（図2・1）。

キャリアラダーを創る取り組みは、病院と組合、コミュニティ・カレッジによる合同ではじめられた。全てはグリフィンが思い描いたよりもはるかに小さい規模であったが、彼女とJPNDCのスタッフはベスト・プラクティスを調査し続けた。それから、グリフィンらは、管理職と職員と人事部のスタッフ、そしてハーバード事務・技術職員組合の代表からなる運営委員会の人びとと面会し、プログラムの詳細を詰めていった。彼らはよい仲介者だったので、職員のニーズと同様に監督職のニーズにも注目した。実際、職員の訓練とキャリアアップの鍵を握るのは監督職なのだ。グリフィンは、キャリアラダー・プログラムに固有の問題とは、このプログラムが本質的には監督職に、彼らのもとの一番優秀な職員を手放すようにお願いしていることであるとする。「もちろん、彼らはそれが自分たちにとって何の得になるかと尋ねるでしょう。しかし、だからこそ、私たちは彼らの現有労働力を保持し、さらに能力を向上させるための最適の戦略を、彼らとともに見つけ出そうとしたのです」と彼女は言う。

運営委員会とJPNDCのスタッフは、職員とともに監督職にも訓練を施すことを決めた。実際、最初のコースは、プログラムを理解し支援してもらうための、監督職に対する訓練だった。二〇のセッションから成るこのコースは、二〇〇一年一月から定期的に開かれている。このコースでは、時間管理とストレス管理のスキル、コーチング、業績評価の仕方、職場のコミュニケーションとダイバーシティの問題、定着と能力向上戦略、チーム作り、葛藤・対立への対処を学ぶ。

「基礎スキル」と呼ばれる、職員が最初に受けるクラスも同じようなトピックを扱ったもので、問題解決スキル、顧客サービススキル、医学用語、ダイバーシティの問題、信頼形成などを学ぶ。このクラスもまだ続けられており、週に一日、平日に八時間のクラスを八週間おこなう。監督職のクラスと同様、受講期間中も給料は出る。

「基礎クラス」についていけない受講者のために、高校卒業程度認定証書を取得するためのクラスや、第二言語としての英語教育のクラスを開講している医療施設もある。「未来への架け橋」はまた、他のキャリアラダー・プログラムで必要だと分かったキャリアコーチングなどと同様に、託児所を提供したり、他の社会サービス提供機関を紹介したりしている。

「未来への架け橋」に先立って、ボストン病院は求人票を掲示した。しかし、入職レベルの仕事に就く人びとは、これらの仕事にキャリアアップするには何が必要なのかとか、これらの仕事がどういったものなのかを知らなかった。そこで、JPNDCは職務記述書と、垂直方向／水平方向のキャリア移動を図示したチャートを作成し、従業員たちに教えた。他の職種に対する職員の理解を深めるために、二〇〇二年、「未来への架け橋」は社内指導やジョブシャドーイング（入職レベルの職員が高い職階の職員と一緒に仕事をしてその仕事について学ぶ方法）をプログラムに加えた。

ボストン小児病院の、雇用とダイバーシティ部門の部長であるジョセフ・カブラルによると、このプログラムを受講している職員の定着率は九五%である（受講していない職員は七八%）。「このプログラムは日が浅すぎて長期にわたるデータはありませんが、九五%の定着率は驚異的でして、このプログラムが上手くいっていることを示しています」と彼は結論づける。

私が、訓練投資の結果、受講者が離職するのではないか、という心配はありませんかと尋ねたところ、彼はこう答えた。「訓練不足の職員を雇うよりはましです。もちろん私たちがキャリアアップするポストを用意できなければ彼らはどこか別のところに移ってしまうでしょうけど」。

二〇〇二年の春、このプログラムは急速に広がった。ボストン医療・研究訓練機構のもと、このプログラムは、ボストンの医療と研究の雇用の三五%を占める一一の経営者と二つのコミュニティ・カレッジ、一つの組合、四つのコミュニティ組織、そしてボストン民間産業協議会を巻き込んでいった。これらのパートナーは、五五〇人の職員を、高校卒業程度認定証書、第二言語としての英語教育、プレカレッジ、カレッジのコース、管理、ケア、医療のスキル訓練を提供する施設で、二年間かけて教育するという計画を立てた。

二〇〇三年の終わりに、この機構では、二四人の監督職と六二人の職員が基礎スキルクラスを修了した。最初の二つのクラスの二〇%はキャリアアップし、九〇%はまだ働いている。九〇%という定着率は参加している病院や医療機関の全体の定着率と比較して極めて高い。プログラムは高校卒業程度認定証書取得の準備、第二言語としての英語教育からカレッジレベルまでの幅広いコースで始まったものの、誰もカレッジレベルのコースにはついてこられなかった。最初の高校卒業程度認定証書取得のためのクラスは九ヵ月経っても終わっていない。基礎教育クラスは小学校四年生から中学校二年生までの読解力の受講者を対象としている。そのため、キャリアアップへの道のりは多くの人にとって遠いものである。この時点では、「よくやっている」とは、必ずしも昇進を遂げることを意味しない。むしろそれは、勉強を続けることで、キャリアアップの道筋にとどまることを意味している。

プログラムの成功の究極的な指標は経営者の満足度である。監督職の調査によると、八五%が、訓練を受けている職員は欠勤が少なくなり、自信をもつようになり、仕事のパフォーマンスが向上したと言った。アスペン・インスティチュートの全米実地講習プロジェクトの一環として、職員教育に対する投資効果を測定する方法が開発中である。この方法を使えば、経営者は労働力開発への彼らの投資がどの程度ペイするものなのか分かるようになるだろう。

これら全てのプログラムの予算は、二〇万ドルから、二〇〇四年には約九〇万ドルにまで膨れ上がった。それはキャリアコーチ四人——フルタイムの管理職一人、運営スタッフ、経理スタッフ、教師たち——の人件費も含んでいる。機構はさまざまな資金源を開拓している。最初の二年間は、州や市や財団がプログラムを支援していた。二〇〇三年にはボストン労働力開発イニシアチブから三年間で一〇〇万ドルのプログラムの補助金を受けた。そして二〇〇四年、経営者は二五万ドルの投資をしている。これは、現職員の訓練費用の四〇%、プログラムの予算の四分の一に相当する。さらに二〇〇六年には、ロングウッド医療地区内の土地が、或るディベロッパーから機構に無償で無期限貸与されることが決まっている。

## キャリアラダーの条件

医療事業に対して公的資金が投入されていることで、公共政策と経営者の実践の関係は切り離せないものとなっている。我々はマサチューセッツ州におけるＥＣＣＬＩの決断から、労働者が自分の仕事の質が改善され本当のキャリアアップの道が開けたと感じるためには、政府と経営者が労働者に対して投資しなくてはならないことを学んだ。

バーバラ・フランク　ＰＨＩ前マサチューセッツ州政策ディレクター

「未来への架け橋」は、一一九九Ｃ訓練向上基金と同様、比較的小さな規模ではじまった。しかし、いったん実績を上げると、その規模を大きくしていった。他のキャリアラダー・プログラム――例えばマサチューセッツ州のECCLIも、実地講習プロジェクトとして始まっているかもしれないが、着実に発展するように計画されていた。また、ときには一つのプロジェクトのパートナーが他のプロジェクトと手を結んで、協力しながら自らのキャリアラダーを発展させていくということもある。例えば、「未来への架け橋」の成功の結果、ボストン小児病院は現在、薬剤テクニシャン、臨床検査技師、X線技師を訓練するための別のプログラムにも参加している。職員は「未来への架け橋」のなかで自らのキャリアに行き詰まりを感じたら、これらの技能技術職コースに切り替えればよい。これらの職種は年収四万ドルから五万ドルの間で始まる。どんな方法であろうと、効果的なキャリアラダー・プログラムは、ほとんど常に、発展している。なぜなら、いまのところ、これほどさまざまなレベルで効果を発する、医療スタッフの危機を解消するアプローチは他にないためである。

プログラムを効果的にするために必要なものは何か。本章や他のところで私が議論してきた医療プロジェクトをふまえると、そこにはキャリアラダー・プログラムを成功へと導く五つの特色がある。

1　ヒエラルキーを最小化し、コミュニケーションを重んじる職場
2　自信を欠く大人の受講生を支援するべく設計された教育内容
3　プログラムに関与する全ての集団の利益になるようなパートナーシップ
4　プログラムを牽引する献身的なスタッフ
5　労働者と経営者がともに明確に描くことのできるようなキャリアパス

それぞれの特色はさらに検討する必要がある。以下で詳しく論じよう。

## ヒエラルキーのより少ない職場

どんなキャリアラダー・プログラムも組織のコンテクストに沿って行われる。そこではしばしば、経営者や同僚による、性別や民族にもとづく偏見に根づいたヒエラルキーと社会的関係が確立されており、キャリアアップの上限を定めてしまう。多くの経営者がつい最近になって、患者の受けるケアの質と公認看護助手が上司から受ける待遇との間に関係があることに気づき始めた。ＰＨＩのバーバラ・フランクは私に次のように説明した。

これまで経営者たちは看護助手の仕事を患者側の視点からのみ見て労働条件については考えてきませんでした。同様に、正看護師たちも自らが労働環境をコントロールできないことで感じているフラストレーションを、彼女らが監督する看護助手たちも同様に感じていることを、つい最近になって理解し始めました。しかし、そのことを理解しながらも、正看護師たちは看護助手の振る舞いを労働倫理の欠如がもたらすものだと解釈しがちです。こうした姿勢は変わりつつありますが、特に患者中心の長期療養施設においてはまだまだ行く末は長いです。

このような姿勢を変えるために、多くのキャリアラダーの訓練プロジェクトが、公認看護助手と経営者に対するコミュニケーションスキルのクラスを開講した。このクラスは、公認看護助手に担当する患者とはっきり意思疎通ができるようにさせることと、管理者に公認看護助手の話に耳を傾けさせるようにすることを目的としていた。参加者によると、この効果は驚くべきものだった。アップル・ヘルスケアの執行副社長であるブライアン・バーナードによると、アップルのある老人ホームが食事サービスに関して州から警告を受けたとき、同社のチームを基盤とした問題解決方法が非常に役に立った。その施設ではしばしば、皿に盛った料理が食堂や階上の病室に運ばれるまでの間に冷めてしまっていた。そこで食堂のスタッフと対人ケアのスタッフが話し合って、保温テーブルを使って患者が食べたいものを出すのはどうかという提案をした。食堂のスタッフはいまでは患者とより密接なコミュニケーションをとっており、患者は食事に喜んでいる。さらに、廃棄する食事が少なくなりコスト削減にもつながったと言う。

### 支援的な教育内容

最も出席率がよく効果的なプログラムは、クラスの時間と場所が職員の都合に合わせて設定されたものである。成功したプログラムはまた、多くの受講者にとっては初めての体験である、職場での表彰式や卒業式といったイベントを通して、受講者との信頼関係を構築したり彼らの成功を評価したりすることにも焦点をあてている。一一九九C訓練向上基金は、読み書き能力の比較的低い受講者に履修証明書を取らせることに成功した。読み書き能力の習得をコースのなかに組み込み、仕事のなかで既に身につけているスキルをベースにコースを組み立てていったためである。受講者は成功すると自分の能力に自信をもち、より難しいコースに挑戦しようとする。講師が受講者を励ましたり受講者がお互いに励まし合ったりするので、このプログラムの修了率は高い。

### 相互に有益なパートナーシップ

最も有効で長続きするパートナーシップはそれ相応の信頼関係の上に築かれる。「未来への架け橋」を創設するとき、サラ・グリフィンと彼女の同僚は参加するそれぞれの組織と個人的な関係をもち信頼関係を築き上げていった。カリーグ・イン・ケアリングでは競合するカレッジや大学や病院付属の専門学校に、お互いが協力すれば授業料収入と同様にプログラムの質も維持できると説得することで、その間に信頼関係を築いていった。これとは対照的に、ケープコッド病院では、経営者と組合の信頼関係の欠如がキャリアラダー・プログラムの発展を妨げている。最も安定したプログラムは、参加する経営者にとっても価値がはっきりと見えるものである。病院や老人ホームの経営者は、職員の教育レベルと職務納得度が向上し離職者が減ることがコスト削減に結びつけば、プログラムが自分たちの実質収益になることを理解する。

## プログラムの推進者

プログラムの推進者には二つのタイプがある。一つめは経営者である。プログラムの障害を乗り越えることに精力を傾ける経営者がいないと、プログラムはすぐに失敗してしまうだろう。ボストン小児病院のジョセフ・カブラルは、当初「未来への架け橋」への参加に消極的だった。なぜなら、彼の病院は過去にいくつかのウェルフェア・トゥ・ワークへの投資に失敗してきたからである。しかし、グリフィンと話した後、カブラルは「未来への架け橋」は、実際に成功する可能性があると確信した。そこで彼は、他の病院の経営者にこのアイデアを売り込むという役割を引き受けた。ニューイングランド・バプテスト病院の人事部長、リンダ・エルクもそうした役割を担ったし、他にも何人かそうした推進者がいた。彼らがいなくては「未来への架け橋」は決して成功することはなかっただろう。

二つめのタイプは献身的なプログラムのスタッフである。ブレスリン・センターの教育方法は、一一九九C地区の委員長であるヘンリー・ニコラスの構想したものだった。彼は訓練向上基金を一九七四年に設立し、現在もその規模を大きくし続けている。一一九九C支部のジェームズ・ライアンとシェリル・フェルドマンはこのプログラムに最初から参加しており、ニーズの高まりに応えて、準看護師の専門学校を含むいくつかの新しいプログラムをつくった。サラ・グリフィンは疲れをリック・サービンとスティーブ・ドーソンはCHCAモデルを普及するために貢献した。サラ・グリフィンは疲れを知らぬ機構の擁護者であり、イノベーターである。彼女は資金の基盤と経営者の参加をたったの四年間で急速に拡大した。どのケースもプログラムが発展するにしたがって持続性を獲得している。

## 明確なキャリアパス

受講者のキャリアアップに成功するプログラムは、彼らに充分な資格を与えるために必要な教育と経験はどのようなものかを、精緻に具体化している。受講者はまた、キャリアアップした仕事では何をするのかを詳しく教えられる。

ケープコッド病院は後者の情報を受講者に教えなかったために、その仕事に就くことのない受講者たちを訓練することになってしまった。

一方、受講者にとって魅力的で役に立つキャリアパスを創るためには、資格は二人以上の経営者に評価されるものでなくてはならないだろう。多くの経営者にキャリアラダー・プログラムの受講者が学んだことを明確に説明することは、受講者に学ぶべきことをはっきり知らせることと同じくらい重要である。ＥＣＣＬＩの目的の一つは、州の全ての老人ホームにＥＣＣＬＩの設定する公認看護助手の三つのレベルのキャリアラダーを認識させることである。カリーグ・イン・ケアリングも同様に、看護学校間のより良い接続を構築しようとしている。

はっきりと目に見える昇進と賃金の上昇をともなう教育を経営者が認めれば、より大きな成功が見込まれる。コロラドでは教育専門家の間の接続に関する意見の一致が、準学士の正看護師に学士を取得させる動機づけにはほとんどならなかった。それは主に、もし現場の看護師のままならば学士号をとってもほとんど賃金が上がらないためである（ナース・プラクティショナーや麻酔専門看護師、看護助産師などのキャリアステップとはなるが）。

新たに創られている公認看護助手の職階が、長期的な賃金上昇を帰結する程度において、ＥＣＣＬＩの現場は異なっている。しかし、この方法をとるプログラムの問題点はキャリアラダーが現場特殊的なものとなってしまうことである。他の雇用主のもとに移った公認看護助手は、彼女らの資格が認められないことを知るだろう。しかし少なくとも公認看護助手の地位は、老人ホームのスタッフの間では了解がとれている。病院は、看護助手の役割や仕事をどのようにでも決めることができるので、どこでも通用する資格を創ることが困難である。

## 多様で持続性のある財源

二つの組合のプログラムがタフト＝ハートレイ基金を主な財源としている。こうした教育基金の使途に関しては組合と経営者の間で交渉が行われた。残念なことに、受給総額の何％を教育に充当するのかという点に関して合意していないのに、この財務負担を引き受ける経営者も（それほど多くはないが）いる。事実、フィラデルフィアで一一九九Cのプログラムに参加する、ある大規模な病院の組合は経営者との交渉の結果、授業料補償プログラムを中止せざるをえなかった。そして、マサチューセッツのケープコッド・ヘルスケアは、組合のプログラムと競合する別の訓練プログラムを創ろうとしている。キャリアラダー訓練に使える最も一貫性の高いタイプの財源は増えていないどころか、常にやり玉にあがっているのである。

ほとんど全ての実地講習プログラムは、財団や州の補助金に頼っている。ボストン医療・研究訓練機構は財源基盤を多様にし、経営者にプログラムへの投資を納得させるに充分な価値を生み出してきた。最終的には、経営者に、このプログラムは自分たちの組織に対して付加価値を生むから訓練に進んで投資しようと思わせることができるかどうかが、効果的なプログラムであるか否かの究極の試金石となる。

## 公共政策のアジェンダ

もちろん、職員の給料や給付を増やそうとしても、病院や老人ホームの対応力には限界がある。公認看護助手のキャリアアップに向けたキャリアラダー・プログラムは、その目的のために設立された基金に負うところも多い。そうした財団助成なしで給料を上げることのできるアップル・ヘルスケアは例外であるが。

多くの場合、政府の政策が最大のカギであり、看護の危機を解決する可能性をもっている。ＰＨＩのスティーブ・ドーソンと彼の同僚はこう指摘する。

本質的には、医療という分野の最大にして唯一の創設者である連邦政府が、医療補助職の労働市場を創出したと言える。資金援助なしでは成り立たない労働市場、ワーキングプアの最底辺に位置する低所得の女性によって担われる労働市場。それでも我々の政府は、何千という貧困レベルにある仕事を生み出しつづけることに対する責任を、いまだに引き受けてはいないのだ。

老人ホームの収入の約七〇％がメディケイドから、八％がメディケアからのものである。残りの二二％は患者が負担する。メディケイドの連邦予算が増えることはなさそうである。一九九九年の連邦均衡予算法は、長期療養施設の事業者に対して一五〇億ドルの一時的な予算を出し、それは二〇〇四年まで続いた。しかし、その財源をスタッフの訓練や賃金上昇に使うべきとする要件はなかった。

二、三の特別な連邦の訓練基金が老人ホームのケアの質を改善するために割り当てられてきた。しかし、連邦の政策は矛盾している。一方で、メディケアとメディケイドの「コスト削減」のガイドラインが、医療産業で働く低賃金労働者に影響して、ケアの質を落とし人手不足を加速させている。他方で、労働省は労働者訓練改善に向けた財源をプールしている。しかし、こうした実地講習プロジェクトでは、訓練と賃金の財源不足を補うことはできない。

いままでのところ、いくつかの州はこれらの問題に対して、連邦よりもしっかりと取り組んでいる。ごちゃ混ぜになった老人ホームの基準を立法化する動きが続いている。対患者スタッフ比率、訓練要件や賃金の最低ラインの設定である。三六の州とワシントンDCではスタッフの要求水準を高めた。一〇の州は公認看護助手の履修証明書に求められる訓練内容を充実させようと考えている。一六の州ではすでに連邦政府が公認看護助手に求めている七五時間という訓練時間をさらに増やした。カリフォルニア州、メイン州、オレゴン州ではその二倍の時間になっている。

さらに、一八の州が、いわゆる「賃金パススルー」という法案を通した。これは、長期療養施設に対するメディケイドの支払いの増加分の一定量または一定割合を、医療補助職の賃金の上昇や給付の充実に使うことを求めるものである。これは、強制的なものか経営者の自発性に任されたものか、どの程度の強制力をもつのか、一部の施設（老人ホームなど）で働く労働者に対して適用され、他の施設（病院など）で働く労働者には適用されないのか、といった点で州の間には違いがある。一六の州で五〇セントから二・一四ドルの時給の上昇があった。六つの州が増加した医療報酬の割合に応じたパススルーを設定した（例えばイリノイ州では七三％が賃金の上昇と給付の充実に使われなくてはならないとされた）。

ノースカロライナ州施設サービス課は、パススルー法案を成立させた州を調査して、三分の一が人材募集にプラスの効果があったと感じていることを明らかにした。唯一のデータをもっているミシガン州は、パススルーを通じた賃金上昇の結果、公認看護助手の離職率が一九九〇年の七四・五％から一九九八年には六七・四％にまで下がったと報告している。

教育政策の観点からすると、州はコミュニティ・カレッジにより投資する必要がある。ボストン医療・研究訓練機構の多くの参加者が、待ち人数が多すぎてコミュニティ・カレッジで開かれている医療看護技術者の養成コースに入ることができない。コミュニティ・カレッジは講師が職場でもらっているのと同じだけの給料を払えないため、講師のインセンティブが下がっている。機構は経営者に看護スタッフが付属のコミュニティ・カレッジのプログラムで講師をしている間は給料を支払うようにするというオプションを試みている。実際、コミュニティ・カレッジのプログラムを閉鎖するという結論が出たときは、一一九九Cは初めての組合運営の准看護師のクラスを開講した。さらに、州はコミュニティ・カレッジと四年制教育機関の調整を進めてコースの重複履修を減らし、准看護師から正看護師への、そして準学士の正看護師から学士の正看護師へのキャリアアップを促していく必要がある。

州だけで老人ホームやホームヘルプの問題を解決できるわけではない。また病院に対する州の影響力ははるかに弱い。ノースカロライナ州の調査によると、全ての州が対人ケアに従事する労働者の不足と定着率の低さを現在進行形の問題であるとしている。これまでに、全国の看護助手、医療補助職の不足を解決するために、賃金パススルーの制定や上っていけるキャリアラダーの構築が、全ての公共政策の一部となるべきであるとする認識は、かなり広まってきている。しかし、結論としては、医療職の訓練を充実させるための私たちの取り組みはまだまだ非常に不充分なままで、州と連邦の財政的支援は、彼らがリビング・ウェイジを稼げるだけの充分な方法を生み出していない、と言わざるをえない。

**註**

(1) nurse aide と nurse assistant という用語はともに「看護助手」を指す。certified nurse assistant (CNA) とは履修証明書をもった看護助手（公認看護助手）のことである。連邦法では老人ホームなどの長期療養施設に対して公認看護助手を雇用するよう求めているが、病院は好きなようにこのポジションを埋めることができる。
(2) こうした人口のおよそ半分は高齢者である。残りは精神障害、身体障がい、または慢性疾患を抱えた人びとである。
(3) 八〇%から一〇〇%の離職率とは、一〇〇人いた労働者が一年のうちに〇人から二〇人にまで減ることを意味する。
(4) Bowers and Becker (1992) を参照。
(5) Eaton (2000) を参照。
(6) 老人ホームから家族やコミュニティケアへと移行することは、実際はコストを増加させ得る。なぜなら長期療養施設の利用を控えた人びとは、ホームヘルプサービスを利用するからである (Wiener and Stevenson (1997) を参照)。
(7) 厚生省医療保険財政管理局（HCFA）の推計によると、二〇〇〇年のホームヘルプサービスの収入は、他にはメディケイドが九・三%、民間保険が一八・九%、利用者が二八・一%となっている。
(8) SEIUとはアメリカで最大の医療労働組合で、七〇万人超の組合員を要する。
(9) Seeley (1999) を参照。
(10) 賃金は郡ごとに設定されている。州政府と連邦政府の財源に合わせて賃金は決められる。連邦政府は郡の賃金コストの四〇%を負担している。残りは州が六五% (二〇〇三年で九・五〇ドルの上限)、郡が三五%を負担している。そのため、サンフランシスコの賃金は一〇・三五ドルだが、州は九・五〇ドルまでしか貢献していない。差額は郡が埋め合わせなくてはならない。
(11) アップルの売上は年間一億ドルにのぼり、二一の老人ホームで総計一七五〇床を有している。
(12) 受講者のプライバシー保護のため匿名としている。
(13) AFSCME一一九九C訓練向上基金は医療従事者の全国組合である。看護助手から歯医者、医者に至るさまざまな職業の人びとから成る。
(14)　この准看護学校は、一九九八年、フィラデルフィアの公立学校制度が予算削減のため准看護師プログラムを打ち切ったときに始まった。公立学校制度では一年間で一〇〇人以上の入学者がおり、一一九九支部が准看護師の訓練のために看護助手を派遣していた。明確なニーズはあったが、組合が代替物をつくることは簡単ではなかった。当時、一一九九C訓練向上基金のディレクターだったジム・ライアンによると、州看護委員会に組合がこのようなプログラムを運営できるということを確信させるのには二年かかった。一一九九Cが、連邦の職業教育基金を受けた際に適切な教育機関として指名されたにもかかわらずである。新しい准看護学校は業績をあげるまでは認可されなかった。しかし、いまでは州看護委員会の認可を受けている。
(15)　全国労働関係委員会（ＮＬＲ）の規定では、准看護師は監督者であるから団体交渉のメンバーにはなれないと明記されている場合もいくつかある。一般的に、このことは病院より老人ホームによくあてはまる。ただし、たとえ団体交渉に入れなくても、公認看護助手から准看護師へのキャリアアップにともなう賃金の上昇は相当なものである。
(16)　それぞれの現場が異なる財源に頼っていた。ニューヨークでは参加していた多くの病院が組合化されていたため、組合が授業料と書籍と消耗品のための財源を供給し、病院とともに参加者を選抜した。州の労働局も病院が代替要員に給料を支払うのに助力した。他の州では保険会社やコミュニテイ組織、教会などからの寄付があった。
(17)　Griffin（2001）を参照。

**訳註**

［1］　Medicade とは、低所得者と身障者を対象とする医療扶助制度のこと。
［2］　Medicare とは、高齢者向け医療保険制度のこと。
［3］　General Equivalency Diploma（ＧＥＤ）を訳している。なお、同じＧＥＤの略語でも、General Education Development Testing Service のことであれば、「一般教育修了検定」である。これは、ＡＣＥ（American Council of Education）が行っている。
［4］　Nurse Practitioner とは、修士レベルで診断、処方などができる上級看護師資格の一つ。
［5］　*Consumer Reports* は、米国の消費者向け月刊誌である。
［6］　managed care とは、医療サービスを制限することで限られた財源のもとでの医療サービスの提供を目指す経営手

法のこと。

［7］ tumor register とは、院内がん登録を行う専門家のこと。

# 第3章　保　育

アメリカにおいて、保育従事者たちは、最低賃金職の部類に属している。彼女らの賃金は駐車場の監視員と同程度であり、動物の世話係よりずっと低い(1)。それは、この職に従事するには、ほとんど教育を必要とせず、特定の訓練も要らないと多くの人が考えているからだ。さらに、訓練を受けていない低賃金労働者にできる保護的ケア〔訳註1〕の類の仕事は、幼稚園児の世話と変わらないと見なされている。

こうした状態は、多くの西欧諸国においては該当しない。例えばフランスでは、幼稚園児は単なる子守以上のものを保育サービスの提供者から受けるべきだし、認知的能力や社会性の発達にも配慮がなされるべきだ、という社会通念がある。三歳ぐらいになると、フランスではほとんどの子どもがエコール・マテルネル（ecoles maternells）という、公立学校システム内にあり、教育専門職が配置されている、ちょうど幼稚園のようなところに通うようになる。より小さな子どもは保育所で世話を受ける。そこの職員も、継続教育として児童発達のクラスに出席しなければならない。

しかし、合衆国の場合、六歳未満の子どもを持つ母親の六五％が働いており、四歳未満の子どもの六〇％以上が日常的に家庭外で面倒を見てもらっている。しかし、保護的ケアタイプの保育所ですら、しばしば需要を満たすことが難しい状態にある。未だに、幼稚園入学前の児童に対する教育プログラムは未整備である。例えばヘッドスタートのようなプログラムが、認知的能力や就学レディネス［準備ができていること］を高め、少年非行を防止するということが、研究において繰り返し提示されているにもかかわらず、である。(2) 実際に、貧しい子どもに対する早期の幼児教育は、ほぼ間違いなく、貧困の世代間循環を断ち切るための最良の希望をもたらす。

この国の保育のキャリアラダーに関する最初の関心は、就学前児童に対してより教育的なアプローチをとりたいと考え、それゆえ、より多くの保育従事者がそうできるよう訓練されるべきだとしているグループからわき起こった。こうしたキャリアラダーを確立するための最初の試みは、特に成功してきたわけではない。しかしながら、この分野において、キャリアラダーをもっと発展させるためには、連邦ならびに州政府が、どこでも利用可能な保育と早期教育のシステムの創出に向けてどれくらい強い決意で取り組むのか、にかかっている。こうしたサービスの重要な発展ないし専門職化に対して資金提供ができる能力を持ったものは、他にいないのだ。それゆえ、この問題は本質的に政治的である。保育を提供する困窮した労働者の、賃金の上昇とキャリアアップの機会の増加を望む人びとと同様に、アメリカの保育のあり方を改善してほしいと望んでいる人びとにとって、政治的行動は主要な戦略なのである。

## アメリカ合衆国の保育「システム」

在宅保育サービスの提供者の大きな変化を、私はこの目で見てきた。これらの者は、より熱心に授業に取り組み、専門職であろうとすることにより情熱を燃やしている。こういった人たちは、保育を単なる仕事ではなく、専門職と見なしているのである。

カリフォルニア州サンマテロ郡在住、CARESの給付生

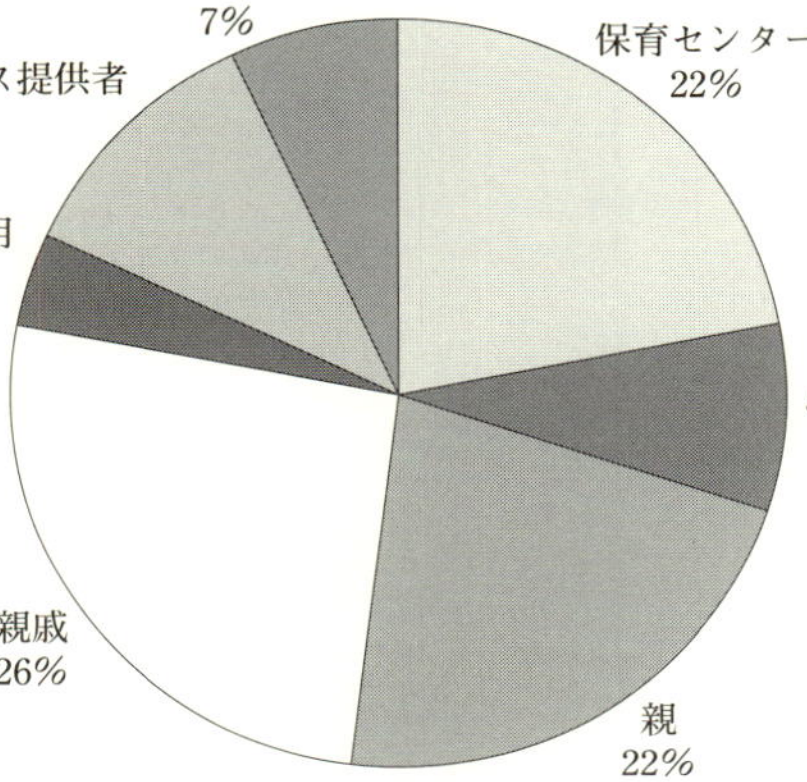


出典：Children's Defense Fund 2001；アメリカ国勢調査局「誰が幼児を気にかけているのか？　保育制度 1997 年春」『現在の国勢状況報告』70～86 頁（2002 年 7 月）。

**図 3.1**　母親が働いている 5 歳未満の子どもの保育タイプ別割合（1997）

アメリカの就学前児童は、さまざまな状況下で世話を受けている。保育センターは、典型的には十人余りかそれ以上の子どもを大きなグループとして扱う施設で、寝泊りはない。在宅保育サービスの提供者は、より少ない人数の子どもたちの世話をし、通常はサービス提供者の家で五人程度の面倒を見ている。これらを合わせると、両親が共稼ぎの就学前児童に対する保育サービスのほぼ半分の割合となっている。残りのほとんどは、家族成員が、自宅ないし親戚の家で面倒を見る保育であり、少数ではあるが、子守を雇っている場合も見られる（図3・1）。

州ならびに連邦政府は、こうした保育サービスのいずれのあり方に対しても、専門職的な基準といった要件設定をほとんどしていない。たいていの州では、子守あるいは親戚によって提供される、有償保育をあらゆる規制から除外している。四七の州が在宅保育サービスに対して免許交付の形態で対応している。しかし、対応のあり方はまちまちである。全米保育情報センターが述べているように、「四一の州では、免許の交付を受けていない在宅保育サービス提供者に世話をされている子どもたちもいる」。さらに、小規模の在宅保育サービスに対する免許交付の条件として保育士養成を課している州は、わずかに一〇州であり、オリエンテーションないし免許交付のための初歩的な訓練を要請しているのは、一一州にすぎない。全州の保育センターは免許の交付を受けなくてはならない。しかしその設置要件についても、問われるのは主に健康と安全、異なる年齢集団における保育士一人当たり児童数などである。六州においてのみ、就学前カリキュラムの基準を設定している。二一の州においてのみ、保育センター職員の教育上の基準を設定している。だが、たいていの場合、それはとても低い。全米科学アカデミーによって組織された非営利の機構である、全国学術研究会議は、全ての保育センターが学士号をもち、早期児童教育の専門的訓練を受けた保育士を配置するよう、勧奨している。しかしながら、州内の保育センターに対してそのように要請をしているのは、ロードアイランドとニュージャージーのたった二州である。バーモント州は、保育センターでは修士号取得者を少なくとも一人は雇用することを要請している唯一の州である。

保育センターの設置に関する民間認可組織の中心的なものとして、全米幼児教育協会（ＮＡＥＹＣ）がある。一九八五年にＮＡＥＹＣは、全米幼児プログラム・アカデミーを設立し、いまでは保育センターと幼児学校に対する任意の認可システムとして最大規模であり、広範囲に認知された機関となっている。ここでは、カリキュラム、職員教育、その他の事項に関する基準を定めている。合衆国全体のおよそ八％にあたる約九〇〇〇のセンターが、ＮＡＥＹＣの認可を受けている。

こうした状況において、キャリア訓練に対する必要性はあまり追求されず、結果的にこの分野で働く人びとが苦しんでいることはなんら驚くべきことではない。彼らは、他の教育専門職や児童の親が、しばしば自分たちのことをベビーシッターと同然と見なしており、概して敬意が払われていないと感じている。そして敬意の不足は賃金の不足に対応してしまっている。保育センターでの雇用は通常、保育助手、保育士、センター長、の三層に区分されている。(3)これら三つの層で働く職員全ては、センターに来る児童よりも年長の子どもを相手にする類似の職場で働く者よりも、充分な教育と訓練を受けてきていない。また、保育センターの全従業員のうち九八％は女性であり、他の産業の類似の職と比較して賃金水準は劣っている。二〇〇〇年における、保育センターで働く保育助手、保育士、センター長の

**表 3.1　保育センター職員の教育水準と賃金**

| 職務上の地位 | 教育水準 | 平均賃金 | この地位で働く従業者数（国内） |
|---|---|---|---|
| 保育センター長 | 学士かそれ以上（69%）<br>カレッジでの何らかの履修（27%）<br>高卒かそれ以下（4%） | 平均時給：17.47ドル<br>平均年収：34,940ドル | 6万5千人 |
| 保育士 | 学士かそれ以上（33%）<br>カレッジでの何らかの履修（47%）<br>高卒かそれ以下（20%） | 平均時給：9.66ドル<br>平均年収：19,320ドル | 32万4千人 |
| 保育助手／補助員 | 学士かそれ以上（12%）<br>カレッジでの何らかの履修（45%）<br>高卒かそれ以下（43%） | 平均時給：7.86ドル<br>平均年収：15,720ドル | 26万4千人 |

出典：労働統計局データ、1999年版全国雇用賃金推計および職業展望ハンドブック、および全米女性法律センター（Campbell et al. 2000）。
賃金および従業者数のデータ（2002）は、保育労働力センターより（http://www.ccw.org/pubs/workforceestimatereport.pdf）。

平均時給は、それぞれ七・八六ドル、九・六六ドル、一七・四七ドルであった。全センターのうち、従業員に健康保険給付があるのは、わずか三分の一であった（表3・1）。

自宅などでなされる在宅保育においては、職位は全く設定されておらず、大部分は専門職主義や早期幼児教育という概念との結びつきすら見出すことができない。こうした職場の平均賃金の算定は、正確なデータが欠如しているため、難しい。だが、賃金水準が極めて低いことを物語る証拠はある。一九九八年のノースカロライナ州では、保育士の賃金は時給平均で六・二五ドルであり、在宅保育サービス提供者の賃金は、時給四・〇〇ドルであった。

数多くの研究が、こうした状況のために児童は劣悪な世話しか受けていないと指摘している。子どもと家族の健康について調査を行っている国立衛生研究所の一部門である、国立小児発育研究所（NICHD）は、次のように推定する。二〜三歳児に対する「優良な」サービスを提供できている保育センターは、わずか約九％、「良い」サービスは三〇％であり、大多数が「並」か「貧弱な」サービスを提供している。一九九〇年代になされた三つの観察研究は、アメリカの保育センターと在宅保育が提供するサービスのうち、高水準に該当するものはわずか八％から一四％の間に留まっていたということを示している。主な原因は、保育従事者に対する訓練の欠如と低い報酬であると、これらの研究は結論づけている。問題は循環論法的である。低賃金は、熟練職員にこの分野での就労を思いとどまらせており、未熟練労働者がこの分野で優勢であるかぎりは、より高い賃金の要求が考えられることはない。アメリカ人は、保育に今より多くの金銭を補助金として支出することをためらっており、その負担はどこかほかのところに転嫁すればよいと考えているのだ。この点については、全米女性法律センターに所属する女性の権利の擁護者が、このセンターで発行する「なりうる自分に必ずなろう」という報告書の中で説得的に主張している。

充分な公共投資の欠如によって、実際のところシステムは目に見えない犠牲の連鎖によって漂ったままである。まともな賃金と給付を得ることなく働いていることで、システムを下支えしている低賃金の保育者によって。収入の多くの割合を保育に費やし、そして／あるいは、貧弱な水準と不充分な保育環境で間に合わせている親たちによって。貧弱な質の世話を受けることで長期的な発達上の影響をこうむっている子どもたちによって。不安定な労働需給と、自分の子どもの世話を心配する欠勤しがちで注意散漫な働き手に対してコストを支払わなくてはいけない状況に耐えている雇用主によって。

公共投資は、こうした悲惨な状況を改善するために必要とされているのである。

## キャリアラダーの始まり

準学士号と学士号を、働きながら取得するうえで一番苦しかったのは、自分の目的達成のために家族を二の次にしなければならないことでした。二歳の愛娘を寝かしつけてあげられない夜が多くて、それは悲しかった。私がカウンセリングを行っている学生が、私と同じ状況におかれていることを見て、ある皮肉な現実に直面していることに気づきました。それは、幼児保育の専門職になるために学校に通う際にぶつかる最大の障壁の一つは、自分の子どもの世話ができないことなのです。

ウェイク技術大学　児童発達専門コーディネーター、フロリアナ・トンプソン

より良い保育システムを創出するために、早期児童教育の専門家が言うには、保育従事者が、教育と資格任用の水準を高められるように、また、教員一人当たり児童数の低減を要求し、さらには訓練と専門性向上コースを受講できる環境に改善するように、州政府が関与していかなくてはならない。二、三の州をのぞくと、こうした事柄のうち一つか二つかについては率先して行われている。四一の州では、訓練を受けやすくするようなプログラムを制定した。しかし、それらの多くは実施規模が小さいし、事業展開に必要な資金は充分に供給されていない。これらの州のいずれもが、保育訓練コースを修了したか、履習証明書ないしは学位を取得した保育従事者に、恒久的なあるいは明らかな賃上げのための原資を提供していない。ほとんどの場合、マクドナルドで働いたほうが保育で働くよりも多くの稼ぎを得ることができる。保育の現場で働く保育士は、公立幼稚園で働く保育士よりも年収が数千ドル低い（公立幼稚園の保育士の平均時給一六・八二ドルに対し、九・六六ドルである）。これでは、最優秀の人材に幼児保育を続けるよう奨励することはできない。

にもかかわらず、キャリアラダーの発芽は、低レベル保育従事者の教育改善に取り組んでいるところであれば、どこでも見出すことができる。こうした取り組みは検討に値する。最も一般的なアプローチは、保育従事者に通学に対する奨学金を与えるというものである。T．E．A．C．H．（保育士教育と報酬援助）幼児教育®は、このようなプログラムのなかで最大規模のものである。このプログラムは、一九九〇年にノースカロライナで開始された先駆的取り組みであり、いまや二十数州に広まっている。他に注目すべき方策をとっているウェストバージニアでは、公的な徒弟制プログラムの導入によって保育従事者のスキル水準を改善しようとしている。このアプローチもまた、二〇州

において模倣されている。両州の取り組みについて以下で触れることにしよう。

**ノースカロライナのT.E.A.C.H.・幼児教育®**〔訳註2〕

一九九〇年に、保育システムの改善を業務とする独立行政法人の一つ、保育サービス連盟の常任理事であるスー・ラッセルは、民間財団から二一人分の奨学金のために二万三〇〇〇ドルの資金を獲得し、保育従事者が幼児の健康と発達に関するコースを受講するよう奨励した(4)。このプログラムが保育サービスの質の向上と、従事者の定着に役立つということを、保育サービスの経営者に納得してもらうことを通じて、彼女は保育サービスの経営者が、奨学金の財源確保に向けて支出と支援を行うよう説得できたのだ。T.E.A.C.H.が急速に成長したのはこのときからである。このプログラムの三年目には、T.E.A.C.H.を全郡に拡張するよう、ノースカロライナ州は一〇万ドルを、連邦保育関連補助金の中から分配した。これは、その後の活動の始まりにすぎなかった。二〇〇一〜二〇〇二財政年度には、ノースカロライナ州議会が、連邦保育関連補助金から提供される二五万ドルに加えて、新たに年間二六〇万ドルの財政支出をT.E.A.C.H.に行った。この年に、ノースカロライナ州在住の四九六二人がT.E.A.C.H.の奨学金制度を利用している。規制を受けた保育センターの保育助手、保育士、センター長は、在宅保育サービス事業者と同様に、この奨学金制度を利用できる該当者である。

T.E.A.C.H.は、四つの基礎的構成要素から成り立っている。

・奨学金　この制度の利用者のほとんどは、教育費の自己負担はわずかであり、授業料、教科書などの教材費、通学費用の残りに、奨学金を充当している。加えて、奨学金利用者は週二〜六時間の勤務免除時間に対して賃金が支払われる。多くの場合、雇用主は部分的に奨学金への資金提供をしている。

・教育契約　州のコミュニティ・カレッジと大学システムを通じて提供される特定の資格ないし学位の取得要件と

されるコースを修了することに、この制度の利用者は同意する。

・報酬　上記の教育契約を遂行した制度利用者には、雇用者は賃金を上げるか、一時金としての特別報酬を支払うことに同意する。また、教育契約を履行した従業員に対して恒久的な賃金アップに応じる雇用者に対しては、奨学金への資金提供の責務が軽減される。

・就業義務　制度利用者は、奨学金のタイプに応じて、契約遂行後六ヵ月から一年は、当該雇用主のもとで働くことに合意するものとする。

表3・2は、T．E．A．C．H．によって提供される訓練プログラムの概要を示したものである。保育の現従事者に対しては、上述の奨学金制度に加えて、T．E．A．C．H．は、二〇〇〇～二〇〇一財政年度にカレッジ卒業後にノースカロライナの保育センターで一年間働くことを了承した学部三、四年生には、年二〇〇〇ドルの奨学金を八人に与えた。

ラッセルによれば、九〇%以上の制度利用者が、教育契約を遂行したという。州内の保育従事者の離職率が、一九九三年の四二%から二〇〇三年には二四%へと減少したのは、T．E．A．C．H．の貢献が大きいと彼女は確信している。注目に値する変化が、個々の学生の人生に現れていることもまた、このプログラムの成功を物語る事柄に含めるべきであろう。

一つの成功例として、フロリアナ・トンプソンを紹介しておこう。彼女は、T．E．A．C．H．の奨学金受給者として保育サービス分野でのキャリアをスタートし、今では、ローリー市内のウェイク技術大学の学部メンバーの一員である。準学士号を持ち、ウェイク医療センターが運営する保育施設である、キッドワークスの職員として働いていた当時、彼女はノースカロライナ中央大学の児童発達と家族関係の学士号を得るために、T．E．A．C．H．の最初の奨学金に応募した。フルタイム（勤務免除時間を除く）で働き、二人の子どもの世話をしながら、大学の授業

**表 3.2**　ノースカロライナ T. E. A. C. H. 幼児保育®（2000～2001 財政年度）

| 奨学金給付に必要な資格 | 要求されるコースでの勉強内容 | コース修了による一時金ないし昇給 | 2000 ～ 2001 年度における参加者数 |
|---|---|---|---|
| ノースカロライナ幼児教育資格 | コミュニティ・カレッジでの児童発達の授業を 4 学期 | 100 ドルの一時金 | 2, 030 人 |
| ノースカロライナ教育行政資格 | コミュニティ・カレッジでの授業を 2～12 セメスター | コースワークの受講時間に応じて 150 ドルから 300 ドルの一時金 | 169 人 |
| 児童発達機構（CDA）の資格 | 合計 120 時間のコースワークに加えて幼児保育の職業体験を 400 時間 | 200 ドルの一時金 | 18 人 |
| 保育教員を対象とした幼児教育準学士の学位 | コミュニティ・カレッジが提供する準学士の学位取得特典プログラムの一部として、幼児教育に関するコースワークを 1 年間につき 9～15 セメスター | 4～5%の昇給ないしは 550 ～ 770 ドルの一時金 | 1, 941 人 |
| 家庭福祉事業提供者を対象とした幼児教育準学士の学位 | コミュニティ・カレッジが提供する準学士の学位取得特典プログラムの一部としてコースワークを 1 年間につき 9～15 セメスター | 300 ドルの一時金 | 359 人 |
| 保育センター長を対象とした幼児教育準学士の学位 | 2 年制コミュニティ・カレッジが提供する学位の一部として、幼児教育に関するコースワークを 1 年間につき 12～15 セメスター | 300 ～ 600 ドルの一時金 | 357 人 |
| 幼児教育学士の学位 | 学士の学位取得の一部として、幼児教育に関するコースワークを 1 年間につき 12～15 セメスター | 5%の昇給ないしは 300 ～ 600 ドルの一時金 | 56 人 |
| 幼児教育の模範／指導 | 保育教員の指導とリーダーシップに関するコースワークを 3 セメスター | 最初の1年間で900 ドルの一時金と翌年から3%の昇給 | 19 人 |

出典：T. E. A. C. H. の教材とインタビューより著者作成。

に二年間出席した後、彼女は優等で大学を卒業した。T．E．A．C．H．の奨学金制度を活用できたことで、彼女の年収は、ウェイク医療センターでの五年の勤務の間、八二九三ドルから三万五五二ドルに上昇し、センター長補佐へと昇進した。一二年後、トンプソンは、医療センターから異動して、保育従事者の教育プログラムを推進するポジションに就くことを決断した。そこでは特にT．E．A．C．H．の学生と関わりながら、三年間勤務した。そして彼女は現在、児童発達専門コーディネーター、ウェイク技術大学の教員として働くに至っている。

トンプソンは、彼女自身が「非伝統的な学生」であると語っており、このことがカウンセリングの際の助けとなっているという。仕事と家庭と学業を上手にやりくりすることがいかに難しいかを知っていることで、彼女は、学生の出席状況と学業成績がいまどんな状態にあるのかを細かくたどることができる。学生に就学を続けるモチベーションを保たせることが、彼女の主要な任務であると考えている。自身の教育に関しては、三人目の子どもが二歳になった二〇〇二年に、修士課程に入った。

トンプソンの物語は、もちろん例外的である。T．E．A．C．H．は彼女のような成功を可能にする。だが、T．E．A．C．H．の修了生の大多数は、彼女のようなキャリアや賃金の上昇を果たしているわけではない。ノースカロライナ州における保育従事者の平均賃金は、依然として低水準にとどまっており、労働統計局（ＢＬＳ）が示す直近のデータによれば、二〇〇三年五月現在で時給八・〇六ドルである。学士号取得後ですら、保育センターで働く保育士の平均時給はたったの一〇・三八ドルである。(5)

一九九四年にノースカロライナの保育サービスの擁護者たちは、一連のキャリアラダー構築の事業をさらに推し進めるべく、教育資格を持った保育従事者には給与の付加給付金を提供するという「保育賃金制度」を立ち上げた。典型的な付加給付金としては、現在、初級の教育資格には年間三〇〇ドルを支給し、学士号を有する保育従事者には年間三〇〇〇ドルを与えるという形をとっている。付加給付金は、保育従事者が職にとどまり続けるのを奨励するよう、六ヵ月の間隔を置いて支給される。「保育賃金制度」は、「スマートスタート」と呼ばれる、公共機関と民間部門のパートナーシップが資金を提供しており、(6) 先に紹介したフロリアナ・トンプソンもかつてここで働いたことがある。T．E．A．C．H．と同様に、この新しいプログラムは、小さな規模から始まり、急速に発展したのであり、いまや五九郡で展開している。二〇〇三〜二〇〇四年には、ノースカロライナ州はこの「保育賃金制度」に八八〇万ドルを委託した。ノースカロライナにおける保育サービス労働力の三一％にあたる、保育サービスおよび幼稚園で働く約八万六〇〇人が、二〇〇〇～二〇〇一財政年度の「保育賃金制度」から提供される給与の付加給付金を受給した。他の州でのT．E．A．C．H．プログラムは、いまやこの給付金ないし他の給与プログラムの導入に着手している。

しかしながら、T．E．A．C．H．や付加給付金制度に、最も長期間にわたり最高水準の資金が活用されてきたノースカロライナ州ですら、そのインパクトは限定されている。T．E．A．C．H．は、保育におけるキャリアラダーを構築する上で、最初のステップとなりうる取り組みである。しかし、より教育水準の高い保育従事者を要請する州の規制を欠き、また、大幅な賃金上昇を支えるのに充分大きな公共投資を欠いているために、保育の労働市場は改善されていかない。規制と公共投資の欠如は、ほとんどの幼稚園児が受けている保育の質を改善しはしないのである。

### ウェストバージニアの徒弟制度[訳註3]

いくつかの州では、保育サービス従事者への教育として徒弟制プログラムを取り入れている。徒弟制度は学校の授業で得られた知識をＯＪＴに統合する。保育徒弟制は、労働省公認のもと確立されたカリキュラムに従うものなので、保育産業が資格への配慮を要求されるならば、この制度は単一の国家資格へと発展し、拡張することができよう。

一九八九年にウェストバージニアは、保育発達専門職徒弟制度（ＡＣＤＳ）を創設した最初の州となった。このプログラムの開始以来、ウェストバージニア州在住の二五〇〇人以上の者が徒弟制度を修了し、早期児童教育における見習いを終えたばかりの保育士としての地位を得た。ＡＣＤＳは四〇〇〇時間（約二年間）のＯＪＴ（保育センター、ヘッドスタート、幼稚園、在宅保育事業者の下での有償労働）と、コミュニティ・カレッジでの保育原論と保育実践に関する三〇〇時間の教育を四セメスター（一セメスター［学期］は一五時間）受講することを課している。カリキュラムは、児童発達機構（ＣＤＡ）という全国的に認知された機関の資格に準拠している。(7) 徒弟制度を利用する学生は、期間の終了までに、高卒学歴かそれと同等の学歴を取得しなければならない。もし、学生が期間終了後も教育の継続を希望するならば、ACDSで履修したものは、カレッジでの準学士取得に必要な単位のうち、三三単位まで認められる。プログラムは、ほとんどが連邦の財源によって賄われているので、この制度の利用者は、書籍と教材に必要な経費さえ払えばよい。この制度に参加している雇用主は、プログラム修了者の時給を〇・一〇ドルから〇・二五ドルの範囲で上げなくてはならない。

ウェストバージニア州の徒弟制プログラムは、入職レベルの従業員が、無資格状態から、カレッジの学位を持つ見習いを終えたばかりの保育士としての地位へと移行するのに踏むべきステップを明示している。しかし、このプログラムは本来そうなれるはずのほどには魅力的なものとして機能していない。プログラムを修了しても、どこでも通用するような資格が得られるわけではないし、〇・一〇ドルから〇・二五ドルの時給アップも大した昇給とはいえないからである。この州における、入職レベルの業務を遂行する保育従事者の最低賃金は、時給五・一五ドルであり、さらなる訓練を受けないと、せいぜい時給六ドルにしかならない。言い換えるならば、時給六・二五ドルがウェストバージニア州の徒弟制の修了者がおそらく得られるだろう最高限度の報酬なのであり、これらの者の大多数は、福利厚生や退職後の保障にも授かることはない。リバーバレー児童発達サービスの、ACDSコーディネーターであるスージー・ブロドフは、プログラム修了による賃金の上昇額が不充分であると認める。「人びとはこの制度に乗ろうと努力します。だって、それが現実に取りうる最良の選択なんですもの」と彼女は語る。ウェストバージニア州は最近になって、保育のキャリアパスに沿った、大幅な賃金上昇の指針を打ち出している。だが、この指針は、さらなる財源が配分されたときにのみ、効力を発揮するものでしかない。

ウェストバージニア州のACDSプログラムは、公的評価はされていないのだが、連邦政府は、このプログラムに非常に得心がいき、他州にも拡大してきた。一九九九年から二〇〇一年にかけて、保育の質向上イニシアチブ(QCCI)という名のもとで、この目的を達成するために議会は年間四〇〇万ドルを充当したのである。一九九九年、二〇〇〇年、そして二〇〇一年の三ヵ年にわたる財政支出を通じて、三一の州とワシントンDCは二五万ドルから三五万ドルもの額を徒弟制度に充当すべく受給している[8]。しかしながら、賃金を上昇させるよう公的に命じた州はわずかであり、それらはウェストバージニアと同程度の小規模な上昇にとどまっている。

しかしながら、メイン州は例外である。一九七六年よりメイン州は、二年間および三年間の徒弟制度を提供してきた。期間一八ヵ月の、三五万ドルの連邦のQCCI助成金を使って、これら徒弟制度の授業料全額補助を決定した。その結果、このプログラムの利用者数は劇的に増加した[9]。加えて、メイン州は雇用主に対して、プログラム参加者の給料をその期間中は六ヵ月ごとに五％上げることを要求している。つまり、三年間の徒弟制コースを受講していると、当初の給料から加算していくと三四％の賃金上昇となる。にもかかわらず、メイン州で働く非専門職の保育従事者の平均時給は、二〇〇一年ではわずか七・九〇ドルであった。労働省のデータによれば、確かにウェストバージニア州よりは良いが、最終学歴が高卒であるアメリカの労働者の、時給の中央値の一〇・四六ドルよりも、依然として低い賃金水準なのである。リビング・ウェイジ――それはメイン州の二人の子どもを抱える母親の時給一六・六四ドルとなろう――には程遠い。

T．E．A．C．H．のように、さまざまな徒弟制プログラムが、総点検を必要とするシステムの周縁をいじくり回してきた。T．E．A．C．H．のプログラムは、保育と幼児教育に関するスキルをいくつかの職階に区分しており、労働省公認の徒弟制度は、保育従事者に対する教育訓練カリキュラムを標準化する利点をもつ。しかし、保育従事者に必要な最低限の資格を要求している州はなく、より上位の職階も広範には認知されていない。また、資格が大きな、恒久的な賃金上昇を伴うものとなってもいない。これら二つのプログラムのプラス面は、コミュニティ・カレッジと大学の学位取得のためのプログラムと「接続された」ことであり、全ての履修内容がより高い学位取得に向けて積み上げられるということにある。このことは、フロリアナ・トンプソンのような、もっともひたむきな学生が、対人ケアの仕事からキャリアアップしていくことを支援する。しかし、まともな暮らしができるだけの給料が得られる機会のない職業であっては、保育自体が変化することにはならないだろう。T．E．A．C．H．と児童発達の専門職養成のための徒弟制度は、明確化されたキャリアラダーシステムの構築にとって、核となる潜在可能性を秘めている。だが、その目標には依然として到達していないのである。

## 十全に明確化されたキャリアラダー・プログラム

ＣＡＲＥＳやＷＡＧＥＳ・Ｐｌｕｓのようなプログラムは、普通の生活に開いてしまった大きな穴をふさぐ。プログラムの利用者は、高い賃金を稼ぐ人びとにとっては自明で問題にならない穴を埋めることができた。何年も教室には御無沙汰だった者が教室に戻っていく姿を、私は見た。こなしている勉強のゆえに、彼らが価値を認められ承認され始める姿を、私は見た。

カリフォルニア州　サンフランシスコ　キャンドルライト児童発達センター
センター長、シーラ・ノーマン

低賃金は、保育サービスにおける労働供給と離職に関して他の産業と類似の効果をもたらしているように見える。保育従事者の離職率は、職階によって異なっており、保育助手で約五九％、保育士で五一％、保育士兼任所長で三四％、センター長で三六％である。[10]認可された保育センターにおいては、平均賃金よりも高い給料が支払われており、非認可の保育センターよりも離職率がかなり低いことを考えると、賃金は主な要因の一つであることがわかる。子どもの早期保育・教育の質を改善するために働きかけている、米国教員連盟・教員フォーラムのプロジェクトの一環として、保育労働力センターが行ったある調査によると、ＮＡＥＹＣが認可した保育センターでは、非認可のセンターよりも、職業区分ごとに賃金が九・五％から三三・七％高く、定着率も二倍であることが明らかにされている。下位レベルの職員だけが影響を受けているわけではないのだ。また別の調査研究が示していることとして、下位レベルの職員の離職率は職務納得の度合いに影響を及ぼしており、究極的にはセンター長の定着にも影響を与えている。他のいくつかの研究においては、保育従事者の高い離職率は、一貫性がなく不充分な保育をもたらしている、としている。

また他方で、保育の仕事の魅力のなさが、人材不足をまねいている。全米ユダヤ人女性協議会による最近の報告書は、コロラド、メリーランド、カンザスシティー、ロサンゼルス、ワシントンDCの事例を記録にとどめている。これらの地域は、近隣のセンターが定員いっぱいのままなのに、そのセンターを閉鎖してしまったところである。これらの地域に住む家族は、子どもが生まれる前から、保育センターの待機リストに記名しておかなくてはならない。このような問題は、保育への需要が高まるにつれて、拡大するばかりである（労働統計局の推定によれば、保育従事者への需要は、アメリカ全体の経済成長率の三倍程度でしばらく拡張していきそうである）。

これは看過することのできない問題である。しかし、ノースカロライナ、ウェストバージニア、メインに在住する、アメリカの市民と議員を刺激する傾向が最も高いように思われるこの問題は、この国の保育水準の見すぼらしさを示している。しかし他の諸国で保育は普遍的で高度な専門職主義を伴ったサービスとして提供されている。児童発達や早期教育の原理を理解している、保育サービスおよび幼稚園での保育従事者を求める気持ちは、キャリアラダーへとまっすぐに至るべきなのだ。保育サービス従事者の大多数が高卒の学歴すら持っていない（保育センターとして規定されたところで、二二〜三四％、規定されていないところで三三〜四六％）とすると、この分野の向上を図るための唯一の方法は、訓練を受けていない、入職レベルの職員が上昇していくことができ、上昇したいという動機が持てるようなキャリアラダーを創ることである。医療産業が見出したように、必要なのは、スキルに基づいた職業階層であり、ある職業から次の職業へと上昇するには何が必要なのかが、明確な要件であり、そしてスキルの向上にともなう実質賃金の上昇なのである。

そんなことはできるわけがないと思う人には、米軍を見ていただきたい。一九八九年の米軍保育法によって、米軍の全部門に新しい保育システムが創出された。その結果は、巨大で貧弱な運営システムを極めて短期間で好転させ得ることを証明するものである。

## 米軍児童発達プログラム

一九八〇年代後半における、米軍の保育の状態はあまりにひどく、軍人の募集、定着、士気を危うくしていた。軍人の妻が保育従事者である場合が多く、彼女たちもまたそのことを喜んではいなかった。ある程度は配偶者の転勤を反映しているとは言え、多くの保育センターで、年間の職員離職率が三〇〇%にまで達した。そこで、一九八九年の立法では、米軍児童発達プログラム（MCDP）を制定し、この問題に妥協せずに取り組むことになった。

MCDPは、米軍保育センターの数を増やし、一二年間で二〇八のセンターを新設した。[11] 保育職員が継続教育を受けられるよう、MCDPはかなり賃金を上げた。また、各保育センターで訓練とカリキュラムの専門家を雇った。また、センターの職員配置比率、各種の保育職や、児童虐待防止、防火、設備保全、発達的学習計画、健康と安全、に関する資格の基準を設けた。さらに、センターがこうした基準を満たしているかどうか、質を確保するために四ヵ月に一度、抜き打ちの査察（最近、州のセンターでは行っていない）[12]を制定した。最後に、MCDPは保育サービスが軍の全家族に行きわたるように、ここで紹介した全ての事柄に対して相当の補助金を与え、報酬のスライド制を制定した。

高水準の保育を提供するために設計されたこうした取り組みのほかにも、MCDPはまた、幼稚園教育もある程度提供したいと考えている。それゆえ、MCDPはカリキュラム、環境、個人的相互作用に関して幼児教育の専門家が定めた基準に応えあるいは上回るよう、さらなる取り組みを確約した。その結果、全米では七%に過ぎないところを、米軍保育センターのおよそ九五%が、NAEYCによって基準に達した施設として認可された。

職員にとっては、MCDPのキャリアラダーのある職階から次の職階へと上昇する際の要件や、それによって得られる報酬が、今や明確化され、暫増的でやりやすく、システム（表3・3）全体を通じて用いられるようになった。

表 3.3　米軍児童発達プログラムにおけるプログラム・アシスタントに関する資格認定基準

| 等級 | 当該レベルでの要件 | 保育活動の経験 | 保育活動の経験および教育ないし訓練 | 給付金を除いた時給額 | 給付金込みの時給額 |
|---|---|---|---|---|---|
| 1<br>GS—02<br>児童発達プログラム・アシスタント入職レベル | ・18 歳<br>・高等学校卒<br>・英語での会話、読み、書きができること<br>・健康診断の合格<br>・予防接種を受けていること<br>・食品取扱者の履修証明書<br>・承諾に基づく身元調査をクリアしていること<br>・必須訓練と制限時間内での能力に関する良好な達成状況 | 必要なし | 必要なし・該当せず | 8.32 ドル～11.80 ドル | 10.15 ドル～14.40 ドル |
| 2<br>GS—03<br>児童発達プログラム・アシスタント中級レベル | 等級 1 に同じ | 児童のための集団プログラムを 6 ヵ月経験すること | ・児童発達に関する 3 単位ないしそれに相当する単位の取得<br>・保育分野に関する高校(HS)での 15 セメスターないしは保育に関する中等教育の職業プログラムの修了 | 8.32 ドル～11.80 ドル | 10.15 ドル～14.40 ドル |
| 3<br>GS—04<br>児童発達プログラム・アシスタント目標レベル | 等級 1 に同じ | 等級 2 と同等の児童のための集団プログラムを 6 ヵ月経験すること | ・児童発達に関する単位の取得<br>・最低 15 単位を児童発達あるいは児童発達に直接関連する分野で修得することを含めた 30 単位を高校より上の機関で修めること。 | 10.19 ドル～14.82 ドル | 12.43 ドル～18.08 ドル |
| 4<br>GS—05<br>児童発達プログラム・アシスタントリーダーレベル | 等級 1 に同じ | 等級 3 と同等の児童のための集団プログラムを 12 ヵ月経験すること | ・ECE あるいは現行の CDA 資格における準学士の学位 | 10.19 ドル～14.82 ドル | 12.43 ドル～18.08 ドル |
| 5<br>GS—06<br>児童発達プログラム・アシスタント専門家レベル | 等級 1 に同じ | | ・等級 4 と同等の 12 ヵ月の経験および準学士ないし CDA 資格の取得 | 10.19 ドル～14.82 ドル | 12.43 ドル～18.08 ドル |

出典：国防総省内の児童・青少年室（OPM）に所属のバーバラ・トンプソンから提供されたもの（賃金は OPM2003 年の地域賃金表に関する通常計画に基づく）。

新規雇用者は、八時間のオリエンテーション・コースを受講し、さらに四時間をセンターの活動の観察に充てなくてはならない。また、雇用後最初の六ヵ月は、三六時間におよぶ児童発達と応急処置に関する訓練を修了しなくてはならない。さらに、一八ヵ月以内に、能力別の一五の訓練モジュールを修了しなくてはならない。全職員は、教育レベルにかかわらず、MCDPセンターの規則と保育哲学を理解するべく、こういった事柄を修得しなくてはならないのである。これらの訓練課題を修了すると、全職員は昇給によって報いられる。準専門職のMCDPのキャリアラダーを示したのが、表3・3である。

米軍の新しい保育プログラムの運用に必要な年間の費用は、二〇〇〇～二〇〇一年度では、児童一人あたり平均して約七六〇〇ドルである。これは、連邦一般会計局によれば、民間の保育センターの運営費よりも七％ほど多く計上していることになる。こうした米軍のより高い運営費は、保育士一人あたり児童数、三歳未満児の保育に充当するスペースの割合、教育訓練コスト、そして保育従事者への給料（MCDPセンターは、民間の保育センターよりも時給換算で平均一・〇四ドル多く支払っている）を、それぞれより高くする結果となっている。

家族にはより高いコストの保育の対価を支払うだけの余裕がある。なぜなら国防総省が総経費の約半分を支払ってくれるからである。二〇〇〇～二〇〇一年度における、MCDPセンターに対して親が払う料金は、週に平均四〇ドルから一〇六ドルである。親が一五時間の保育の対価として、子ども一人あたりに支払う料金は、平均七七ドルとなっている。

全体で見ると、国防総省は二〇〇〇～二〇〇一年度に三億五二〇〇万ドルを保育サービス事業に支出した。そのうちの七三％は主に、就学前児童に保育を提供するMCDP保育発達センターに割り当てられ、残りは米軍人事局や国防総省の文官の在宅保育と、就学適齢期の児童向けプログラムの費用に充当している。支出総額は、将来的にはもっと上昇することが予想される。実際に、二〇〇四年の国防総省予算におけるMCDPへの支出は、三億九四〇〇万ドルとなっており、二〇〇〇年に比べて一二・二％上昇している。幼児から一二歳児までに対する保育需要を充たすために、さらに四万室が必要とされているため、全軍の全部門は今後五年間にわたって保育を提供できる場所を増やしていくのに適した戦略を策定した。(13)

ＭＣＤＰが保育サービスの利用可能性と、職員の賃金水準と労働条件を高めたことに疑問をさしはさむ余地はない。保育従事者の年間離職率は三〇％にまで減少した。軍人の転勤を考えれば、できるところまで低めた、と言えるかもしれない。加えて、ＭＣＤＰは保育サービスの質をかなりのところ高めているようである。国内で最も信頼性の高いシンクタンクの一つであるランド研究所は次のように評価する。米軍保育センターを、認可基準へと引き上げたことで、年齢にふさわしい活動としつけのテクニックの数が増加し、職員の士気が向上しているのと同様、子どもから始まる（child-initiated）保育活動の数が増加している。センター長と親を対象とした調査によると、保育の質とカリキュラムに関して高い満足が得られているという結果が示されている。

こうした変化に要した時間もまた注目するに値する。ランド研究所の研究によれば、賃金の上昇と親から払う料金の体系は、一九八九年の「米軍児童発達プログラム法」の制定後一年以内に、七五％のセンターで実行に移された。査察と設置認可のシステムはわずか数年のうちに実施されたのである。米軍の保育システムの規模を勘案すると、極めて驚くべきことである。

米軍の保育システム改革は、後進のモデルとなる。しかしまずは、私たち市民がこうした資金と専門職主義を、保育に投入することに価値があるのだと確信しなければならないのである。

## シアトルの賃金向上事業

保育料金の支払いに既に苦慮している親をしり目に、この保育従事者の賃上げを擁護することはできないと、私たちは分かっていた。

## サービス従業員国際労働組合九二五支部長　キム・クック

米軍モデルの再現という点では、ワシントン州は、他のどの州よりも米軍モデルに迫っている。一九九九年にゲイリー・ロック知事は、連邦の福祉プログラム下の州の自由裁量財源である四〇〇万ドルを、「幼児教育のキャリア・賃金ラダー」と命名した事業に支出し、その推進に充てた。

そこまでこぎつけるのに、彼は政治的な仕事を膨大にこなさなくてはならなかった。まず、米軍のような保育のキャリアラダーを構築するために必要な公的基金を要求すべく、ジョン・バーバンクを呼び寄せた。彼は、中産階級の家族と低収入の労働者に関する問題に焦点を当てた公共政策団体である、経済機会機構（ＥＯＩ）の創設者である。

その他のコミュニティ組織として「シアトル・保育士にふさわしい賃金」と呼ばれるものがあり、市民や議員に保育財源の増加に関心を持ってもらうよう、長年にわたって世論を喚起している。この「ふさわしい賃金」は、一九九七年にサービス従業員国際労働組合（ＳＥＩＵ）の九二五支部の支援を得るまでは、大した成果を上げられなかった。しかし、ＳＥＩＵの支援もあって、シアトルにある一二の保育センターの組合組織化に成功したのである。

九二五支部の地区長から支部長を歴任しているキム・クックは、賃金アップは最終的により多くの政府支出の要求に帰着するため、政治活動が常に戦略の核心である、と述べる。それゆえ、労働組合としては、市民や政治家が保育の水準をより向上させる手段としてキャリアラダーを位置づけるよう、キャリアラダーというアイデアに活動の焦点を当てたのである。一二の組合化されたセンターの各長は、この活動に対して全面的に協力している。なぜならセンター長たちは、公的支援に裏付けられたキャリアラダーは、職員の賃金を上げ、やっかいな離職率を引き下げると思っているからである。これらのセンターは協力して、バーバンクのキャリアラダーの原案を州議会で提示できるよう、実行可能なプログラムになるまで微調整を加え、ロビー活動を開始した。組合は政治的な通路を創り出し、職員たちはバーバンクが数多くの政治的な橋渡しの人物に影響をもたらすよう、「陳情」活動を展開した。

こうした活動の産物が、幼児教育キャリア開発ラダーである。これは、参加の保育センターに、ある特定のベース賃金から出発し、職員の経験、職務上の責任、教育程度に応じて昇給するという仕組みのもとで給与の支払いを要求する、三年間の試験的なプログラムである。州は、教育程度の向上に伴う給与の増加分や、職場での経験の積み上げ分を反映するコストの一部分に相当する費用を負担した（表3・4を参照）。このプログラムが開始された最初の年は、州の保育センターのうち一二〇施設（全体の七％）がくじ引きで選ばれた。二〇〇一年には、貧困家庭一時扶助（TANF）の貯蓄から八二〇万ドルを配分し、（引き下げられた在籍者数から）さらに二年間、これらのセンターでのプログラムが継続できるようにした。

保育センターへの参加が選択に値することを示すには、州の許可ないしは認証を受けなければならず、少なくとも在籍者の一〇％は、低収入家庭の児童でなくてはならなかった。加えて、州が委任した賃金ラダーに同意する以外にも、センターに参加するには最低でも一二日間の有給休暇（休日を含む）と、従業員の健康給付に一人あたり月二五ドルを支払い、職員が州の定めた「余分なサービスは無し」の保険プランに申しこむことができるよう、また、保育の質向上委員会で保育士、保育助手、センター長が、課題や問題を議論するフォーラムを開催できるよう整備することが求められた。

この事業への参加者が採用するキャリアラダーは、入職レベルの保育助手には高卒学歴が要求されていないとは言え、米軍のそれと類似している。GEDを取得すると、時給〇・二八ドルの昇給となった。州が定めた継続教育の要件を充たすと、さらに〇・五ドル昇給した。ステップアップの順番は次のようなものだ。CDAの資格、STARS（州が策定した、州内ほとんどのコミュニティ・カレッジによって提供されている一年間のプログラム）という幼児教育資格の取得、そしてその上には、幼児教育の準学士、学士、修士、の各学位が設けられていた。また、職場経験が一年積み重なるごとに、それぞれの教育レベルに応じて、賃金が上積みされた（表3・4を参照）。

ワシントン州のプログラムは、職員の授業料と他の教育費を賄ってはおらず、雇用主に対しても教育費を支出する

**表 3.4①**　ワシントン州全郡（賃金が高いキング郡を除く）の参加保育センターに適用される幼児教育キャリア発達ラダー賃金表

| 職務上の地位 | センター在籍年数 | 高卒学歴なし | 高卒／GED | STARS | 15単位 | CDAか45単位 | 準学士か90単位 | 135単位 | 学士か180単位 | 修士 |
|---|---|---|---|---|---|---|---|---|---|---|
| 保育助手 | 0 | 6.92ドル | 7.20ドル | 7.70ドル | 7.95ドル | 8.70ドル | 9.20ドル | 9.70ドル | 10.20ドル | 11.20ドル |
| | 1 | 7.17 〃 | 7.45 〃 | 7.95 〃 | 8.20 〃 | 8.95 〃 | 9.45 〃 | 9.95 〃 | 10.45 〃 | 11.45 〃 |
| | 2 | 7.42 〃 | 7.70 〃 | 8.20 〃 | 8.45 〃 | 9.20 〃 | 9.70 〃 | 10.20 〃 | 10.70 〃 | 11.70 〃 |
| | 3 | 7.67 〃 | 7.95 〃 | 8.45 〃 | 8.70 〃 | 9.45 〃 | 9.95 〃 | 10.45 〃 | 10.95 〃 | 11.95 〃 |
| | 4 | 7.89 〃 | 8.20 〃 | 8.70 〃 | 8.95 〃 | 9.70 〃 | 10.20 〃 | 10.70 〃 | 11.20 〃 | 12.20 〃 |
| | 5 | 8.14 〃 | 8.45 〃 | 8.95 〃 | 9.20ドル | 9.95 〃 | 10.45 〃 | 10.95 〃 | 11.45 〃 | 12.45 〃 |
| 主保育士 | 0 | | | 8.20ドル | 8.45 〃 | 9.20ドル | 9.70ドル | 10.20ドル | 10.70ドル | 11.70ドル |
| | 1 | | | 8.45 〃 | 8.70 〃 | 9.45 〃 | 9.95 〃 | 10.45 〃 | 10.95 〃 | 11.95 〃 |
| | 2 | | | 8.70 〃 | 8.95 〃 | 9.70 〃 | 10.20 〃 | 10.70 〃 | 11.20 〃 | 12.20 〃 |
| | 3 | | | 8.95 〃 | 9.20 〃 | 9.95 〃 | 10.45 〃 | 10.95 〃 | 11.45 〃 | 12.45 〃 |
| | 4 | | | 9.20 〃 | 9.45 〃 | 10.20 〃 | 10.70 〃 | 11.20 〃 | 11.70 〃 | 12.70 〃 |
| | 5 | | | 9.45 〃 | 9.70 〃 | 10.45 〃 | 10.95 〃 | 11.45 〃 | 11.95 〃 | 12.95 〃 |
| センターコーディネーター | 0 | | | | 9.20ドル | 9.70ドル | 10.20ドル | 10.70ドル | 11.20ドル | 12.20ドル |
| | 1 | | | | 9.45 〃 | 9.95 〃 | 10.45 〃 | 10.95 〃 | 11.45 〃 | 12.45 〃 |
| | 2 | | | | 9.70 〃 | 10.20 〃 | 10.70 〃 | 11.20 〃 | 11.70 〃 | 12.70 〃 |
| | 3 | | | | 9.95 〃 | 10.45 〃 | 10.95 〃 | 11.45 〃 | 11.95 〃 | 12.95 〃 |
| | 4 | | | | 10.20 〃 | 10.70 〃 | 11.20 〃 | 11.70 〃 | 12.20 〃 | 13.20 〃 |
| | 5 | | | | 10.45 〃 | 10.95 〃 | 11.45 〃 | 11.95 〃 | 12.45 〃 | 13.45 〃 |
| プログラム指導員 | 0 | | | | | 10.20ドル | 10.70ドル | 11.20ドル | 11.70ドル | 12.70ドル |
| | 1 | | | | | 10.45 〃 | 10.95 〃 | 11.45 〃 | 11.95 〃 | 12.95 〃 |
| | 2 | | | | | 10.70 〃 | 11.20 〃 | 11.70 〃 | 12.20 〃 | 13.20 〃 |
| | 3 | | | | | | 11.45 〃 | 11.95 〃 | 12.45 〃 | 13.45 〃 |
| | 4 | | | | | | 11.70 〃 | 12.20 〃 | 12.70 〃 | 13.70 〃 |
| | 5 | | | | | | 11.95 〃 | 12.45 〃 | 12.75 〃 | 13.95 〃 |

出典：ワシントン州シアトルの経済機会機構。

**表 3.4②**　職務経験1年ごとに上昇する25セントに関する資金供給区分

| センターで補助金をうけている低所得者層の児童割合 | センターからの供給 | 州からの供給 |
|---|---|---|
| 25%未満 | 25セント | 0 |
| 25−50% | 15セント | 10セント |
| 50−75% | 5セント | 20セント |
| 75−100% | 0 | 25セント |

出典：ワシントン州シアトルの経済機会機構。

ように要求していなかった。しかし州は、保育従事者のほとんどが授業料補助を受給できるように、別のプログラムを設置している。州のプログラムの受講資格がなかった職員は、T．E．A．C．H．の奨学金を申請でき、利用可能な支援に関する情報は、参加の保育センターで提供されている。

二〇〇四年にワシントン州立大学の研究者によって、州に対する第三者評価が行われ、試験的センター（当初から幼児教育のキャリア発達ラダーに参加したセンター）と同数の対照群とを比較した。その結果、このプログラムは保育の質、職員の士気、賃金に対して、肯定的な効果を及ぼしているとされた。試験的センターで児童が受けた保育は、比較対象となったセンターよりも体制と対応の質の双方とも評価が高かった。比較対照のセンターの雇用主よりも、試験的センターの雇用主の方が、職員の士気が高いと回答した。また、比較対象のセンターで働く職員の平均時給が八・九四ドルであるのに対して、試験的センターは九・六八ドルであった。さらに、賃金の中央値でみると、州全体のそれが八・二七ドルであるのに対して、試験的センターはそれより八％高い、九・〇〇ドルであった。ワシントン州の賃金増加額は、T．E．A．C．H．や全国の他の奨学金プログラムと連携した場合の増加額と比べても大きかった。それだけでなく、ずっと大規模な従業員集団――各センターの奨学金を獲得するであろう一人、二人といった人数ではなく、一〇〇以上の参加センターの全職員――に適用された。

しかし、全保育センターのわずか七％にしかプログラムが提供されず、一年間行った次の年も継続される保障がないために、なすべきことが多く残されている。そのため、二〇〇二年には、市内にある保育センターの四〇％にこのプログラムが適用され、また、このプログラムの実施に必要な恒久的な財源が充当されるよう、シアトルの住民投票に向けた運動が起きた。それを起こしたのは、キャリアラダーを発足させた、あの連合である。そして、シアトル市民が好んで飲むエスプレッソ一杯につき〇・一〇ドルの課税を財源として要求したのである。[14] このイニシアチブ［州民発案］は大きな票差（六八％が反対票）となったことで失敗に終わった。エスプレッソへの課税が恣意的であると市民に受けとめられたためであろう。あるいはまた、市民の心づもりよりも野心的にすぎたのかもしれない。このイニシアチブは、初発のキャリアラダー・プログラムへ参加する保育センター数を増やすのでなかったら、低所得層の子ども向けの保育サービス補助金を増額し、また、試験的幼稚園のプログラムに資金を提供して、誰もが利用可能な四歳児未満対象の幼稚園を公立学校制度の中に創設する試みの第一歩を踏み出したであろう。

このイニシアチブが失敗した上に、通常保育への州の支出が少ないために、キャリアラダー・プログラムは支障をきたしたままである。シアトル内の中上流階層の居住地域にある、インターレイク保育・学習センターの例を挙げて検討してみよう。州の補助金を受け、低所得層の五人の児童を抱えているので、インターレイクは幼児教育キャリア開発ラダーへの参加資格を得るのに、近道を通れた。しかし、州の補助金があまりに少ないために、インターレイクの収支はかろうじてつり合っただけである。低所得者層の児童に向けた州の支出は、対象年齢によって異なっているが、フルタイムの保育を提供する場合、月約七八五ドルか、あるいは保育センターが低く請求しているならば、それ以下である。この支出割合は、キング郡（シアトル地区）の保育センターが請求する額よりもだいぶん下回っている。インターレイクにおいては、州による補償金が保育料金の六五%にしか達していない。予算策定において、センターはこのプログラムを通じて補助金を与えられた児童の数に基づいて、該当家族への請求額をどれくらいにするかを決定しなくてはならない。インターレイクのような保育センターにとっては、キャリアラダー・プログラムは、センターの職員のキャリアアップに充当するというよりも、州による他の保育イニシアチブが求める、不充分な資金の埋め合わせをしたのである。

インターレイクの代表理事であるマイク・カスプルザックは、たいていの参加保育センターの長と同様に、昇進機会がないために、この領域から離れることを考えていたけれども、キャリアラダー・プログラムの結果、留まることにした職員の名前を何人か挙げることができる。しかしながら、彼はむしろ、補助金を与えられた保育に対して州が実際の市場価格を払うのを見たいのであり、なぜなら、そうすることで全ての保育従事者に対するより良い賃金の支払いが考慮されることになろうから、と彼は語る。

その一方で、キャリア開発ラダーの成功の一つは、保育従事者の教育と賃金の向上のために、ロビー活動を続けるよう声を上げる有権者層をつくりだしたことである。シアトルのイニシアチブ［州民発案］が失敗し、財源の欠乏によって三年間の州のプログラムが終了しても、ロビイストの活動は終わらなかった。ずっと小さな規模とはいえ、ある進展がみられる。二〇〇四年には、シアトル地区の健康と教育のイニシアチブを支持する財産税法案「家族・教育税徴収」が可決された。この一億六一〇〇万ドルは年間二三万ドルの形で七年間徴収され、キャリアラダー・プログラムに拠出された。これによって、シアトルにある元々の二三の保育センターのうち一〇の施設が財源を得ることができたのである。経済機会機構はより長期的な立法上の解決策を探し求め続けている。専ら貧困家庭向けのウェルフェア・トゥ・ワークよりも、全ての家族に利益をもたらすがゆえに、このプログラムは熱心な支持を今後もきちんと維持していくであろうというのは、ジョン・バーバンクの信念である。

**カリフォルニアのＣＡＲＥＳ**

カリフォルニアにおいても類似のものを確立しようという取り組みが、一九九〇年代後半にサンフランシスコと湾を横切ったところのアラメイダ郡において開始された。その当時、幼稚園から小学校二年生までの一クラスを二〇人以下に制限するとした新たな州法は、加配される公立学校の教員への膨大な需要を引き起こし、また、保育士の多くを保育サービスから引っぱり出すこととなった。公立学校なら、保育センターでは滅多に提供されない諸給付に加えて、教員は年間六〇〇〇ドルから七〇〇〇ドルほど多く稼ぐことができる(15)。その一方で、ウェルフェア・トゥ・ワークは、福祉から抜け出た女性のキャリアとして保育を促進した。結果として、最低限の訓練を受けた者が保育分野へ流れ込み、最も教育を受けた者が去っていくことになった。一九九七年には、教育を受けた保育従事者を早急に確保し、それ以外の者にもより教育を受けるよう説得するため、早急に手をうつ必要が生じた。これら二つの郡は、州が動いてくれるのを待つのをやめ、自前の財源をＣＡＲＥＳ（補償による定着と向上）と呼ばれるプログラムに投じた。

これは、州議会が二度にわたって財源を充てようと試みたが、ピート・ウィルソン知事と、その後任のグレイ・デービス知事が拒否権を発動したプログラムであった。いくつかの地域独自のプログラムが立ち上がり運営されたことで、州議会は最終的には二〇〇〇年に、このプログラムに一五〇〇万ドルを配分した。この州法（AB二一二法）が成立したことで、カリフォルニア州の五八郡のうち四七郡がCARESプログラムを実行した。AB二一二基金からはこれらの郡のプログラムに対して異なる額が配分されている。

CARESは充分に整備されたキャリアラダー・プログラムではない。なぜなら、特定の職業カテゴリーを明示したものではないからである。しかし、このプログラムは、有税の年間給費を提供することで、さらに教育を受けてこの職に留まろうとするインセンティブを職員に対して与えている。雇用主のもとで少なくとも一年間就業し、一年につき最低でも二一時間を継続教育の修了に充てている職員は、労働時間と職業レベルに基づいた報酬を受け取ることができる。

最初の給費である五〇〇ドルは、プログラムに参加した際に支払われる。しかしながら、受給者は次の年にさらに五〇〇ドルを受給するには、幼児教育か発達児童に関するカレッジの単位を三つ以上取らなくてはならない。プログラムの二年目には、受講生はさらに三単位を取得しなくてはならない。三度目の給付を受け取るためには受講生は三単位分の当該領域にかかる現場実習、ないしは実習コースを修了し、準保育士の資格を取得しなくてはならない。保育センターの職員のうちセンターで使われる英語以外の言語が流暢な者には、保育士、主任保育士、センターの監督者、プログラム統括責任者と同様に、さらなる手当が付くのである。

CARESはカリフォルニアの保育従事者に対して、最低限の教育達成水準を要求してはいない。しかし、サンフランシスコCARES（SF CARES）の理事長であるカロライン・ヴァンスは、「このプログラムが用意するキャリアラダーのマトリックス上でより高い地位に移動できれば、給付は増加するのだということを、プログラムの参加者が理解したとき、継続教育に在籍しようという動機づけになればいいな、と考えております」と語る。

しかしながら、サンフランシスコはすでにヴァンスが語っている状況よりもさらに前進している。当地でのリビング・ウェイジ・キャンペーンは、二〇〇一年の地域条例が通過する結果となった。[16] それ以前にすら、低賃金労働者の問題が地域政治の中心課題となって、ウィリー・ブラウン市長は市の余剰予算を重点産業の労働者の賃金上げに向け直すことを決断した。賃金が上がれば、より訓練を受け、低賃金の労働者にとっても、子どもを抱える家族にとっても得になるとブラウンは考え、保育従事者を格好の最初のターゲットとしたのである。市の人的資源サービス局（DHS）の保育プログラム・マネジャーであるミッチェル・ラザフォードは、二〇〇〇年五月に市長予算室に呼ばれ、保育従事者のリビング・ウェイジ・プログラムを一九九九財政年度より一〇〇万ドルの予算で開始するように求められた。ラザフォードは、時間を無駄にすることなくプログラムを作成し、リビング・ウェイジ条例が可決される一ヵ月前に立ち上げて運営を開始した。

最初の段階は、全ての保育職への標準支払い率を確立することであった。シアトルのジョン・バーバンクや、保育労働力センターの創設者である、マーシー・ホワイトブック、ならびに他の保育の擁護者たちとの議論に基づいて、ラザフォードは賃金フロアの採択を決めた。彼女は州がCARESのために考案した職業マトリックスの適用を始めた。このマトリックスは、CARESのプログラムに参加しているセンターでの、全保育職の最低限の資格要件を特定したものである。そして、ラザフォードは賃金フロアをそれぞれの職に対応させていったのである。サンフランシスコのこの新しいプログラムは、WAGES・Plus（入職レベルのスタッフにプラスしていく賃金増加分の基金）と呼ばれた。

どのようにこのプログラムが機能するのか、見ていこう。このプログラムに参加している保育センターは、職員の賃金を最低賃金（補佐員と助手は時給七・五〇ドル）にまで上げなくてはならない。そして、WAGES・Plusはこの最低賃金と、新しいフロア賃金（補佐員と助手は時給九・〇〇ドル）との差額を支払うのである。保育センターもまた、プログラム運営費として月二〇〇ドルを受け取る。このプログラムの参加には、センターは事業認定を受け、補助金受給資格のある児童のうち最低でも一〇％相当を、あるいは、親の収入がサンフランシスコ大都市圏の中央値よりも低い家庭の二五％の児童を受け入れなくてはならない（表3・5を参照）。

ＷＡＧＥＳ・Ｐｌｕｓの二年目には、事業に参加しているセンターが自己評価ないしは大学が実施する評価を受ける際に要求されるプログラムである、「クオリティープラス」に加わるように奨励される。サンフランシスコにあるセンターも含めて、ほとんど全てのＷＡＧＥＳ・Ｐｌｕｓへの参加センターがこれに従っている。センターの評価で見出された欠点は、訓練プログラム内で対処されることになる。

ＷＡＧＥＳ・Ｐｌｕｓは現在、六六の施設で保育プログラムを運用している三〇の組織に提供されており、約三〇〇〇人の児童に提供されている。サンフランシスコにある二三三の保育センターの約四分の一がこの事業を利用しており、それらのほとんどはそうする資格のあるセンターである。参加センターでは、ほとんどの職務カテゴリーにおいて八〇％以上の職員の賃上げにつながった（表3・6を参照）。参加資格のあるほとんど全てのセンター、ヘッドスタートプログラムや学区ないし地域のカレッジによって運営されているセンターでは、すでに時給九・〇〇ドルかそれ以上が支払われている。[17] そこで現在、ＷＡＧＥＳ・Ｐｌｕｓは在宅保育サービス事業者と協働して、賃上げと訓練の改善に取り組んでいる。資金は時の経過とともに増加しているが、支出もそうである。事業の二年目については、市はカリフォルニア州・小児家庭委員会（一九九八年にプラン一〇と、一箱あたり〇・五〇ドルのたばこ税を財源に加えて発足した）を通して一三五万ドルを提供したこともあって、資金は二九七万五〇〇〇ドルまで跳ね上がった。しかしながら、サンフランシスコＣＡＲＥＳの理事長であるアンナ・スメビーは、二〇〇六財政年度では、予算がカットされそうだと語る。二〇〇一年には州の財源から総額三八〇万ドルが支払われた。保育労働力とプログラムへの参加状況に関するデータは、いずれの郡でもとられていない。スメビーは、サンフランシスコＣＡＲＥＳが市内の保育センターで働く約一三〇〇人の保育助手と保育士に給費を支給しており、そのうち約七〇％のプログラム参加者が第二期の授業に戻ってきている、と言う。資金という観点からすると、このことが生み出す問題は、従業員が職務と賃金

表 3.5　WAGES Plus における職員区分と賃金フロア

| 職務区分 | 教育要件 | 賃金フロア | 権限／職責 | 代替できる資格 | 要求される経験日年数 |
|---|---|---|---|---|---|
| 保育補助員ならびに保育補佐 | 幼児教育（ECE）0 単位 | 9.00 ドル | 準保育士以上の監督下における子どもの教育に関する補助 | 職業関連の家政学(HERO)プログラム(地域の職業プログラム[ROP]を含む)(注)の認定、あるいは教員免許委員会(CTC)公認の訓練 | なし |
| 保育助手 | ECE ないしは、児童発達（CD）を 6 単位取得 | 9.50 ドル | 準保育士以上の監督下における子どもの教育に関する補助 | HERO プログラム（ROP を含む）の認定、あるいは CTC 公認の訓練 | なし |
| 準保育士 | 必修コースの履修を含む ECE/CD を 12 単位取得 | 11.15 ドル | 子どもの教育が行え、保育助手の監督が可能 | 児童発達機構の資格、あるいは CTC 公認の訓練 | 4 年以内に 1 日あたり 3 時間以上の経験を 50 日 |
| 一般教育(GE)単位を取得していない保育士 | 必修コースの履修を含む ECE/CD を 24 単位取得 | 11.65 ドル | 子どもの教育が行え、保育助手の監督が可能 | 児童発達機構の資格、あるいは CTC 公認の訓練 | 4年以内に1日あたり3時間以上の経験を50日 |
| 一般教育（GE）を 16 単位取得している保育士 | 必修コースの履修と GE16 単位を含む ECE/CD を 24 単位取得 | 12.15 ドル | 子どもの教育が行え、上記職務区分の者すべてに対する監督が可能 | 準学士あるいは ECE 以上、あるいは、ECE の設定か CTC 公認の訓練における監督を受けての実地訓練を 3 単位伴った関連分野 | 4 年以内に 1 日あたり 3 時間以上の経験を 175 日 |
| 主任保育士 | 必修コースの履修と GE16 単位、専門科目 6 単位、成人教育指導 2 単位を含む ECE/CD を 24 単位それぞれ取得 | 13.85 ドル | 子どもの教育が行え、上記職務区分の者すべてに対する監督が可能。また、カリキュラム開発と職員のスキル向上をコーディネートすることが可能 | バカロレアあるいは ECE の設定か CTC 公認の訓練における監督を受けての実地訓練を 3 単位伴った ECE の 12 単位以上 | 4 年以内に 1 日あたり 3 時間以上の経験を 350 日 |
| センターの監督者 | ECE/CD を 24 単位（必修コースの履修を含む）と経営科目 6 単位、成人教育指導 2 単位を含む準学士（あるいは 60 単位）をそれぞれ取得 | 17.05 ドル | 単一のセンターにおけるプログラムを監督し、教育を行うことが可能。また、カリキュラム開発と職員のスキル向上をコーディネートすることが可能 | バカロレアあるいは ECE の設定ないし教育か経営における監督を受けての実地経験を 3 単位伴った ECE の 12 単位以上。ECE の設定か CTC 公認の訓練における監督を受けての実地経験を 3 単位伴った ECE の 12 単位を含んだ資格 | 4 年以内に 1 日あたり 3 時間以上の経験を 350 日行い、その中には少なくとも 100 日間、成人を監督した経験があること。 |

注：HERO と ROP では、高等学校の生徒および成人が児童発達分野の保育補助員や保育補佐の職を得るための準備を支援している。そこに含まれる訓練は保育助手レベルの児童発達免許証を参加者に与えている。

出典：ロサンゼルス統一学地の幼児教育課のウェブサイト：http://www.lausd.k12.ca.us/lausd/offices/cdd/per_03-1.html

表 3.6 WAGES Plus における最初の 12 ヵ月間での賃金変化

| 職務区分 | 全センター・WAGES Plus 参加前 | | | | 全センター・WAGES Plus 参加後 | | |
|---|---|---|---|---|---|---|---|
| | スタッフ数 | 平均時給 (WAGES Plus 参加前) | 最低時給 | 最高時給 | 新しい賃金フロア | 賃金が上昇したスタッフの数 | 賃金が上昇したスタッフの割合 |
| 保育補助員／保育補佐 | 156 | 7.74 ドル | 5.50 ドル | 20.00 ドル | 9.00 ドル | 138 | 88% |
| 保育助手 | 153 | 8.12 ドル | 6.04 ドル | 11.28 ドル | 9.50 ドル | 130 | 85% |
| 準保育士 | 148 | 9.70 ドル | 6.50 ドル | 17.77 ドル | 11.15 ドル | 125 | 84% |
| GE16 単位未取得の保育士 | 51 | 11.11 ドル | 7.50 ドル | 15.57 ドル | 11.65 ドル | 39 | 76% |
| GE 取得の保育士 | 98 | 10.94 ドル | 7.45 ドル | 17.77 ドル | 12.15 ドル | 79 | 81% |
| 主任保育士 | 43 | 13.24 ドル | 7.86 ドル | 21.06 ドル | 13.85 ドル | 36 | 84% |
| センター保育士監督者 | 43 | 15.10 ドル | 10.43 ドル | 23.36 ドル | 17.05 ドル | 35 | 81% |
| その他のスタッフ | 208 | 15.16 ドル | 5.00 ドル | 50.00 ドル | 9.00 ドル | 51 | 25% |
| 合計 | 900 | | | | | 633 | |
| 平均<br>参加組織数<br>参加プログラム数 | | 11.39 ドル<br>33<br>59 | 7.04 ドル | 22.10 ドル | | | 76% |

出典：WAGES Plus.

のマトリックス上で上昇するに伴い、給費額も上昇するということにある。平均の給費額は、二〇〇〇年の一八八六ドルから二〇〇三年には約二五〇〇ドルにまで上がっている。このため、毎年給費を受け取ることのできるプログラム参加者は減っていくかもしれない。

ＷＡＧＥＳ・Ｐｌｕｓの初年度終了時に実施された、事業責任者らを対象にした調査が明らかにしたところによると、六九％が、このプログラムは従業員の定着と昇進に役立っていると感じていた。八〇％が、センター職員の士気の向上に寄与していると答えていた。ＣＡＲＥＳとＷＡＧＥＳ・Ｐｌｕｓに対するより公式的な事業評価が進行中である。ＷＡＧＥＳ・Ｐｌｕｓが、コミュニティや事業提供者、市の人的資源サービス局、市長室から継続的な支援を受けている一方で、資金供給は盤石というわけではなく、近い将来、ＣＡＲＥＳのような州規模のプログラムになるという見込みはない。

この章で先に触れた、奨学金や徒弟制プログラムにみたように、ワシントン州とカリフォルニア州で展開された取り組みは、主に保育の質の向上に注がれており、今日のヨーロッパの教育において中心的な取り組みとなっている、幼稚園に通う前の児童に対する学校教育の類を創りだしてはいない。合衆国においては、乳児保育園（pre-kindergarten）[訳註4]は、ヨーロッパほど広く真価を認められてはいない。だが、そういう施設はある。イリノイ州では二〇〇〇年に二億ドルを、州に住む三、四歳児の一五％に乳児保育園の提供に向けて投入している。サウスカロライナ州では四歳児の三〇％を対象として二三六〇万ドルを、テキサス州では四歳児の二一％を対象として九〇〇万ドルを、それぞれ乳児保育園の提供に向けて資金を投入している（児童一人当たりの年間支出額に換算すると、イリノイ州の三六〇〇ドルからテキサス州の一二一〇ドルという範囲となる）。またジョージア州では、一九九三年より、州に在住する四歳児を持つ親が乳児保育園の利用を希望する場合には、その全てに応えている。二〇〇二〜二〇〇三年度には、州の四歳児の五六％が乳児保育園に通っており、その費用は二億六一〇〇万ドルである（児童一人当たりでは三八三一ドルとなる）[18]。

## ジョージア州の任意寄付乳児保育園(19)

ジョージア州の任意寄付乳児保育園は、州の高校中退率と十代の妊娠率を低下させるために、ゼル・ミラー州知事の下で提起された第一六イニシアチブ［州民発案］の一部を受けて設立された。模範的なプログラムとして、フォード財団とハーバード大学から、一九九七年に全米自治体イノベーション賞が贈られ、現在、上院議員となったゼル・ミラーが、この乳児保育園の存続を引き続き熱心に擁護している。任意寄付乳児保育園は、州の宝くじ事業で得られた資金という、額が大きく、比較的安定した財源を基盤としており、他のプログラムと予算折衝上争うことを免れている。任意乳児保育園は当初、州の教育局という特大の官僚機構の中でたらい回しにされた。しかし、現在はこの管轄から外れ、知事に直接事業報告を行う就学準備室（OSR）という新しい機関の管轄下にある。プログラムを運用するために、OSRは公立と私立の学校、ヘッドスタートプログラム、コミュニティセンター、大学、民間の保育センターと契約を結んでいる。研究者は、これら全ての要素が、なぜプログラムが並外れた発展と継続を遂げているのかを説明するものだ、と述べている。

任意寄付乳児保育園の授業は、一日六時間の週五日制、年間一八〇授業日といった、通常の学校日程表に基づいて行われている。乳幼児と職員の比率は最大で一〇対一であり、一クラスが二〇人を超えることはない。それぞれのクラスには担任保育士と保育助手が置かれている。約六四％の教室で、ハイスコープ・カリキュラム（活動や体験学習に焦点を当てた幼児教育モデルとして全国的に認知されている）が使用されており、残りの教室ではキンダーケアやモンテッソーリ法といった専売（proprietary）カリキュラムが選ばれている。

二〇〇一年より、担任保育士は、最低でも幼児保育と教育に関する中等後の専門学校の卒業証明書を持っていることが要求されている。幼児教育の準学士ないしモンテッソーリ法の修了証書を持っているのでもよい。最高額の給料レベルに達するには、保育士はジョージア州か他の州での教職科目履修証明書を取得しなくてはならない。ＯＳＲは、授業スキルの向上を図る種々の訓練と、担任保育士と保育助手の諸レベルの履修証明書を提供している。

保育プログラムにおいて、このキャリアラダーだけでは、高水準の任意寄付乳児保育園の保育士による良質なサービスの供給を充分に保障できない。二〇〇一年にジョージア州立大学が、このプログラムに関する八年間にわたる時系列調査の結果を公表した。その結果によれば、四五％という保育士の離職率は問題であり、その主な原因は低賃金である。州の任意寄付乳児保育園の保育士のおよそ八四％は、少なくとも四年制大学の卒業証書を持っている。しかし、その賃金は学歴に見合っていない。教職科目履修証明書がある保育士の最低年収は二万四九一二ドルで、四年制大学を卒業して教職科目履修証明書がない者は、一万八九六九ドルである。ちなみに、ジョージア州の一般的な幼稚園教員の初任給は、二万七六五〇ドルである。

## キャリアラダーを機能させる

十全なキャリアラダーは、以下の三つの特徴を持つ。第一に、プログラムは広範に認知された職業階梯に対して、明確な教育資格要件を確立していること。第二に、ラダー内のある段階と次の段階との距離が無理のないものであり、各段階で要求される単位の取得がより高次の資格や学位の取得の土台となっていること。第三に、各段階における特定の訓練の修了によって賃金が恒久的に上昇することを可能とする、充分な資金が提供されていること。保育と幼児教育の分野においては、ほとんどのプログラムがこれら三つの特徴全てを実際に充たしてはいない。

保育職とその訓練要件を全米、州規模での一貫した定義として発展させていけば、既存の、そして新しいキャリアラダー・プログラムの助けになるだろう。これはどのようなものだろうか。理屈の上では、ＣＤＡは全ての保育従事者にとって最低限の資格要件となるべきである。だがそうすると、現在この分野で働く者の多くがその資格がないということになるだろう。それゆえ、キャリアラダー・プログラムをもつ州は、CDA資格の前段階に、職業上の階梯を付け加えたのである。ワシントン州はPre・CDAステップとして、高校卒業証書ないしはGED、そしてより基礎的なSTARSプログラムの修了を付け加えた。WAGES・Plusもほぼ同様なやり方をしている。だが、CDAの履習証明書ではなくむしろ、一連の教育単位のまとまりを資格取得の要件としている。CDAとWAGES・Plusの二つのプログラムとも、準学士が次のステップであり、準学士の学位もまた、次の段階へと移行するための資格要件として全国的に認識されるべきである。幼児教育に関するコミュニティ・カレッジのプログラムは全国で異なっているけれども、一貫性は充分にあり、共通のキャリアラダーのなかにこの学位を含んでいる。必要とされる教育達成要件の追加が無理のないものであればあるほど、プログラムでの勉強内容がより広範に認知されることになり、教育を継続し昇進するよう従業員はよりいっそう励まされるのである。

もちろん、各到達段階に対応して確実に賃金が上昇することの方がずっと励みになる。しかし、ここでこの問題は最大の政治的緊張をもたらす。親と保育サービス事業者は、既に払えるだけのコストを全部払っているので、アメリカの保育の質と保育従事者の賃金を高めようと考えている者には、次のように問いたい。政府の支出はどれくらいになるのか、また、どういったシステムに向けての支出なのか。

よちよち歩きの一人の幼児の保育をフルタイムで行う際に必要な年間経費は、概して四〇〇〇ドルから一万ドルであり、これは多くのアメリカの家計にとっては限度である。政府（合衆国、州、地域）の財政支出は、全額ないし一部補助、あるいは控除によって、保育と幼児教育の必要経費のおよそ三九％を充当している。また、民間企業と慈善団体を含めた民間部門からの拠出は一％である。このため、この国の保育に必要な経費の残り六〇％は、家計が負担しているのである。これに対して大学教育（公立と私立）となると、家計はその経費の三五％を負担している。

政府が一九九〇年以来、保育に対する資金を実質的に増額しているにせよ、このことは依然として事実である。福祉改革の結果、連邦および州政府の対保育支出は、一九九七年から二〇〇〇年にかけて二倍になった。二〇〇〇年には連邦政府だけで、六一億ドルを民間人の保育に支出し、残る四〇億ドルは州に配分した。にもかかわらず、これまで明らかにしてきたように、多くの保育センターが提供する保育の質は低く、センターで働く者は依然として低賃金で訓練不足のままである。そして、多くの家族が手頃な料金の保育サービスを依然として享受していない。合衆国厚生省の報告によれば、全国で、保育サービス扶助の適格児童のうちわずか一二％しか受給しておらず、この低い捕捉率は連邦支出の欠如によるとしている[20]。

連邦補助金の受給適格者となるには、家族規模に応じた世帯収入が、州の中央値の八五％未満でなくてはならない。しかし、ほとんどの州が上限値を低くして、財源をさらに限定している。七州が受給適格者を収入の中央値の下位四九％から下位四〇％に引き下げたことで、最貧困家庭しか支援を受けることができなくなったのである。財源をもっと拡張するために、ほとんどの州は、家計に対して費用の折半を要求してもいる。これによって、補助金があってすら保育サービスに手が出せない状況が生み出されてしまっている。同時に、私たちがシアトルの事例でみたように、州が保育に対して現実の費用よりも少ない補償金しか支出していない州もある。ほとんどの州では、料金を支払う家計のために、市場価格の七五％を保育センターに拠出している。このため、残りの二五％はセンターが引き受けなくてはならない。結果として、政府が支出する補助金比率では保育の質を維持できないために、最優良のセンターの多くは、補助金を受けた児童を受け入れていないのである。

より多くの資金が決定的に必要である。連邦政府からはこれ以上期待できない中で、事業の擁護者たちは、州に財源を求めている。保育にもっとお金をかけて、充分な資金に支えられたキャリアラダーの実施を求める運動が、いままさにそこで闘われているのである。そこでの最も重要な難題は、たいていの州で進行中の財政危機である。

しかし、多くの人びとが民間財であると信じている事柄に公的資金を支出することに対して、強固な政治的抵抗も存在する。カリフォルニアでのＣＡＲＥＳプログラムの導入の提案への拒否権を行使した際のピート・ウィルソン前州知事が行った弁明は、その実例である。

カリフォルニア州が民間保育市場に対して賃金補助を行うか、あるいは他の手段で介入することが適切であるとは、私は思わない。この議案は、州の賃金規制を、現在は市場のコントロールに委ねられている領域に導入しようとするものであり、賃金の直接給付を民間セクターの従業員に行うことを認めるものである。これは公的資金の贈与ではないか。

親になるという意思決定は個人の選択であり、それ以外の人びとがなぜそうした補助金の分を負担せねばならないのか。そう主張する子どものいない人たちの一部は、ウィルソンと同じ気持ちなのだ。近年わき起こっている「子どもは要らない運動」は、子どもの親を利する政府のプログラムを通じて、国家の富が再分配されるようなものに対してさかんに反対している。こうした団体の目からすると、働いている親、とりわけ母親が保育の消費者であり、その対価を支払う責務を負うべきなのだ。

しかしながら、子どもがより良い保育を受けて育っているとき、社会全体が利益を得るという良い展開もあり得る。結局のところ、子どもたちは私たちの未来なのだ。現在においてすら、保育への支出によって得られる利益は、社会的コストに勝ると思える。例えば、保育税控除は、働く母親から得られる税収（連邦、州、地域）を通じて税金以上の効果を上げることができる。また、次のような揺るぎ難い証拠もある。貧困層の子どもは、肉体的、認知的、精神的発達において不利な状況に置かれており、学齢期に達するまでにその状況はかなり累積されるけれども、こうした不利な状況は良質な幼児教育プログラムを施すことによって、良くなるか、幾分か防ぐことができる。この国の就学前教育の長期プロジェクトについての、対費用効果に関するいくつかの研究によれば、補習教育と犯罪対策に必要とされる公的支出を削減して、高水準の早期教育に費用を投じた場合、その費用一ドルにつき七ドルの利益が得られるという試算が出されている。

保育スタッフが受けた教育訓練の増加に対応して賃金の上昇を図る、七つのプログラム（この章で触れたものもいくつか含んでいる）に関する女性政策研究所（ＩＷＰＲ）による評価においては、職員の賃金、教育水準に関して肯定的な結果が得られ、離職率も減少したという知見が示されている。成功しているプログラムを開発し、改善し、そして継続するために、ＩＷＰＲは次のことを奨励する。より高い初任給の設定、プログラム参加者への充分な支援（例えば通勤・通学手段と保育）、相談サービスの継続、大学の学位取得に向けた単位接続、訓練と教育の多様な選択肢の提供、そしてもちろん、プログラムの適切な持続に充分な資金供給。

この章で取り上げた、最も控え目なキャリアラダーのイニシアチブを確立するのであっても、政治的組織化と擁護の持続を必要としている。経済機会機構、サービス従業員国際労働組合（ＳＥＩＵ）九二五支部、シアトルの賃金向上事業の取り組みによって、州のキャリアラダー構築のために資金を提供するようワシントン州知事を説得するのに三年の歳月を要した。カリフォルニアのＣＡＲＥＳは、保育サービス事業を支持するいくつかの組織と、サービス事業者と協働し、保育労働力センターによる、二〇年もの支援活動の結果なのである。

だが、こうした政治的イニシアチブが最終的には成功をおさめたのもまた真実である。米軍の保育水準を向上させるよう推し進めた事例や、ジョージア州の公立の就学前教育をいたるところで利用可能にした取り組みが、それである。保育労働力センターのスタッフは、こうした成功の一つ一つは「変革に加わる人たちの、より効果的な連携を形成するような支援」なのだと断言する。この課題に対する市民の意向を判断するための次の機会が、間もなく訪れるかもしれない。二〇〇二年の終わりには、マサチューセッツ州において、「全ての子どもに就学前教育を」法案が提出された。この議案は、財界、労働者、宗教、医療介護、保育、教育、そして慈善事業の、各分野のリーダーによる幅広い連携の支援を受けており、また、二〇〇万ドルの私的な寄付を受けた。二〇〇四年七月には、原案の中の二、三の部分が採択され、委員会と合併された「早期教育・保育局」が創出された。二〇〇四年十二月には、「全ての子どもに就学前教育を、の実現に向けて」法が、二〇〇五〜二〇〇六年実施に向けて提出された。このキャンペーンは財政上の難問に直面しているが、マサチューセッツ有権者の約七五%が、全ての子どもに対する高水準の就学前教育の提供に、公的資金を投入することに賛成しているという最近の世論調査結果や、この議案の共同提出者である一三二人のマサチューセッツ州議会の上院議員および下院議員の六六%もまた賛成しているということに、支援者は勇気づけられている。

保育に関する資金調達の専門家である、経済学者のバーバラ・バーグマンは、保育は全て非民営化され、保育労働が教育と同様に、給付を伴う公務員の仕事であるべきだと主張する。バーグマンの試算では、全ての低所得家族に対してこうした福祉事業が提供されるには、現在、市民が所得税の形態をとって二〇〇万ドルを中間層に提供し、一〇〇億ドルを低所得家族に対する保育に対して合衆国政府が支出している状況に加えて、さらに合衆国全体で年間一五〇億ドルが必要であるという。別の選択肢としては、所得額に応じたスライド方式によって、親が保育に必要なコストを支払うというものがある。これはいま米軍において実施されており、バーグマンの試算によると、この選択を取った場合には約五〇〇億ドルを合衆国が負担しなくてはならない。

このような額面は確かに高いが、他の裕福な国と比べても、限界を超えた額ではない。多くのヨーロッパ諸国は、保育と教育をリンクさせた普遍的なシステムを有しており、アメリカにおいても、全国学術研究会議とほとんどの保育擁護者が賛同しているリンクが必要なのである。最も綜合的な保育システムを持っているスウェーデンとフランスは、GDPの一・八%と一%を保育に支出しており、子どもが一五歳になるまで一人につき、それぞれ平均して約二〇〇〇〇ドルと一〇〇〇〇ドルを支出している。バーグマンが試算したアメリカの保育プログラムに必要な五〇〇億ドルという金額は、アメリカのGDPの約〇・五%にあたる。しかしながら、目下のところGDPのたった〇・二%しか、合衆国の保育には支出されていないのである。

合衆国は、正当に賃金が支払われた職員によって支えられる、高水準で誰もが利用できる保育を提供することができる。必要なのは、有権者と選挙で選ばれる公務員が、この課題が解決すべき優先事項であると認識することなのである。

**註**

(1) 保育サービス従事者の平均賃金は、二〇〇〇年では七・八六ドルである。ちなみに、駐車場の監視員が七・六九ドル、飼育場に属さないペットの飼育員が八・四六ドルである。(Bureau of Labor Statistics (2000) より)

(2) Reynolds et al. (2001) : Vandell and Wolf (2000) ; Devaney, Ellwood, and Love (1997).

(3) センターの保育助手は合衆国の労働統計局の職業名称としては「保育従事者」と呼称されており、読者には呼称について、やや混乱を与えてしまっているかもしれない。この章では、「保育従事者」という用語は保育職のあらゆるレベルで従事する人たちを含んで用いている。

(4) この部分は保育サービス連盟の常任理事であるスー・ラッセルへのインタビューに基づいている。

(5) スー・ラッセルの返信に基づく。

(6) スマートスタートは、ノースカロライナの州規模の組織であり、全郡に支所を持つ。地域の共同組織は早期児童教育を奨励するための各種プログラムに基金を提供する。全ての郡がWAGE$プログラムを持っているわけではない。http://www.smartstart-nc.org/ を参照。

(7) CDAの資格取得に必要な学校の勉強は、八つの領域項目から構成されている。安全と健康的な学習環境の設計、児童の体力と知力の発達を向上させるためのステップ、児童の社会的、感情的発達をサポートするための積極的な方法、家庭との生産的な関係を作り出すための方策、効果的なプログラムの運営を管理するための方策、専門職主義に徹する態度の維持、児童の活動の観察と記録、児童の成長と発達に関する原理、である。

(8) 一九九九年に支給を受けた州は、コロラド州、コロンビア地区、インディアナ州、アイオワ州、カンザス州、ネバダ州、ニューハンプシャー州、ニューヨーク州、バーモント州、ワシントン州、ウィスコンシン州である。二〇〇〇年に支給を受けた州は、アラスカ州、アーカンソー州、カリフォルニア州、コネティカット州、メイン州、モンタナ州、オクラホマ州、ロードアイランド州、サウスダコタ州、テネシー州である。二〇〇一年に支給を受けた州は、デラウェア州、アイダホ州、イリノイ州、メリーランド州、マサチューセッツ州、ミシシッピ州、ノースカロライナ州、ノースダコタ州、ペンシルヴァニア州、ウェストバージニア州、ワイオミング州である。情報に関しては、Salzman et al.

(2003)、ＡＣＤＳコーディネーターのスージー・ブロドフに対して二〇〇四年六月九日にウェストバージニアで行ったインタビューによる。
(9)　この助成金は二〇〇五年二月まで更新された。
(10)　Laverty et al. (2001), Whitebook et al. 2001 (4). 保育の専門家の指摘によると、子どもはいつも世話をしてくれる同じ人に慣れてくると、より安心を感じるという。保育助手と保育士は子どものことをよりよく知るようになると、子どもの欲求にもより的確に応えられるという。
(11)　二〇〇三年には二〇万人以上の子どもが、約一万五〇〇〇人を保育従事者として雇用している計八〇〇のセンターで世話を受けている。この数字には、四三七の就学前児童向けの児童発達プログラムと同様、学齢期児童の施設が含まれている（二〇〇三年七月二三日に行った、国防総省　児童・青年室の政策アナリストであるバーバラ・トンプソンへのインタビューより）。
(12)　州によっては取り組みが異なっており、いくつかの州では規制を受けた保育サービス事業者への査察を一年に一回以上は要求している。別の州では、五年間に一度だけである。多くの州では、査察官の分担量は全部見て回れないほど多く、違反行為の取り締まりは最小限しかできていない。一九九九年には二二の州の査察官が、それぞれ一二五以上の保育施設を担当し、わずか一一の州において、一人の査察官につき七五施設という合衆国が推奨する基準を満たしていた。U. S. General Accounting Office (2000) を参照。
(13)　二〇〇四年六月一五日に行った、国防総省　児童・青年室の政策アナリストであるバーバラ・トンプソンへのインタビューより。
(14)　約二六〇のセンターが参画できる計画であった。シアトルには約六五〇の認定を受けた保育センターがある。エスプレッソ税についての詳細は、http://www.realchangenews.org/pastissuesupgrade/2002_07_10/features/tazing_espresso. を参照。
(15)　学士号を持った保育士がこうした職業にただちに参入し、働きながら資格を得られる方法として、彼らには需要に対応した緊急の資格認定が与えられている。
(16)　サンフランシスコのリビング・ウェイジ法は二〇〇一年八月に可決された。サンフランシスコ国際空港における市のサービス事業契約者と賃貸者は、従業員に少なくとも時給九ドルを支払うことを命じている。この時給は、二〇〇二年には一〇ドルに上がっており、さらにその後の三年は二・五％の加給となる。加給の対象となる従業員は、一二日の有給休暇が与えられ、家族の緊急事態に対して一〇日分の無給休暇がもらえる。サンフランシスコと他の都市に関するリビング・ウェイジ法キャンペーンに関するより詳細な情報については、http://www.livingwagecampaign.org を参照。

(17) 多くの場合、ヘッドスタートプログラムは保育プログラムにとってよいモデルとなっている一方で、そのまま拡張されるべき連邦モデルだと主張するのは難しいという点に留意することは重要である。ヘッドスタートはそれぞれの地域において運営されるのであって、単一のキャリアラダーを提供するものではない。なぜなら、一つにはヘッドスタートは、多くの関連組織からの援助のもとに運営されるからである。さらには、保育に関するイニシアチブは、州および地域レベルから発し、また支持される傾向にあり、地域と州のプログラムは、ＷＡＧＥＳ・Ｐｌｕｓの事例でみたように、それぞれの地域固有のニーズに焦点化したかたちで設計されている、ということが指摘されているのである。Whitebook and Eichberg (2002) ; Twombly, Montilla, and DeVita (2001) を参照。

(18) 割合は六万八〇五五人の四歳児に基づいている（二〇〇四年六月一四日に行った、ジョージア州ＯＳＲ（就学準備室）のティファニー・ギブソンへのインタビューより）。

(19) 本節が提示しているデータは、National Child Care Information Center, U. S. Department of Health and Human Services (2003) からのものである。ガイドラインについては、Georgia Office of School Readiness (2003)、および Gallager, Clayton, and Heinemeier (2001) より。

(20) U. S. Department of Health and Human Services (2000) より。「統計調査の最新データは、助成対象の家族のうちほんのわずかな者しか保育支援を受けることができていないことを明らかにしている」（二月六日の公式発表）

**訳註**

［1］ 社会福祉施設等において、専門知は必要としないがケアの対象者への「身の回りのお世話」として必要不可欠な仕事を custodial care と呼ぶ。本書ではケアの対象者が子どもであることを鑑みて「保護的ケア」と訳出している。

［2］ ノースカロライナ州では州内で提供するこの幼児教育プロジェクトを商標登録し、奨学金制度と連動した保育システムの改善を図っている。

［3］ アメリカでは大学外での学習を単位化するための徒弟制度（apprenticeship）が広範に普及し、仕組みも整備されている。この背景として一九七〇年代に若年失業率が上昇し、深刻な就業問題が発生したことへの打開策の一つとし

て徒弟制度が整備された経緯がある。なお、徒弟制を修了し職場での訓練を終えたばかりの者を journeyman という。本書ではこれを「見習いを終えたばかりの保育士」（九〇ページ一四行目）と訳出している。

［4］ pre-kindergarten の定訳がないため、本書では「乳児保育園」としている。これは、乳児と幼児を別施設で保育するヨーロッパ諸国の就学前保育教育制度の歴史と日本の保育園の歴史の違いによって訳語が難しくなっているという理由からである。ただし、近年では本書でも取り上げられた保育先進国ともいえるフランスにおいても、三歳未満児の乳児保育施設と三歳以上児の幼児教育施設との不連続が課題となっており、日本の保育園保育のように、〇～七歳児が継続して保育施設を利用することができるように向けての転換期にある。

# 第4章　製　造

たいていのアメリカ人にとって、バイオテクノロジーはニューエコノミーの代表であり、製造はオールドエコノミーの縮図である。しかし、バイオテクノロジーにおける雇用増加の大半は、［研究開発ではなく］製造工程において生じる。だがバイオテクノロジーは、製造業内の一つの小さなセクターにすぎない。二一世紀においては、多くの製造業が一つのパラドクスに直面する。一方で、生産性の向上とグローバル競争によって多くの職業が、資本主義の有名な「創造的破壊」に対して無防備なものとなってきた。一見すると労働需要が伸び行く活発な企業が、ほとんど一夜のうちに、人員削減、移転、買収のために目をつけられ得る。あるいは、新しいテクノロジーによって不意を襲われ得る。この組織体の不確実性は、製造セクターにおける労働者訓練の取り組みを掘り崩す。だが他方では、訓練がリスクの高いビジネスであるにせよ、製造業者のうち最もダイナミックで競争力のある企業は――存続と拡大に値する企業は――新たなハイ・パフォーマンスの方法を活用した旧来の製品と同様に新たなハイテク商品を製造する、熟練労働者を必要とする。確かに、熟練労働者がいなければ、これらの業種は海外に移転するだろう。

ニューエコノミーでは実際のところ、製造工程において相当数の新しい職――相対的に賃金がよく、昇進可能性のある職――を創出する体制が整っている。例えば労働統計局は、二〇〇二年から二〇一二年の間に、金属加工とプラスチック製造で九万以上の求人が、機械加工で一万以上の求人が、鋳造で二万二〇〇〇の求人が増加する、と予測する。これらの職種は、学士未満の学歴所有者が訓練され得る、またされるべき製造業求人の、一部を表している。そしてまた、製造セクターのためのキャリアラダー・プログラムは、その訓練に取りかかる最善の方法だろう。重要になるのは、キャリアラダー・プログラムを構築するに足る、後任が必要な職や、ポスト増加による新しい職が充分たくさんある製造業内のセクターがどれなのかを、見極めることである。しかし、これらのプログラムは、ニューエコノミーの危険を回避し、そのチャンスを活かすよう設計され得るのだろうか。本章は、この問いを解明していく。明らかにされるのは、製造セクター間のキャリアラダー・プログラムは、それがより広い経済開発戦略に埋め込まれている場合にのみ成功し得る、ということだ。州と地域の経済開発担当者は、訓練への過少投資と過剰投資を避けるべく、どのセクターに焦点化すべきかに関して戦略的な決定をなさねばならないのである。

## なぜ依然として製造が重要なのか

製造には、新たな成長に向けた充分な資力があります。我々が懸念するのは、製造職に関する時代遅れの否定的な認識ゆえに、合衆国が熟練工への増えゆく需要を満たすことができないだろう、ということなのです。

全米製造業者連盟・製造協会副会長、フィリス・アイセン

伝統的な製造業において職業訓練を提供したいと望む人びとが直面する最大の困難の一つは、製造職が手間をかけるに値する、と人びとを説得することである。アメリカの製造業は死んだという見解は、非常に強く根づいているので、ミルウォーキーのビジネス界のリーダーたちは、もし製造セクターが、市全体の経済開発プロジェクトの一ターゲットとして含まれるならば、それに参加しない恐れがあった。コミュニティ・カレッジ・システムが、アカデミッ

クな転学よりも、製造業のような分野での労働者訓練に、プログラムの焦点をより当てることを提案したとき、一九九〇年代前半、シカゴのアフリカ系アメリカ人コミュニティの諸組織は、学生たちが四年制大学のトラックから追いやられるという理由で、それを拒否した。市から市へとまわった調査で私が発見したのは、たとえ賃金が良く、汚れることも滅多にないブルーカラーの仕事であるにしても、それに就きたがる若者がほとんどいない、ということである。製造ではもはや長期的に安定した仕事はない、と若者は思い込んでいる。もちろん多くの場合、それは事実である。製造セクターは一九七〇年以来、ずっと苦境にある。アメリカにおける製造職の数は、一九七八年にピークの一八九〇万人（労働力の一八・五%）に達し、二〇〇二年には一五三〇万人（全国の雇用の一〇・六%）にまで減少した。二〇〇一年と二〇〇三年の、二度の景気後退を経て、製造職は一四%（約二五〇万の職）が消滅した。そしてこのセクターの雇用者の平均収入は、（実質ドルで）九%低下した。

しかし製造は、経済の不可欠な一部分として残っている。製造は、国家の輸出の六四%を産出し――グローバルな貿易を行う私たちの能力はそれに依存しており――この国の総生産高のほぼ四分の一を産出している。実際、製造生産は、このセクターでの雇用の減少にもかかわらず近年増加している。それは、四%の生産性向上――残りの経済セクターのほぼ二倍――によって可能となった偉業である。ほとんどの消費財の組み立てにおいて低賃金諸国と競い合うことは、私たちにはもはやできないというのは本当のことだ。しかし、国民としての私たちの経済的幸福は、半導体や電子装置、薬品や装置産業といった、より高度な製品生産における競争力にかかっている。こうした製品を生産する諸業種は、新しくも珍しくもない。それらは一般に、伝統的な製造業に分類される。だが、これらの製品は、賃金がより高かろうと、企業が先進国において生産を続けていく製品である。なぜならこれらの製造は、高品質、洗練されたテクノロジー、高度なスキルを持つ労働者という基準を充たす必要があるからだ。これらの業種においては、製造設備を研究所に近接させることに関しても、競争的な優位が存在する。製造施設と研究所の間の容易なコミュニケーションは、新たな製品と新たなテクノロジーが、より迅速に製造過程に投入されることを意味するからだ。言い換えると、合衆国には、これらの高性能製品を生み出す諸業種の製造能力を維持し拡大すらする必要と機会の両方があるのだ。

さまざまな種類の製造業者の強化に努力を投入することは、グローバルな競争力を維持する限り、品質の良い製品を供給するという理由だけで、同様に理にかなう。確かに、アメリカの製造業は全体として、製造セクターにいなければ低賃金のサービスセクターで行き先がなくなるであろう、大卒学歴を欠く人びとに、しばしば十全な給付をともなった、相対的に高い賃金を払い続けている。二〇〇二年では、製造職の一四%が組合化されていた（しかし、一九八四年の数値は二八%であり、それ以来半減したのだ）。製造における近年の平均賃金の下落の後ですら、フルタイムの製造労働者の合計収入額（諸給付を含む）は、平均的なアメリカの労働者のそれよりも、依然として二〇%高い。製造労働者に見られる昇進率は、小売業やサービスセクターの職よりも概して高い。また、世間一般の認識とは異なり、維持すべき製造職はたくさんある。したがって、製造職の性質についての世間一般の認識と、質を高める訓練プログラムの不足のために、退職年齢に近づきつつある労働者の後任を見つけるのが困難である、と雇用主は思っている。国内の製造業者の半分以上が、後任を探し出さねばならない職があるのに、相応しい候補者が足りない状態だ、と言っている。多くの業者は、基礎数学と読解力、そして「ソフトな」スキル（時間厳守、葛藤・対立への対処能力、きちんと出勤する、など）がある労働者が見つからない、と不満を述べる。

これらは全て、州と地域の政府が、その経済開発戦略を伝統的な製造業に焦点化する、もっともな理由である。(1) しかし、いかなる旧い製造業者に対するいかなる旧い援助であっても効果がある、ということではない。いかなる業種においても、収益性への異なる道筋があるからだ。製造において、一般に同定された二つの道筋は、「ローロード」と「ハイロード」である。ローロードの生産者はコストを基盤に競争し（より低い賃金を支払う）、彼らがテクノロジーに投資するとき、それは熟練労働の欠如を埋めるか、その置き換えが目的である。ハイロードの製造業者は、品質改善や生産性向上によって、あるいは、受注から納品までのタイム・ラグと、製造工程―設計間のリード・タイムの両方の短縮によって――言い換えれば、より高度な製造手法の採用によって、競争する。ハイロードの製造業者は、相当に自律的な意思決定と問題解決をなすチームの中で働く献身的な熟練労働者を信頼する。テクノロジーのみならず、職場の実践における諸々のイノベーション（例えば、生産チームの活用、職の幅広い定義、訓練へのインセンティブなど）が、ハイロードによって生産性向上が叶うために必要である。

いかなる所与の業種においても、ハイロード／ローロードの生産者のいずれも収益を上げ得る。マサチューセッツに基盤があるニュー・バランスは、高度な生産技術を開発しているマサチューセッツ工科大学やその他の大学と結んでいるハイロードのパートナーシップの結果、他社に負けずにスポーツ・シューズを生産している。ローロード戦略を例証しているのは、ナイキとリーボックである。両社は、非熟練労働者を雇い、より洗練度の低い生産テクノロジーを活用できる低賃金諸国に製造を外注している。しかし、こうした戦略が製造業者の収益へと帰着する一方で、それは競争力のあるアメリカの製造基盤や、良い賃金が払われるアメリカの労働力を維持する戦略ではない。アメリカ経済の長期的な健全性には、より多くの製造業者がハイロードを採用することが必要となる。

ハイロードの製造を奨励したいコミュニティにとって、その課題は二重である。ハイロードの製造職に向けて充分に訓練された労働者を産業に対し供給すること、熟練労働者を要請しかつ惹きつける製造実践を企業が採用するのを支援すること。これら二つのアプローチは、実際のところ分離不可能である。いかにして生産を現代化するかを単に知らないために、多くの企業とりわけ小企業にとって、収益性に通ずるハイロード戦略は手の届かないところにある。同様に、伝統的な労働力開発の諸活動――職に就かせることだけを意図しており、人びとが就ける類の雇用の改善は意図していない職業訓練プログラム――は、製造セクターでは、ひどく不充分であることが分かってきた。伝統的な製造業の維持と拡大に関心のあるコミュニティにとって賢明な戦略は、それゆえ複数に分岐した戦略である。

勢いを増しつつある経済開発専門家の或るグループは、同様のことを力説し続けてきている。最善の開発戦略は、「セクター別戦略（sectoral strategy）」であり、その中で州やコミュニティは、その地域で特別な成長可能性を持つ特定諸業種を同定し、これらの諸業種にもっぱら焦点化し、その全てのニーズに応えようとすることだ、と彼らは強調する。(2) このアイデアは、通常の経済開発ツール——施設用地の手当て、インフラ開発、財政面などでの企業の援助——を活用することだけではない。その取り組みは、労働者の訓練、テクノロジーの採用、製造実践の改善などにも及ぶのである。これらの戦略家は言う。最善のイニシアチブは、企業、労働組合、大学、開発機関、コミュニティの組織などの連携を創出するものだ——これらが合わさってこそ、重点産業のさまざまな問題全てを解決できるのだ、と。そして最も効果的な連携は、媒介機関によるこうした取り組みの調整を信頼する。このタイプの、高く評価されている二つのセクター別戦略イニシアチブは、ブルックリンの衣料産業開発会社と、ジェーン・アダムス・リソース社である。後者は、低収入の近隣住民と現職労働者に対し、シカゴ北部の金属加工会社の職に向けた実地訓練を提供している。

製造業を強化するこうした戦略のいずれであれ、その職業訓練の要素に関して、キャリアラダー・プログラムは、伝統的な職業訓練の諸活動に比べて、推奨できることがずっと多くあるように思える。キャリアラダー・プログラムは、労働者訓練と職務設計の両方に取り組むものである。さらにキャリアラダー・プログラムは、どこでも通用する資格を労働者に供給する可能性を持っている。そうした資格は、現在のところ組織体の非永続性と変動する労働需要によって特徴づけられるセクターにおいては、とりわけ有効であろう。良質なキャリアラダー・プログラムの中に構築された昇進機会は、必ずやより多くの労働者を説得して、ハイロードの製造手法が要請する類の訓練を受けさせるだろう。そして訓練それ自体は、製造労働者を生涯学習の道筋に乗せることによって、グローバル経済における私たちの成功の中心となる、高性能製品の製造企業の中で競争できる国民の能力を開発するに違いない。

だが、キャリアラダーの設計は、一つの挑戦である。標準的な職務記述書や一貫したスキル要件を、大部分がこれまで採用したことがなく、しかしともかく、いまや製造実践をかなり変えねばならないかもしれない業種において、キャリアアップの筋の通った諸パターンがどのようなものかを見出すことは、決して容易な課題ではない。そうした課題は、例えば医療のように、職業のラダーが、州レベルの資格や試験によって大半が定義されることで、既によく確立されている産業では存在しない。さらに詳しく言えば、製造業のキャリアラダーの設計に関する問題を、ヨーロッパと比較しようにも、ヨーロッパにはそうした問題が存在しない。ヨーロッパでは、何年にもわたって製造業者が、労働組合と政府によって、業界全体の労働力ニーズに、きめ細かく配慮するよう強いられてきたからである。しかし、シカゴの労働とコミュニティ開発センター（CWCD）のセンター長であるボブ・ギンズバーグが指摘するように、合衆国の製造業者は、彼らが他の企業と共有するニーズはもちろんのこと、社内の部署間で共有されるニーズが存在することを、滅多に認めない。この産業的な慣習は過去に、コミュニティ・カレッジやその他の訓練供給機関の邪魔をしてきた。もしいまが克服のときだとすれば、雇用主には――労働者と同様に――キャリアラダー・プログラムへの参加は、経済的な自己利益になるということが、示されねばならないだろう。

セクター別開発連携は、これら全てを遂行できるのだろうか。統一性に対して過去に抵抗したことがある業種で、キャリアラダーの設計と実施に対して同意を固められるだろうか。労働力訓練機関と経済開発機関に、積年の境界を越えさせ、ハイロードの製造のために、多岐にわたる支援を提供させることができるだろうか。コミュニティ内に、熟練労働者と良い職の供給とを増加させられるだろうか。本章は、こうした取り組みにおいて最も進んでいる二つの都市について議論する。ミルウォーキーとシカゴである。両都市において、公的機関と私的機関が極めて真剣に、労働力開発という責任を負い始めたことは明白である。しかし、製造業を進歩させ持続させる両都市の取り組みは、それがいかに困難な課題であるかについても例証している。

## ウィスコンシン地域訓練パートナーシップ

ウィスコンシン地域訓練パートナーシップの労働力プログラムは、広域ミルウォーキー地区全体の重点諸産業の経済開発に関する重要な資産として、徐々に認められつつあります。

広域ミルウォーキー委員会委員長、ジュリア・テイラー

ウィスコンシン地域訓練パートナーシップ（WRTP）は、ミルウォーキーに基盤を持つ、この国で最大かつ最長のセクター別開発連携の一つである。WRTPは、一九八〇年代に解雇された多数の労働者に、再訓練とその他のサービスを供給するジョブセンターへの、米国労働総同盟産別会議（AFL―CIO）の関与から発展した。しかし一九九二年、この地域で製造雇用が再び回復し、高齢化した労働者が退職し始めたため、グローバル経済の中で成功していくのに必要な熟練労働者の深刻な不足に直面していることを、製造業者は認識した。ハイ・パフォーマンスの製造手法の採用と、そうした手法が要請するスキルの労働者への教授に関して、雇用主は突然、進んで労働組合と協同して働くようになった。(3) 労働者センターはWRTPへと改造された。これは、労働組合との組合に代表された二〇の職場とのパートナーシップであり、この地域の競争力ある企業と賃金の良い仕事の維持に献身する組織である。WRTPは一九九六年に非営利組織として法人化され、二〇〇三年には一二五社（ほとんどは製造業）を含むまでに成長し、労働者訓練に年間約二五〇〇万ドルを投資している。(4) 会員企業にはアレン・ブラッドレー、ハーレー・ダビッドソン、ジョン・ディア、ナビスター、ピーター・ビルトが含まれる。合計すると、パートナー企業は約六万人の労働者を雇用している（ミルウォーキー大都市圏の製造労働者は計一七万八〇〇〇人）。(5) 彼らの約四〇％が女性、二五％がマイノリティである。(6)

WRTPの戦略は、三人の男性によって考え出された。AFL―CIO労働者センターの、初代センター長であるフィル・ニューエンフェルト、ウィスコンシン大学マディソン校教授であり、この大学のウィスコンシン戦略センター（COWS）の長であるジョエル・ロジャーズ、COWSの元スタッフであり現在はWRTPの理事長であるエリック・パーカー。職業訓練に対する彼らの「二重の顧客アプローチ」――（潜在および既存の）雇用主と雇用者の双

方にサービスする――は、当時は無比のものであり、現在も例外的である。これはまた、工場現代化に対する彼らのアプローチにも当てはまる。ＷＲＴＰは、労働管理チームを一ヵ所に集め、どのような変化が企業の競争力を向上させるのかについて決めさせ、その上でそうした変化をもたらすための技術援助を提供する（どこか別の場所で、労働者がこうした取り組みに参加するよう請われることは滅多にない。これは、労働者訓練と職務の再設計が、多くの産業現代化戦略においてその場しのぎのものにしかならない一因である）。パートナー企業への技術援助の提供と現職労働者への訓練の提供を超えて、ＷＲＴＰは、解雇労働者の再雇用、低賃金労働者のための良い職に向けての準備、キャリアラダーの強化、臨時雇用の最小化、若者への援助の差し伸べ、といったプログラムの調整をも行う。パーカーが言うように、ＷＲＴＰは、人材会社の産業知識とコミュニティ組織の社会的使命を結びつけるのである。

ＷＲＴＰは次のように機能する。ＷＲＴＰへの参加企業は、現場ないしコミュニティ・カレッジでの教育訓練プログラム――全てのパートナーがアクセス可能である――開発への協力に同意する。彼らはまた、給与支給総額の一定パーセントの、教育訓練への充当、失業中の成人と若者への雇用機会の提供にも同意する。その見返りに、彼らは現代化の援助を――市場価格以下で――ＷＲＴＰに雇われた専門家と、ウィスコンシン製造拡張パートナーシップ（ＷＭＥＰ）のスタッフから受ける。ＷＭＥＰは、連邦の全米標準テクノロジー機構の全米製造拡張パートナーシップ・プログラムの一部である。一九九六年以来、ＷＲＴＰとＷＭＥＰは技術援助を――品質管理システムの開発、工場のレイアウト評価（と再設計の勧奨）、生産チームの訓練を含む――四郡から成るミルウォーキー地域の、製造業者四〇〇〇社のうち五〇〇社に対して提供してきた。

ＷＲＴＰの会員企業は、さまざまな方法で従業員訓練に貢献する。最大規模企業の何社かは、職場における現場学習センターを提供し、そうした取り組みの支援が無理な企業は、ＯＪＴ、徒弟制、授業料補償、あるいはこれら三つを組み合わせた支援を、コミュニティ・カレッジで学ぶ労働者に提供する。ＷＲＴＰ自体は、訓練仲介者として行動する。ＷＲＴＰは連邦職業訓練助成金（この資金の配分に責任を持つ地域機関から出る）を受領し、その代わりに、訓練実施を地域の技術カレッジに下請けさせる。パーカーが説明するように、ＷＲＴＰはそれゆえ科目内容のコントロールを維持し、企業の現実のニーズがあらゆる訓練プログラムの出発点になるよう確実を期することができる。

ＷＲＴＰは二つの学校、ミルウォーキー地区技術カレッジ（ＭＡＴＣ）とウォーキショー郡技術カレッジと協働してきた。両校は現在、ベーシック・スキル履修証明書が得られる訓練を提供している。これは二〇〇時間のコースであり、修了すると、入職レベルの製造職に就くのに充分ということになり、また、次のようなコースの受講に必要な単位も得られる――入職レベル製造スキル（ＥＬＭＳ）履修証明書（二〇〇時間）、技術・加工スキル履修証明書（一〇〇〇時間）、準学士（二年間のプログラム。履修証明コースの科目も単位に加算される）。入職レベル製造スキル履修証明書は、ＷＲＴＰによるイノベーションである。これは職業訓練のみならず、より高度な履修証明書と学位――これらは全国的に認知されている――に向けた、こなしやすい最初のステップを提供しているのだ。ＷＲＴＰの会員企業に、共通のスキル一式が、いかなる製造工場の入職レベルの仕事にも必要であることに賛成させたのは、この組織のより重要な達成事項の一つである。基礎訓練を提供する会員企業でさえ、自社の実地訓練指導者をＷＲＴＰの「訓練者の訓練」コースに派遣しており、自社での実地訓練プログラムの中では、ＷＲＴＰが開発した基礎訓練履修証明カリキュラムに従っている。

すなわちＷＲＴＰは、製造のキャリアパスの基礎を築いたのである。だが、この組織は、自らが設計したキャリアラダーに沿ってさらにステップを進めることに、雇用主の関心を喚起する試みとなると、何らの成功を遂げていない。ＷＲＴＰのスタッフは、六つの資格とそれに対応する職種を同定した。これらは、ＷＲＴＰが成長証明システムと呼ぶものを構成する（表4・1）[7]。しかしたいていの会員企業は、これを受け入れなかった。組合化された企業では、先任権ではなく、労働者が学習したもの（ＯＪＴあるいは学校で）を基礎にして昇進させるというアイデアの導入は、とりわけ困難である。さらには、ＷＲＴＰパートナーシップ内の組合化された各工場は、団体交渉協約によって設定

**表4.1**　ウィスコンシン地域訓練パートナーシップ（WRTP）の成長証明システム

| レベル | 資格 | 職業 |
| --- | --- | --- |
| 1 | 基礎スキル資格 | 機械オペレータ、その他の製造職 |
| 2 | 加工スキル資格 | 機械オペレータ、その他の製造職 |
| 3 | 技術スキル資格 | 機械加工技術者、細胞テクニシャン、これらに関連する職 |
| 4 | 中堅職務カード（注） | 工具・金型製作者、保全工、その他の職 |
| 5 | 準学士 | CADテクニシャン、エンジニアリング・テクニシャン、その他のテクニシャン |
| 6 | 学士 | 設計技術者、起重装置技術者、製造技術者、その他の技術者 |

注：労働者は、最初の3つの資格をこの順番で修了することができる。労働者はまた、徒弟制から直接に開始することもできる。徒弟制は概して3〜5年であり、その間に労働者は週に4日はOJTで、1日は技術カレッジで訓練を受ける。
出典：Parker and Rogers (2003).

された、それぞれの内部のキャリアラダーを有しており、また雇用主は、標準化されたセクター規模のシステムに向けて、そうしたラダーを調整することに、ほとんど自己利益を見出してこなかったのである。

一九九〇年代の半ばまでには、パーカーとWRTPスタッフの同僚らは、雇用主に資格取得を強要するのをやめることに決めた。徒弟制とコミュニティ・カレッジのプログラムのどちらが、昇進に向けて労働者をよりよく準備させるかに関して合意に達しつつあったにもかかわらず、それ以来ほとんど前に進まなかった。WRTPは、資格を目指したコースに関して地域のカレッジと協働を続けている。だがその代わりに、この問題を脇に追いやっている。しかしながらこの決定のお陰で、WRTPはより柔軟な対応が可能になり、それによって、ミルウォーキー地域により賃金の良い職を維持するという主要目標に、関与できているかもしれない。二〇〇〇年以降の景気後退期に雇用は不活発化したけれども、WRTPは景気沈滞の期間、工場閉鎖を幾つか食い止めることができた。その一社、油圧装置・システム製造業者のオイルギアは、二〇〇二年に、ミルウォーキーでの操業をテキサスに移転させることを考慮中である、と発表した。WRTPのスタッフは、オイルギアの組合と経営側と協働してパフォーマンスを向上させた。その結果、オイルギアは最終的に、テキサスの工場をミルウォーキーへと移転させたのである。また、ミルウォーキー・シリンダーという、気圧式・油圧式シリンダーを製造する同族会社が、アクチュアントによって一九九七年に買収されたとき、新しいオーナーらは、ミルウォーキー工場の閉鎖を考えた。このときもＷＲＴＰは、労働組合と経営側が合同で、パフォーマンス改善の戦略を設定するのを助けた。ミルウォーキー工場は今や、この企業の工場の中で最も生産性が高く、同社はそこでの雇用を拡大している。労働組合と経営側の協力はまた、さまざまな種類のブラシ（ペンキの刷毛、ホウキ、業務用製品など）を製造する、ドイツ人所有のミルウォーキー・ブラシの、この市での操業を維持している。これら一つ一つの事例において、企業を救ったのは賃金引下げというロー・ロード戦略ではない。それは、各社の諸問題に対するハイロードの解決策を見出した、ＷＲＴＰの能力なのである。

ＷＲＴＰはまた、最も強く批判されている、この国の伝統的な職業訓練プログラムの欠点をも回避してきた。連邦職業訓練パートナーシップ法の下で、訓練供給機関は、実績ベースの契約によって要請される職業斡旋のノルマ数を達成できるように、エンプロイヤビリティの最も高い応募者を「精選する」傾向があった。精選からもれた人びと——適格者の約九〇％——にとって、他に選択肢もセカンド・チャンスもないところでは、精選は問題である。ＷＲＴＰも応募者を選考する。しかし、応募者全員を雇用や昇進の道筋にのせるという目標を持った上での選考である。現行のＷＲＴＰに含まれるのは、労働組合や雇用主だけではない。こうした選考に失業者が合格することの支援を使命とするコミュニティ組織もまたそうである。コミュニティ組織のスタッフは、ケース・マネジャーや雇用カウンセラーとして活動し、訓練プログラムに向けた適切な準備へと人びとを指導する。コミュニティ組織はまた、雇用レディネス、基礎数学、英語力、高校卒業程度認定証書（ＧＥＤ）向け準備、といったコースを提供する。

何年もかけてＷＲＴＰは、低収入労働者を良い職に就かせるための多面的戦略に対して、より広範な支持を徐々に獲得してきた。それは連結戦略である。職場の現代化と労働者訓練を結びつける、経済開発の取り組みと労働力開発の取り組みを結びつける——これらは伝統的に、全く分離した機関によって扱われてきた。そしてまた連結戦略は、異種の訓練とプレ訓練プログラムを結びつけ、上っていくことが可能なキャリアラダーの中に一本化するのである。確かに、ＷＲＴＰがその一部である、コミュニティのさまざまな連合体の全て（ＷＲＴＰ自体も連合体の一つである）

と接触を保つのは、困難なことではある。

一九九五年にWRTPは、ミルウォーキー・ジョブ・イニシアチブと呼ばれる広いパートナーシップの一部となった。その目的は、伝統的な職業訓練システムを改革して、地域レベルの低収入層の住民により良くサービスすることであった。このジョブ・イニシアチブは、主としてアニー・E・ケイシー財団から資金を供給される、全国にわたる六つの同様なプロジェクトの一つである。このジョブ・イニシアチブは、コミュニティの最も強力な諸機関の多くに取り組みを促している（表4・2）。「ミルウォーキー・ジョブ・イニシアチブ」という名称は公式には二〇〇三年にはなくなり、その組織はWRTPの中に織り込まれたけれども、今もなお取り組みに関わっている。

二〇〇一年以来、WRTPは、競争力あるインナー・シティのためのミルウォーキー・イニシアチブ（ICIC）にも関わってきた。前述以外のコミュニティ機関も加わってできているこの連合体は、都市の最貧層住民に良い職をもたらすために組織された。ミルウォーキー・ジョブ・イニシアチブと同様にICICは、単一の財団――この場合はヘレン・ベイダー財団である――から資金を供給される、全国にわたる幾つかの同様なプロジェクトの一つである。ミルウォーキーのICICは、地域の雇用主に対して質問紙調査を実施し、プラスチック、化学、食品加工、機械部品の製造業者が、業務拡大を求めていないながらも、インナー・シティでの拡大にはさまざまな障壁があると見なしていることを発見した。ICICは、土壌汚染地域の改善、住民会議、労働力開発を通して、こうした障壁を取り除くことを試みようとしている。WRTPは、このプロジェクトの労働力開発の部分に責任を持つ。加えてWRTPは、二〇〇四年の夏に開設予定の労働者訓練センターの運営を計画している。この新しい訓練センターは、諸資源を集中して次のことに取り組む。低収入層の住民の状況を評価し、彼らを訓練に向けて準備させ、訓練プログラムを受講させ、重点業種内に入職レベルの職を見つけてやり、それらの業種内での昇進プランを作成する。このセンターは、公共交通機関によってアクセスが容易な、ミルウォーキーのダウンタウンに設置される予定である。

こうした連合体の創出は、容易なことではなかった。広域ミルウォーキー委員会の、会社役員の幾人かは、ミルウ

表 4.2　ミルウォーキー・ジョブ・イニシアチブのパートナー

| パートナー | 役割 |
|---|---|
| ウィスコンシン地域訓練パートナーシップ(WRTP) | ・雇用主の技術援助ニーズと労働力開発ニーズの特定<br>・コミュニティ組織と労働力開発委員会から差し向けられた訓練候補者と就職候補者の選考<br>・カリキュラム開発における技術カレッジとその他の訓練供給機関の支援 |
| 雇用主 | ・労働者の雇用と昇進<br>・労働者訓練と設備近代化への投資 |
| 労働組合 | ・労働力委員会の3分の1の指名<br>・ニーズ評価に関する援助<br>・企業内訓練プログラムの開発に関する援助<br>・指導者ネットワークへの参加 |
| コミュニティ組織（一部）<br>● コミュニティ・サービス・ジョブ・コーポレーション<br>● コミュニティ・ジャスティス・センター<br>● 北東ミルウォーキー産業開発会社 | ・成人失業者向け支援サービスへの職員配置、委託、その供給<br>・ディレクター・パートナーシップ委員会の3分の1の指名 |
| 政府組織<br>● ミルウォーキー住宅局<br>● ウィスコンシン更生サービス<br>● ジョブ・センター（ワン・ストップ） | ・成人失業者向け支援サービスへの職員配置、委託、その供給 |
| 教育機関<br>● ミルウォーキー地域技術カレッジ<br>● ウォーキショー技術カレッジ | ・個別の雇用主のニーズに合わせた注文仕立ての、入職レベルの訓練、より高いレベルの履習証明書、準学士の供給 |
| ウィスコンシン戦略センター（COWS）(ウィスコンシン大学マディソン校) | ・パートナーの製造業者への技術援助と組織全体に対する労働市場分析の提供 |
| ウィスコンシン製造拡張パートナーシップ | ・製造業者への設備現代化援助の提供 |
| 広域ミルウォーキー委員会（地域企業、労働組合、教育機関のリーダーたちの協議会） | ・労働力委員会の3分の1の指名<br>・企業と財団からの資金獲得への援助 |

出典：ミルウォーキー・ジョブ・イニシアチブの資料をもとに作成。

ォーキー・ジョブ・イニシアチブへの参加を最初は拒否した。なぜなら、その連合体が、リビング・ウェイジ条例の運動をしていた、左寄りの「持続的なミルウォーキー」キャンペーンを含んでいたからである。広域ミルウォーキー委員会はリビング・ウェイジ・グループに「ペテンにかけられつつある」という、『ウォール・ストリート・ジャーナル』の記事が出ると、より多くの財界人がしり込みした。そしてまた、幾つかの政府機関がこのジョブ・イニシアチブに参加したものの、サービスの提供方法の改善というアジェンダに対する熱意は、あまりなかった。新しい訓練プログラムの開発において本当に役立ち、低収入層の住民と失業者に対する諸サービスを本当に調整するというのであれば、政府諸機関の時間をかなり投入することが必要だっただろう。ミルウォーキー・ジョブ・イニシアチブのディレクターであったスティーブン・ホルトは、ある機関、特に州と市の労働力開発機関は、そうした取り組みを拡大することに十全には関与していなかった、一つには彼らがこのイニシアチブを、外部者つまりケイシー財団と、マディソンのシンク・タンク、ウィスコンシン戦略センター長のジョエル・ロジャーズによる侵略だと見なしたためだ、と述べる。しかしながら、結局のところ、コミュニティのパートナーシップを育み持続させるという大変な仕事は、WRTPのエリック・パーカーによれば、報われたのである。この組織の現在のリンクは、企業、労働者、コミュニティ、市民のリーダーたちの間で得られた合意を証明している、と彼は言う。WRTPの直近のジョイント・ベンチャーであるミルウォーキーのICICは現在、経済開発政策と労働力開発政策を調整する親委員会を創っているところである。WRTPの活動が、ミルウォーキーのビジネス・リーダーと政治的リーダーたちの、労働力開発への――少なくともキャリアラダーの、底辺の諸階段への――関心を、大いに増したことは疑いがない。

だがその他には、WRTPの達成はこれまでのところ、評価できるものもあれば、そうでないものもある。WRTPは、地域の製造業者に、標準化されたキャリアラダーに基づくより拡張的な訓練システムに署名登録させることはできておらず、地域の伝統的な労働力開発機関は、そのコンセプトを受け入れてもいない。その代わりにWRTPは、各工場ベースで働きかけることにより、労働組合と経営側による、労働過程の現代化と、コミュニティで最大の諸企業の多くにおける労働者訓練を改善する取り組みを促進してきた。このようにして大企業の生産性を向上させてきたのである。企業が訓練に投資する年間二五〇〇万ドルは、年間約七〇〇〇人の非監督職の労働者――その二一％はマイノリティである――へと及んでいる。(8) WRTPの介入がなかったら、企業の訓練投資はどの程度のものになっていただろうか。私たちには分からない。けれども、この組織は確かに、投資を導き奨励することにおいて、一つの役割を果たしてきたのである。とは言え、より小さな製造業者は、工場ごとの訓練プログラムにさえ、あまり進んで参加してはこなかった。また、ＷＲＴＰが組合化された大企業――ハイ・パフォーマンスの仕事実践を援用している確率が高く、通常は訓練提供の資金と契約上の義務を有している――に焦点化することは賢明ではある。だが、ミルウォーキーの製造労働者の大多数がより小さな企業で働いていることも、また確かである。小企業を除外したままにしておくのは深刻な損失である。

これまでのところ、失業者と解雇労働者のためのＷＲＴＰの取り組みは、上手くいったものもあれば、そうでないものもある。一九九五年から二〇〇二年の間の、ミルウォーキー・ジョブ・イニシアチブの最初の五年間において、ＷＲＴＰはわずか一四〇〇人にしか新たな仕事を斡旋できなかった。ポジティブな面では、これらの職の大半は製造であり、家族を養うのに充分な賃金が支払われたことである。これらの年間に、ＷＲＴＰによって斡旋された労働者の平均初任給は、時給一〇・五五ドル――彼らの前職と比べて平均二・〇〇ドル高い――であった。またほとんどの職には諸給付があり、これは決定的に重要な追加分である。利用可能な最新データがあるのは二〇〇二年で、この年には、ＷＲＴＰは二〇二人を諸給付のある職に斡旋し、その平均時給は一一・〇〇ドル強であった。職に就いて一年後、彼らの時給は平均一・四四ドル上昇した。しかし、斡旋総数は依然として少ないものであり、二〇〇二年の景気後退の製造へのインパクトを反映して、斡旋した職の約半分は医療――低い職階では製造業よりも低賃金の傾向が強い――であった(9)。新しい労働者訓練センターの下に計画されている斡旋人数は、年間約五〇〇人となっている――ＷＲＴＰ内の、何百万ドルという公的・私的資金の投資に対する収益は、依然としてかなり限定されているのである。

**ＷＲＴＰの資金**

ＷＲＴＰが一九九二年に始まったとき、それは地域の私的な産業協議会と技術カレッジからの少額の助成金によって援助されていた。一九九六年まで、つまりアニー・Ｅ・ケイシー財団がミルウォーキー・ジョブ・イニシアチブへの助成を開始する前は、ＷＲＴＰには、訓練助成金の仲介に向けた年間約二〇万ドルの予算があった。一九九七年にケイシー財団の助成金は――ジョブ・イニシアチブの計画と実行に対して約七〇万ドル――約二五万ドルをＷＲＴＰに提供した。これによってエリック・パーカーと彼の委員会は、ＷＲＴＰの射程を大きく拡げることができた。この組織は成長した。より多くの雇用主が含まれ、より多くの技術援助が製造業者に提供され、この組織が仲介した職業訓練資金の額は増加し、パイロット・プロジェクトが拡大した。初年度の目標は、少なくとも時給一〇ドルが払われる、製造業一〇社の一〇求人を満たすことであった。この目標は達成された。

さらにＷＲＴＰは、ケイシー財団の助成金をテコにして、他の財団、政府の職業訓練契約、企業からの助成金も得ることができた。一九九七年から二〇〇〇年の間に製造の原型モデルの開発に成功した後、ＷＲＴＰは、このモデルを建設と医療に適用するべく、合衆国労働省から実地講習の助成金を受けた。一九九九年までのＷＲＴＰの予算総額は約一〇〇万ドルで、その約七〇％はアニー・Ｅ・ケイシー財団から出ていた。二〇〇三年までには、予算総額は一二〇万ドルとなり、この財団の割合はわずか二五％となった（ケイシー財団の助成金は二〇〇三年には三〇万ドルまで低下し、二〇〇四年に終了する）。二〇〇三年までに、労働力開発の政府契約は、予算の半分をしめるようになった。

ＩＣＩＣプロジェクトへのヘレン・ベイダー財団からの助成金に基づく次の期では、ＷＲＴＰはそのサービスのレベルをいまいちど拡充できるだろう。広域ミルウォーキー委員会の、競争力あるミルウォーキーのためのイニシアチブは、ＷＲＴＰの計画を是認した。コミュニティの住民の状態を評価し、彼らを訓練し、重点セクターへ職を斡旋するキャリア・センターの創出という計画である。この目標は、二〇〇六年までに、私的セクターから年間五〇万ドルの資金を集めることを意味する。

二つの明らかな結論が、ＷＲＴＰから導き出される。（1）組織の拡大と成果は、諸財団からの巨額の投資がなかったら不可能であっただろう、（2）相当量の財団からの資金が一〇年以上得られたとしても、労働力開発システムを変えることは困難である。

## ワーク・シカゴ

製造におけるキャリアラダー・システムの開発が、どの場所でも可能であるならば、シカゴ市も当然そうである。シカゴ市を含むクック郡では、四〇万人以上の労働者が製造業で雇用されている。シカゴ市は効果的に、経済開発の取り組みを製造に焦点化してきた。コミュニティ諸組織の幅広いネットワークが、企業の存続・維持と労働力開発の活動に携わっている。幾つかの市立コミュニティ・カレッジが効果的な訓練プログラムを開発し、リチャード・J・デイリー・カレッジと付属のウェスト・サイド・テックで開講されている、そうしたプログラムの一つは、製造技術分野の準学士ならびに学士取得プログラムへのリンクと同様に、同分野の履修証明書を提供している。[10] コミュニティ組織は、架橋プログラムを創出し、人びとがコミュニティ・カレッジでの履修証明プログラムと学位取得プログラムに向けて準備できるようにした。例えば、進歩的ラテン系アメリカ人協会は、学生をウェスト・サイド・テックの製造プログラムへとつないでいる。そしてまた、クック郡における熟練製造労働者への需要は――現在の訓練プログラムが供給している労働者よりもずっと多い――誰の目にも明らかである。[11] 一九九六年から二〇〇六年にかけて、年間約一万五〇〇人の新規労働者が必要とされてきたし、されるであろう。これらの労働者の九二％以上が、「ポストの増加ではなく」後任として職に就いた者である。[12]

この期待できる環境の中で、全国的に認知された諸資格に基づく、労働力開発の首尾一貫したシステムを創出する機会は、二〇〇〇年に訪れた。この年、シカゴ労働連盟（CFL）と労働とコミュニティ研究センター（CLCR）は、製造キャリアパスの青写真を描くということで、合衆国労働省から七五万ドルの助成金を受けた。そのイニシアチブは、製造労働力開発プロジェクトと呼ばれ、確かに、その成功に必要な政治的支援があるように思われた。イリノイ州議会の全議員、州知事、シカゴ市長、クック郡行政委員会委員長、シカゴ商工会議所会頭、イリノイ製造業者連盟委員長が、ＣＦＬとＣＬＣＲの妥当性を支持したのだ。ＣＦＬとＣＬＣＲは、キャリアラダーに基づく統一された訓練システムの設計に成功した。しかし、それを実施することはできなかった。幾つかの財団と訓練組織が、実施から手を引いたため、システム全体の規模で進めることができなくなったのである。ＣＦＬとＣＬＣＲは、ずっと小さな規模での職業訓練改革の実施を試みることになった。このイニシアチブの物語は、最善の環境にあってすら、職業訓練への統合された新たなアプローチの開発は、かつては独立に活動していた多くの諸組織を含む場合はとりわけ、遅々として進まない、高度に政治的なプロセスだということを明らかにしている。

製造労働力開発プロジェクトは、次の目標を持つ。地域の職業訓練システム内の弱いリンクの同定、競争力へと至るハイロードをとる可能性のある諸業種を重点目標に設定する、その労働力ニーズを吟味する、そうしたニーズに応えられる、より良い職業訓練システムを創出する。新たな労働力開発システムは、次のものを活用するよう設計される。

・業種内で認知された基準
・認可された訓練供給機関
・パフォーマンス・ベースの諸資格
・個々の企業に限定されないキャリアアップの道筋

キャリアパスは、職務とスキルのクラスター〔群〕を基礎に開発されるので、新たなシステムは複数の製造業者に応え得るものとなり、労働者に対しては企業間移動の柔軟性を提供し得るだろう。諸財団からの支援を得て、この計画は、ワーク・シカゴと呼ばれる媒介機関を創出し、新たなシステムを稼動させようとした。しかし、この最後の段階は決して生じなかった。ここで問うべきは、ワーク・シカゴのモデルが理論上のそれと同様に実際上も良い内容だったかではなく、より小さな規模の取り組みが、それが思い描くハイロードの製造業を構築し得るかどうかである。

ワーク・シカゴに対するキャリアラダーの提案書を案出するためになされた調査は驚くべきものがある。CLCRの研究者たちは、三七業種に焦点化した。それぞれの業種は、一〇〇〇人以上の労働者を雇用し、年間に少なくとも一〇〇人の労働需要が見込まれるものであった。全部あわせると、これらの業種は、企図されたクック郡内の新たな製造職の四分の三を雇用することになる。これら三七業種は、そのとき一三のクラスターに分類され、研究チームは、質問紙調査と個別インタビュー、フォーカス・グループの実施によって、スキルのニーズと雇用実践の中味がどのようなものか特定した。それから研究者たちはキャリアラダーを提案し、それが正確かどうか確認するよう雇用主と訓練供給機関に依頼し、改訂した。キャリアパスのチャートは、現行の資格と訓練プログラムについての知識と同様に、現在の製造工程と機械についての知識を持った、CLCRのスタッフによってさらに洗練された。

その結果は一三のキャリアラダーであり、それぞれのラダーは職業訓練ニーズと合わせて、基礎スキル、コア・スキル、上級スキルの三つにグループ化された（図4・1は、金属加工、機械加工、電子機械製造のキャリアラダーである）。各レベルの職業訓練カリキュラムの設計は、全国的に認識された基準と結びついている。例えば金属加工のプログラムは、全米金属加工技術機構（NIMS）――一三の金属加工職における、試験と実技の基準を含む――を基礎に構築された。研究者たちは、非営利組織のACTが開発した試験である「ワークキーズ（WorkKeys）」を、職務の遂行スキルをテストするために活用した。ワークキーズによって、高校生から現職労働者までの誰をも、適切な訓練プログラムないし職に斡旋することができる。

研究者たちの最終報告書は、高校とコミュニティ・カレッジから――あるいはコミュニティ・ベースの訓練供給機関、労働組合、業界組織から――得られる諸資格の連続性を創り出す（あるいはギャップを埋める）ことを推奨した。

研究者たちはまた、シカゴにおける連邦と州の労働力訓練助成金――二〇〇〇年には、ほぼ九八〇〇万ドルが製造の職業訓練に使われた――の活用について研究し、資金はほとんどの場合、効果的に使われていないとの結論を出し

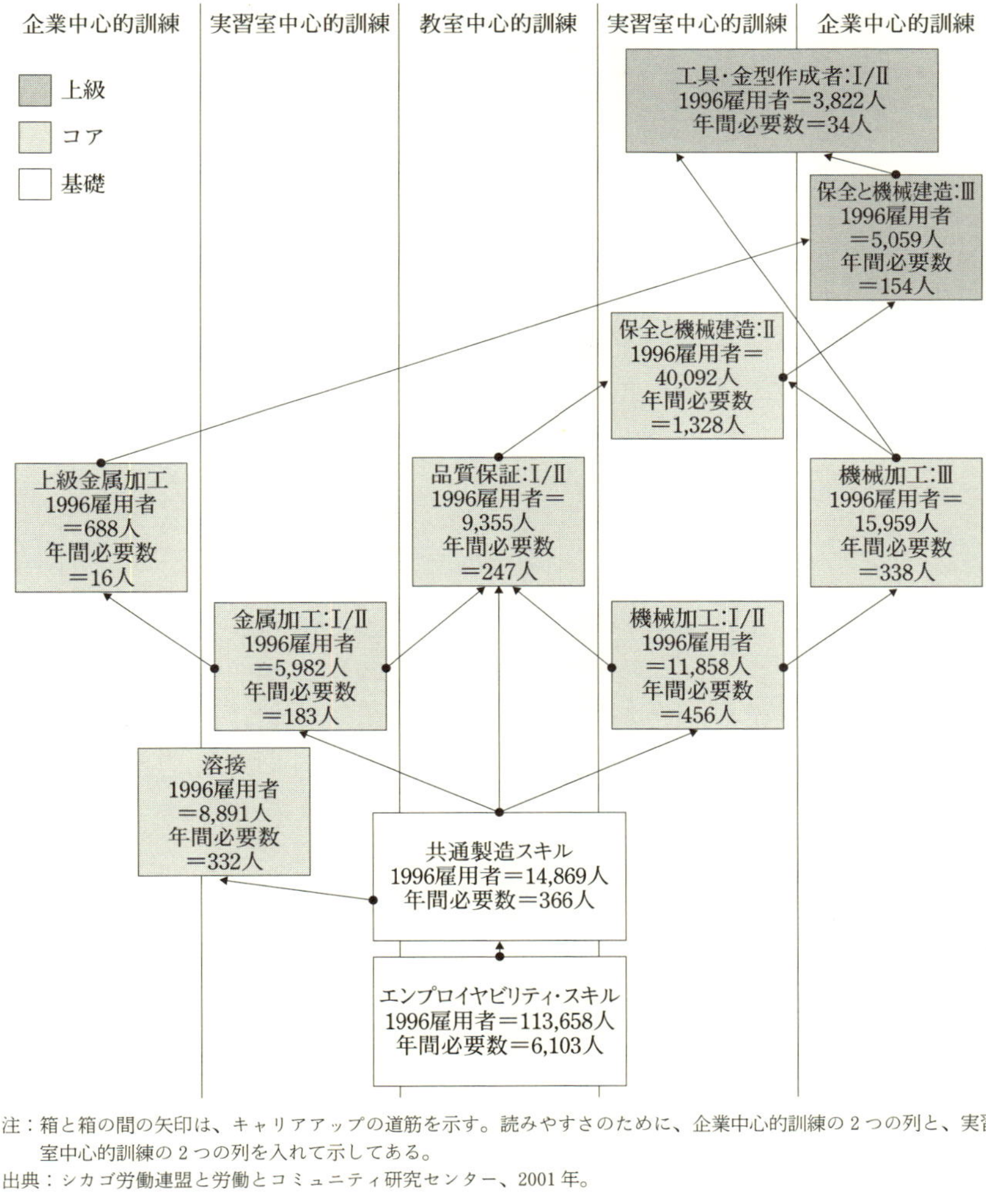


注：箱と箱の間の矢印は、キャリアアップの道筋を示す。読みやすさのために、企業中心的訓練の2つの列と、実習室中心的訓練の2つの列を入れて示してある。
出典：シカゴ労働連盟と労働とコミュニティ研究センター、2001年。

**図4.1**　製造キャリアパスのスキル・クラスターについての図式：金属加工、機械加工、電子機械製造。

た。[13] 幾つかの高校、シカゴ市立カレッジ・システムの全七校、イリノイ・テクノロジー専門学校、そして少なくとも五〇のコミュニティ組織が、最終報告書が出された当時、製造訓練プログラムを提供しており、しかもそれらの間の調整はほとんどなされていなかったのだ。さらには、これらのプログラムは、製造労働者に対する地域の需要のわずか半分程度しか応えていなかった。最終報告書は次のように嘆息している。「供給連鎖理論であれば、以下のように想定するだろう、全ての利用可能な製造教育訓練プログラムの或る中心的なリストが存在し（そのようなものは存在しない）、公教育システムとコミュニティ・カレッジは、他校と協働して需要に的を絞ったプログラムを導入するだろう、と（学校はそのようなことはしていない）[14]」。

ワーク・シカゴは、三つの中心的な業種――金属加工、食品、印刷――から始める予定であった。CLCR理事長のダン・スウィニーは次のように言う。研究チームとプロジェクト諮問委員会は、強力な媒介機関のみが、シカゴの職業訓練の現場を特徴づける、ゼロ・サム思考と縄張意識による嫉妬心を克服できる、と。研究者たちは、ワーク・シカゴを媒介機関として提案した。この機関は、製造業者と訓練供給機関、その他の機関のパートナーシップを作り出し、それぞれに特定の役割を割り当てる。それぞれに、質的基準に適い、協働する責任を果たさせる。シカゴに職を維持・存続させ、最先端技術と経営手法を向上させる新たな戦略を探究しながら研究を続ける。研究者たちが熟考していたパフォーマンスの応責性〔訳註1〕のレベルは、協働のレベルと資金のレベルと同様に、前例を見みないものだった。提案された規模でワーク・シカゴを実行に移すなら、年間一二〇〇万ドルの財団援助が必要だっただろう。

## 漸進的変化を支援するという決定

私たちの観点からすると、最も困難な仕事は、調査を遂行し、労働力開発システムについての非常に具体的な批判を練り上げ、進むべき諸段階を特定することでした。私たちのアプローチを大規模に展開できないことは、確かにイライラするものでした。ですが、食品製造セクターにおいて、より小さな規模で進め始めるとすぐに、私たちの観点を盛り込みながら、私たちのアプローチの応用に基づく強みを獲得し始めたのです。

ＣＬＣＲ理事長、ダン・スウィニー

最初にこのプロジェクトに関心を示した、地域の財団と全国的な財団は、そうしたレベルでの資金提供については進んで行おうとはしなかった。その一因は、株式市場での損失である。どこの財団も、予算の切り詰めがなされていた。しかし、それに加えて、次の点に確信がもてない財団職員の存在があった。すなわち、とりわけシカゴのさまざまな訓練供給機関の間の縄張り争いの歴史を踏まえれば、単体の組織が、その実現を心に描いている、全ての資格と訓練活動の調整ができるわけがない。さらに財団は、幾つかの組織――そのうちの一つはこのプロジェクトの諮問委員会のメンバーであった――から、ワーク・シカゴに関する懸念について耳にしてきていた。こうした組織の中には、新しい媒介機関は、既になされてきた仕事あるいは最近なされている仕事を単に引き継いだだけだ、と考えているところもあった。予算がかかりすぎだ、と思っている組織もあった。また、ワーク・シカゴのアプローチはあまりにも「トップ・ダウン」であり、そういうやり方ではなく、従来からのシステム構築の取り組みの上になされるべきだ、と考えている組織もあった。さらには、労働力投資法の下に市全体の職業訓練活動を統括する、既存のシカゴ労働力委員会に、ワーク・シカゴを統合するのを好んだ組織もあっただろう。また、キャリアパスがあまりにもドイツやオランダの徒弟制に似通いすぎている、と見なす組織もあった。あまりにも曖昧すぎる、と考える組織もあった。また幾つかの組織は、ＣＦＬとＣＬＣＲが、ワーク・シカゴを先導すべき正しい組織なのか、と疑義を呈した。この最後の懸念は、ドン・ターナーがＣＦＬ理事長からの引退を表明したとき悪化した。諮問委員会のメンバー数人は、ＣＦＬの新たな指導者が、ターナーと同程度には労働力開発に関与しないかもしれない、と心配していた。

こうした批判のどれくらいが、個人的なものなのか、あるいは労働力開発組織間の歴史的な競争関係に基づくものなのか、区別することは難しい。さまざまな個人と組織によって、これ以上ないほど疑義が呈されたため、広範な援助によって深められるイニシアチブへの資金提供に、財団が疑問を持った、というのが本当のところである。

最終的に財団が、四〇万ドルというCLCRの申請額の三分の一を助成したとき、スウィニーは提案の撤回を決定した。充分な資金に欠けた取り組みは、諸資源を追加して動員する力をほとんど持たない、脆弱な組織を生み出すだけだろう、と信じていたからである。そうした限定された組織は、既存の組織の取り組みを調整するのではなく、既存の組織と競争するものだ、そうした組織は、最終報告書で特定された諸問題を克服することはできない、と彼は主張する。最初はワーク・シカゴを支持していたグループが、最終的には疑義を表明した理由については、スウィニーは次のようにコメントする。「システムの変更、新たなレベルの応責性、より幅広いパートナーシップ、より大規模の調整について提案したとき、抵抗する者が出てきたのは不思議でも何でもなかった――特に、事実上『システム不在』と批判されたシステムの一部をしめる分野の者からの抵抗は。変更への抵抗は、シカゴでも、どこでもあります」[15]。

クック郡の労働力開発の全面的な精密検査の替わりとなる選択肢は、ワーク・シカゴのようなシステムを少しずつ積み上げて構築するという希望を持ちつつ、より小さな規模でこのアイデアを実行しようと試みることであった。スウィニーによる撤回は、他の人びとにこの選択肢を残し、シカゴ労働力委員会は支援へと踏み出した。

二〇〇三年二月、シカゴ労働力委員会は、労働とコミュニティ開発センターと、金属加工、機械加工、電子機械製造向けの資格システムの創出という契約を締結した。このセンターは、ワーク・シカゴ・プロジェクトに関する研究の前ディレクター、ボブ・ギンズバーグが指揮する研究とコンサルティングの独立グループである。諸資格は、ワーク・シカゴ報告書の中の、この産業クラスターに向けて準備されたキャリアパスに基づくことになっていた。このワーク・クラスター・プロジェクトは、製造キャリアパス・パイロット［試験的取り組み］と呼ばれ、現在進捗中である。このワーク・シカゴ報告書の中で築かれた基礎から生まれて進んでいる二つめのプロジェクトは、フード・シカゴであり、これは食品製造業においてキャリアラダー・アプローチを促進しているところである。

## 金属加工、機械加工、電子機械製造におけるパイロット

製造キャリアパス・パイロットの初年度における主な取り組みは、雇用主と訓練供給機関に、全国的に認知されたＮＩＭＳに基づく諸資格の活用と、業界規模のキャリアラダーの採用には、価値があると説得することであった。ギンズバーグと彼のチームは、製造業者と会って、製造業者たちが共通の訓練ニーズを有していることを説明し、チームが創り出した、共通職業分類・訓練システムに賛同するよう、彼らを説得しようとした。ギンズバーグは次のように説明する。自分たちの機械と製造工程は独自のものだと確信している製造業者に、どこでも通用するスキルというコンセプトを採用してもらうのは、骨の折れる仕事だった、キャリアラダーというコンセプトが成功するには、独自性というあの文化（that culture of individuality）が、変えられなければならなかっただろう。さらに、多くの製造業者が、さまざまなタイプの職には異なるスキル要件があることに賛同している一方で、職種と職務記述書が連続していく製造のキャリアパスというコンセプトには賛同したことがない、と。にもかかわらず、この取り組みは成功した。このパイロット・プロジェクトの初年度、二五の製造業者が、次のような文書を交わして参加した。キャリアラダー内に特定される、入職レベルの諸資格を持った労働者の雇用、そうした諸資格を反映した職務記述書の採用、指導員ないし資金の提供による、新しい職業訓練システムの支援。プロジェクト・チームは、雇用主と労働組合の参加を求め続けた。

このプロジェクトは、資格付与センターの開設に向けて準備している。このセンターは、ＮＩＭＳの試験と資格に向けて受講生を準備させるための諸資源を、さまざまな職業訓練機関に提供するものである。本書の執筆時点で、訓練と試験の第一段階に必要な最新の機械が、雇用主たちから寄付された。ＮＩＭＳの他の資格取得に必要な公差を持つ機械を、数年内にさらに追加して得ようと計画もしている。充分に稼動する時期が来れば、資格付与センターは、労働市場新規参入者と現職労働者へのサービスを、このシカゴ大都市圏で隈なく提供できるに違いない。このセンタ

ーは、製造訓練サービスが不行き届きであったノース・ランデイル地区に設置されている。この施設を立ち上げ稼動させるために財団から得た資金は現在、約二〇万ドルに達している。

他方で、シカゴ労働力委員会は、二〇〇三年五月に、製造労働サミットを準備した。この会議には、この地域の八つの労働力委員会全てと、幾つかの訓練機関が出席した。これらの委員会は、共同の政策的優先順位の設定に賛成した。そして、CLCRの元の研究に基づいて、製造を含む五つのセクターに焦点化することを決定した。彼らは、地域の産業ニーズにより応え得る職業訓練を、各セクターに創り出すという目標を採択した。まだシステム全体規模ではないにしても、より幅広い改革に向けての、ただたどしい最初の動きが進んでいる。次のフード・シカゴは、こうしたセクター別アプローチが、どのように機能し得るのかを例証している。

## フード・シカゴ

一九九六年、CLCRは、キャンディ協会と呼ばれるプロジェクトを開始した。その目標は、クック郡にある一〇〇のキャンディ製造業者［訳註2］の生産性を向上させ、したがって、地域の一万三〇〇〇の良い職を維持することである。その時点で、市の計画・開発局も雇用訓練市長室も、特定業種を重点目標として設定しておらず、たいていのキャンディ製造業者は、生き残りだけで頭が一杯だったため、業種というより広い文脈の中で、自らを捉えていなかった。しかし、キャンディ協会は粘り続けた。そしてその訓練の成功は、ワーク・シカゴ報告書による、キャリアパスのコンセプトの興味をそそる提示と結びつけられ、最終的には、他の製造業者、地域、州、連邦、そしてイリノイ製造業者連盟のような業界団体の興味を惹いた。その基盤の拡大より、キャンディ協会は二〇〇三年に「フード・シカゴ」と名称を改めた。

シカゴ地域には八五〇の食品製造業者があり、六万八〇〇〇人近くの労働者を、平均時給一三・〇〇ドルで雇用している。この業界の年間売上高は一七〇億ドル、二六億ドルを税金として地域に収めている。フード・シカゴの使命は、製造の現代化、労働者訓練、業界規模のキャリアラダーの活用、支援的な公共政策の唱導を通じて、この相当規模の地域産業の収益性を向上させることである。

しかしながら、食品製造業は、一貫した職種の定義すらしてきておらず、全国的に認知されたスキルの基準には言うも及ばなかった。したがって、食品産業にキャリアパスを創出することは、困難な仕事である。雇用主が聞いたこともないかもしれない諸資格に基づいて、職位を定義するよう彼らを説得することは、ずっと難しい。

フード・シカゴが、食品産業向けのキャリアラダーと標準化された訓練システムの開発に充てられた、最初の頃の諸会議に、雇用主も労働組合も招かなかったことは、注目に値する。その代わりにフード・シカゴは、地域の訓練供給機関とシカゴとその郊外のコミュニティ・カレッジの代表者を集めたのである。このグループは、既存の科目説明書と食品製造のカリキュラムを全て吟味し、既存の職業訓練システムに欠けたリンクを特定し、それらを加えるべきだとした。そして、図4・2に示すようなキャリアラダーを開発した。フード・シカゴの前理事長であるフレデリカ・ケイダーは次のように言う。自分は迅速に進みたかった、だからこそ、この業種向けの完全な訓練システムを創出し、その上で雇用主に提示して、コメントを得て妥当性を確認することに決めたのだ、と。

フード・シカゴのキャリアラダーは、入職レベルの職向けの準備レベルと基礎訓練プログラムを必要とする人びとへの、職業レディネスの指導からスタートする。このラダーは、第二言語としての職業英語教育（VESL）の授業も含む。この授業は、昇進に向けての第一歩として、多くの新規従業員と現職従業員が必要とするものである（シカゴの食品産業労働者のほぼ四〇％がヒスパニックであり、彼らの大半は限られた英語力しかない）。さらなる訓練と追加される資格によって、従業員（新規も現職も）は、より高いスキルの入職レベルの職に就け、より上級の訓練に備えることが可能になる。

訓練と昇進という方針を既に有していた少なくとも五つの企業（クライド・ドーナッツ、ヴィ・ド・フランス、クラフトを含む）は、三つの労働組合（製パン・菓子製造・タバコ・製粉組合、シカゴ労働連盟サービス従業員国際労働組合、

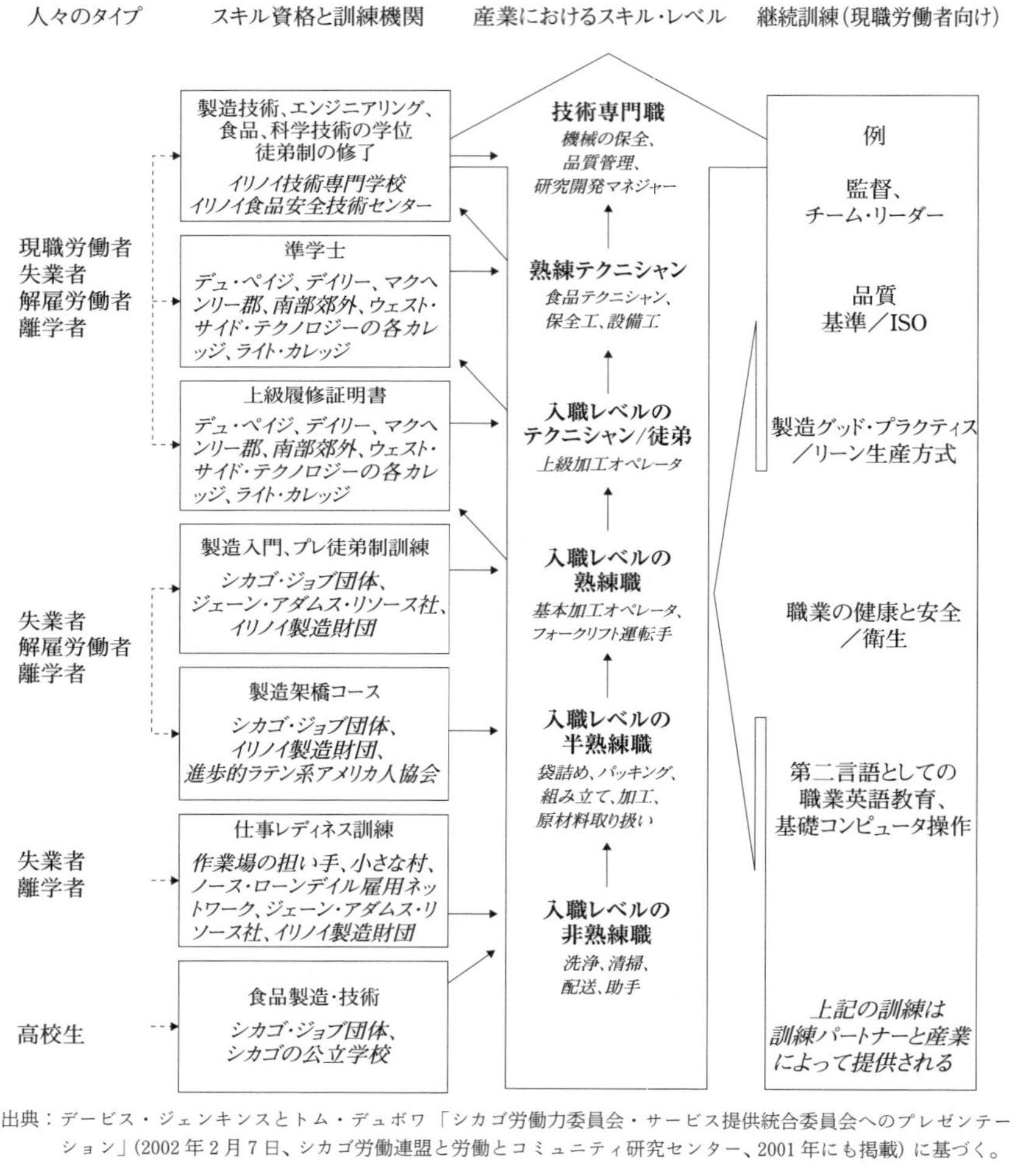


出典：デービス・ジェンキンスとトム・デュボワ「シカゴ労働力委員会・サービス提供統合委員会へのプレゼンテーション」(2002年2月7日、シカゴ労働連盟と労働とコミュニティ研究センター、2001年にも掲載) に基づく。

**図 4.2**　フード・シカゴ・キャリアパス

全米トラック運転手組合）と同様に、このプロジェクトの契約書に迅速に署名した。二〇〇三年一一月、リチャード・デイリー市長はこのプロジェクトを支持し、市の八大食品製造業者に接触し、フード・シカゴのキャリアラダーを支持するよう説得することに合意した。

キャリアラダーは、二〇〇四年、フード・シカゴ・キャリアパス・コンソーシアムとして公認された。訓練供給機関、労働組合、斡旋機関、資格付与機関、食品製造業者、資金提供者からなるこのグループは、合衆国労働省の助成金を申請するようにと励まされてきた。それぞれのパートナーは別々に仕事をしていたけれども、彼らの取り組みをよりよく調整するため、ワーク・シカゴと協働することに、全員が合意していた。今日まで、訓練供給機関は、シカゴ大都市圏六郡の食品製造業者と協働し、全国的に認知された、ないし業界規模の諸資格に沿って教えるという協定に署名した。訓練供給機関は、高校、ワンストップ・キャリアセンター、コミュニティの組織を対象に、彼らのプログラムに関してマーケティングを実施する予定である。このコンソーシアムは、新卒者と職のより良いマッチングのため、人員補充と斡旋サービスの能率化を行う予定である。コンソーシアムが提供する情報を活用することで、企業は、適切なスキルを持ったあらゆるレベルの労働者を雇用できるであろう。

ここに述べているように、フード・シカゴは、労働組合が公的資金を借り入れて現職労働者を訓練し、訓練とキャリアパスを支援するという契約交渉を行うのを助力している。フード・シカゴはまた、生産性向上、食品安全・危険分析、衛生、コンピュータ活用へと企業を参加させるため、訓練プログラムの仲介をしている。ある中規模のキャンディ製造業者とその組合向けにフード・シカゴが段取りした、第二言語としての職業英語教育のパイロット・プログラムは、既にそうした成功の一例と見なされている。この企業は最初の三一人をこのコースに送り込んでおり、まだあと七一人の従業員にも、このコースを受講させるという契約を結んでいる。スウィニーは、このプログラムに参加した従業員の一二％に、二五〇〇ドルの平均年収増加が見られた、と報告している。こうした成果は、この企業が、リーン生産方式の訓練プログラムを全従業員三〇〇人に約束するという結果となり、それによって生産性は三〇％の向上、一〇〇万ドル以上の節約となった。この成果によって、企業はメキシコへの工場移転という計画を破棄した。

若者を食品産業に惹きつける取り組みとして、フード・シカゴとシカゴ労働力委員会は、教師とキャリア・カウンセラーを製造施設の現場見学に招き始めた。多くの仕事が清潔で賃金が良く、昇進の機会があることを自分自身の目で確かめてもらえるように、である。見方を変えると、フード・シカゴは、急速に成長している特製食品（specialty-foods）市場の新規企業を奨励し、ハイ・パフォーマンスの製造手法を採用するよう助力する能力を持ちたいと望んでいるのだ。この組織は、フード・シカゴの人びとがビジネスイノベーション・訓練センターと呼ぶものの設立に向けて、二百万ドルの助成金を合衆国商務省に申請した。この施設は、当時一五かそれ以上あった小規模特製食品製造業者の「孵化器」でもあり本拠でもあり得る。イリノイ州商業・経済機会局は、州の経済開発計画に入っているシカゴ地域に、このセンターを含めることに関心を示した。

フード・シカゴあるいは、金属加工、機械加工、電子機械製造でのパイロット・プロジェクトの効果について、結論を出すのは時期尚早である。いまのところ両者とも、実際の活動よりも計画の方が多い。しかし、食品産業プロジェクトのある側面が、シカゴ地域の職業訓練システムに重要なインパクトを持ちそうだと見るのは、早計ではない。CLCRのフード・シカゴは、データを収集し、個々の職業訓練プログラムへの雇用主の投資が、どのくらいの収益を生んでいるかを、熱心に分析している。この種のハード・データがあれば、食品産業プロジェクトと、職業訓練とキャリアラダーへの多大な支援を、より広範に得ることができよう。ある部分、フード・シカゴを支援するようクック郡の政治家と少数の製造業者を説得したのは、そもそもはエリのチーズケーキ社の投資収益率であった。このデータは、同社がキャンディ協会と契約して、従業員訓練を実施した二〇〇二年に収集されたものである。

エリのチーズケーキ社は、製造工程で生じる二種類の不良品のデータを採っている。二級品と「現れず（no-shows）」である。二級品は、ちょっとした傷があるため特売店なら売れるケーキ、「現れず」は全製造工程を通過しないケーキのことだ。図4・3と図4・4で見られるように、「製造グッド・プラクティスと食品安全」年間に、同

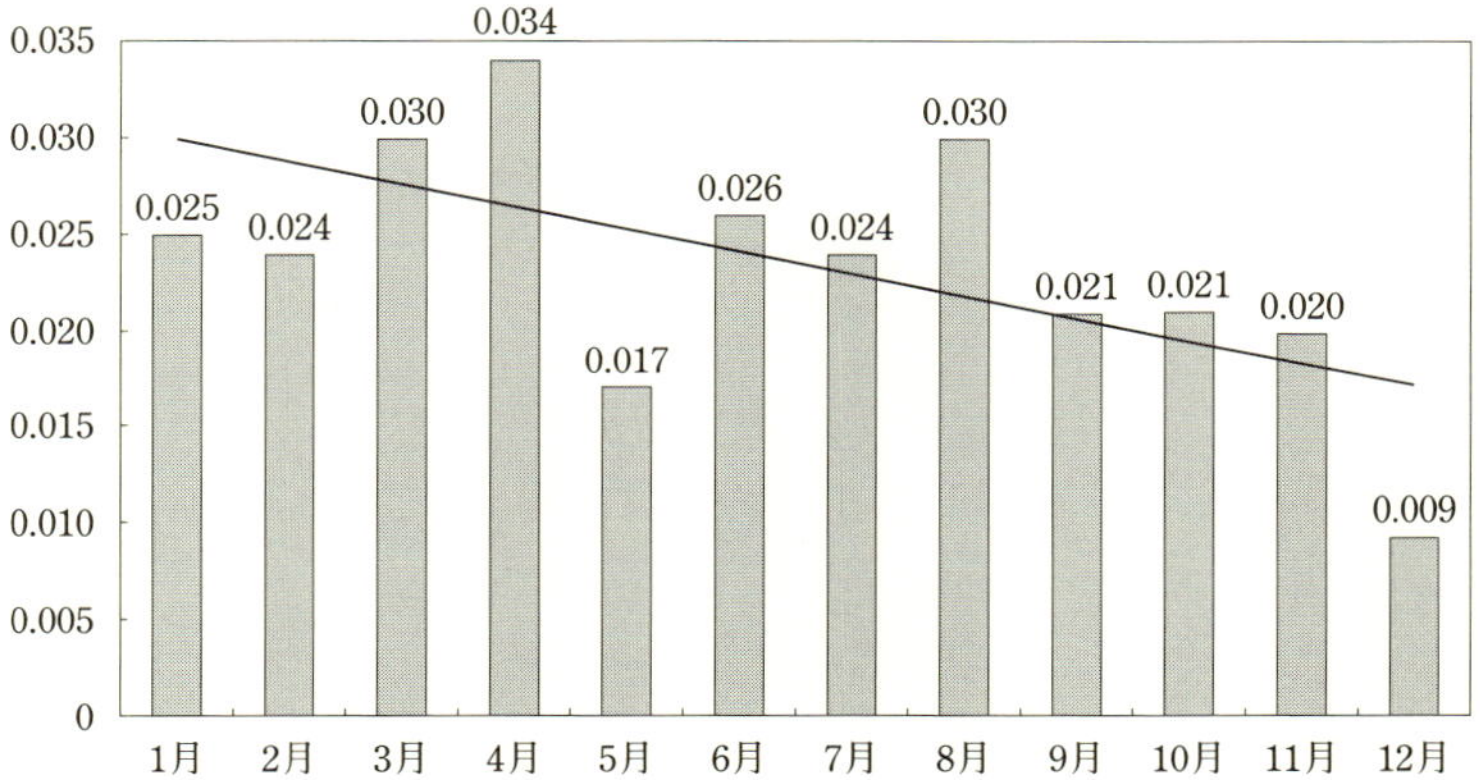


出典：エリのチーズケーキ社とワーク・シカゴ。

**図 4. 3**　2002 年の訓練期間における二級品の率

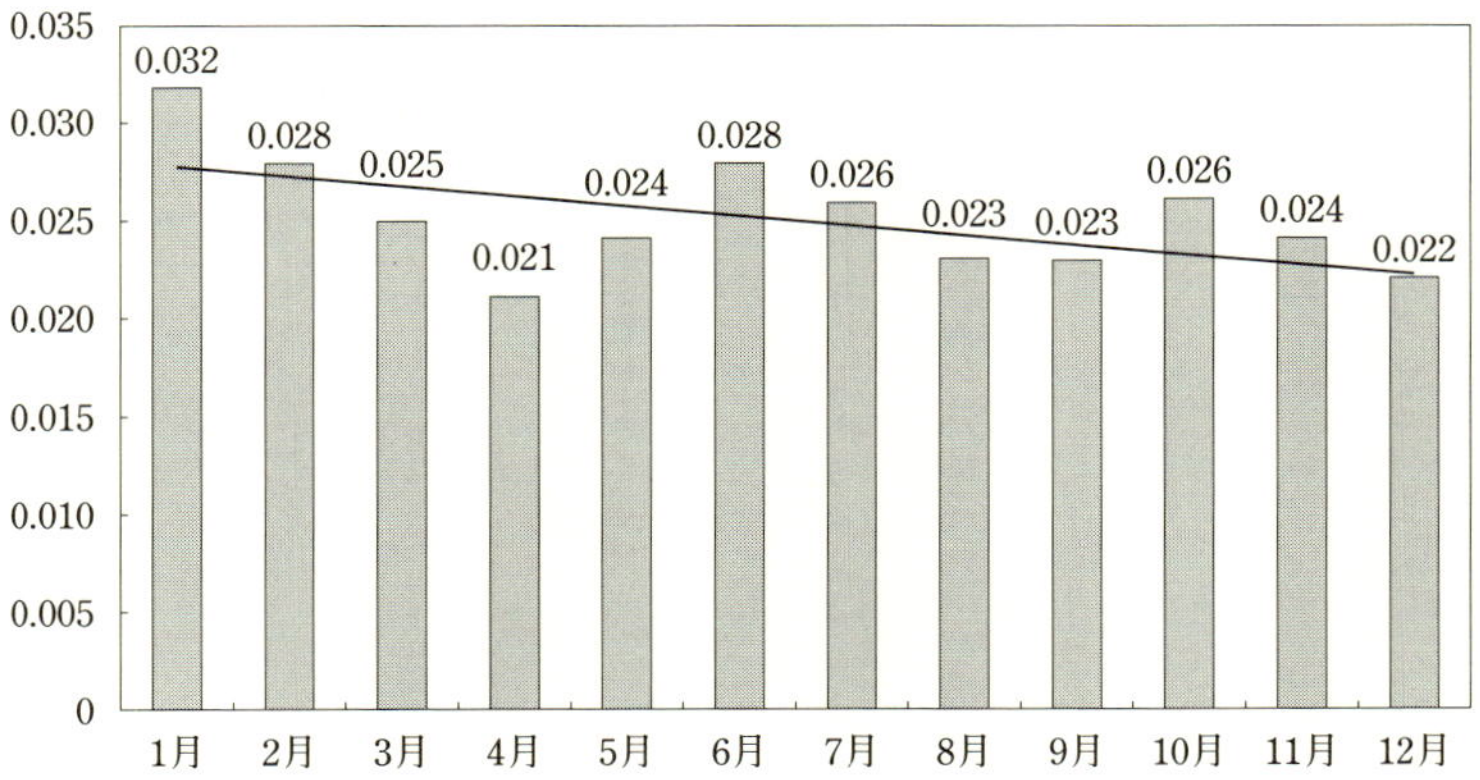


出典：エリのチーズケーキ社とワーク・シカゴ。

**図 4. 4**　2002 年の訓練期間における「現れず」の率

社の従業員がクラスを修了するにつれて、両タイプの不良品は目に見えて減少している。(16)

エリのチーズケーキ社の、製造担当の執行副社長ジョリーン・ワーシントンは、製造における不良品率を一％下げると、毎年約一五万ドルの節約になる、と見積もる。このデータを用いてＣＬＣＲは、同社が職業訓練に五万八〇〇〇ドルを費やしたことで、二〇〇二年には五五万ドルを節約する結果になったと証明できた。ＣＬＣＲは、製造手法と労働者のスキルをセットで向上させる基本戦略が、同じく明らかに有益なことを、早速に証明したいと考えている。

## 二都物語

製造キャリアパス・パイロットとフード・シカゴは、ワーク・シカゴの当初の計画の中で特定された二つのセクターである。両方とも、単に何人かの受講生を訓練し、職を斡旋することに満足していない。いずれもより大きなものを目指している。すなわち、ハイロードの製造実践を採用し、雇用者にとって昇進機会のあるキャリアラダーを提供する企業を、その業種内で増やす。これは、ウィスコンシン地域訓練パートナーシップ（ＷＲＴＰ）が確立を試みたのと同様のリンク、ミルウォーキーの地域経済開発の取り組みと労働力開発の取り組みの間にあるリンク、である。

しかしながら、これら二都市は、極めて異なるリンケージの創出方法を例証している。

### 雇用主

ミルウォーキーでは、激化するグローバル競争が、市内の大手製造業者に、ハイ・パフォーマンスの製造実践と、それに沿った労働者訓練の採用を確信させた。これらの雇用主はまた、労働組合の協力が、この取り組みに不可欠であることも認識していたので、協同的アプローチを追求した。ＷＲＴＰの、これまでの主な達成は、そうした労働組合—経営側の協同を促進してきていることである（このアイデアを買ってくれていない、より小さな企業への働きかけという点では、この組織は、大企業に対するほどには成功していない)。

シカゴでは、これとは対照的に、労働者訓練と企業の収益性とのあり得る結びつきという強い認識が、ほとんど雇用主になかった。フード・シカゴは結果として、食品産業のキャリアラダーという当初の計画に雇用主を関与させることを試みすらしなかった。そのため、このプロジェクトに関与している企業は依然として比較的少数である。しかし、その数は増加している。ボブ・ギンズバーグは、共通職務記述書を受け入れるよう製造業者を説得することだけでさえ、どれほど苦労してきたか、とその落胆を吐露する。「歴史的に、労働組合と政治的圧力は、ヨーロッパとアジアの製造業者に、自らを一産業と見なしそのように振る舞うよう強いてきました。アメリカの個人主義は、グローバルな圧力に対して取り組む製造業者の能力を制限しているのです」。ギンズバーグは指摘する。シカゴの製造業者を結集しても、「高度な製造業が終焉を迎え、サービス業が勃興するということでいいではないか、という陳腐な経済学的知識の政治的容認と闘う」ことすら充分にできない。[17]

しかし、シカゴのこの組織は、次のことも認識していた。もし製造業者が、自己の経済的利益に適うと見なせば、職業訓練と設備現代化のプログラムに参加するものである、と。フード・シカゴの労働力開発ディレクターのビル・グラハムは指摘する。多くの企業はフード・シカゴに対して、職業英語、安全、衛生のコースを実施して欲しいと述べ、こうした企業の何社かは、従業員がこれらのコースを受講している期間、賃金を一部支払うつもりである。だが、製造工程の再検討への道筋を示唆する、製造のグッド・プラクティスないしリーン生産方式のコースを引き続き受講させる企業となると、ずっと少なくなる。したがって、この組織が自らに課した課題は、ミルウォーキーの多くの企業が既に信じていることを、雇用主に確信させることであった。これは、いかなる程度であれ、伝統的な職業訓練プログラムが携わってきたことではない。たいていの労働力開発プログラムは、受講生への効果――修了率、職業斡旋率、賃金水準――という観点から、その成否を測っているのであって、雇用主への効果という観点ではない。概して職業訓練機関は、雇用という等式の需要側を、次のような、ときおりなされる雇用主へのインタビューのみによって見ている。プログラムの訓練を受けた労働者を雇いましたか、そうした労働者に満足していますか、将来もこのプログラムの修了生から雇いますか。労働者訓練によってエリのチーズケーキ社の生産性が向上したというフード・シカゴの実証は、通常の測定法をはるかに超えており、他の製造業者を圧倒したように思える。CFL／CLCRの元の報告書が発行された後、イリノイ製造業者連盟はCLCRに、同州の製造についての分析を完遂するよう依頼した。その報告書は、元の報告書の中で、そしてワーク・シカゴによって進められた方向性に沿って、イリノイ州の労働力開発システムを再構造化する、州の支援を推奨した。同連盟とイリノイ米国労働総同盟産別会議は、この目標と他のハイロード・アプローチを、次の二年間の中心的な政策と立法上の目標の一部とした。キャリアラダー・プログラムの広まりは、それが労働者のスキル向上に応じた賃金上昇を雇用主に求めるため恐らく、より多くの同様なデータによる実証と、主要産業に惚れ込んでもらうことを、要請するだろう——雇用主がすでに職業訓練へと気持ちを傾けたミルウォーキーのような場所においてすら、そうであろう。

## 労働組合

労働組合もまた、ミルウォーキーとシカゴでは異なった役割を果たしている。ミルウォーキーでは、労働組合はWRTPの形成に先立って、訓練とハイ・パフォーマンスの製造に関与してきた。そしてWRTPの大きな、組合化された企業では、労働組合は経営側と協働して、テクノロジーと製造手法のいずれを採用するのかを決め、必要な訓練を労働者が受けることを確実にするようにした。

これに対してシカゴでは、過去二五年にわたって、労働組合よりもコミュニティ組織の方が、労働者訓練のより強力な擁護者であり続けてきた。一九八〇年代の、シカゴ地域の大きな、組合化された多くの工場の閉鎖によって、WRTPのような、共同で主導される労働組合—経営側のイニシアチブの機会はほとんど残されなかったのだ。シカゴ労働連盟と当時その理事長であったドン・ターナーが、業界規模のキャリアラダー・システムの枠作りをどうするかという議論に関与したことは、ワーク・シカゴの研究に助成金がおり、それが遂行されるために、不可欠だったかもしれない。しかしながら、シカゴ労働連盟が現時点で労働力開発に関与し続けるであろう程度は、新たな指導者のもと、大規模プロジェクトが進んでいないことを考慮すると、明らかではない。

キャリアラダーに関心を持っているのが、主として訓練供給機関、コミュニティの反貧困組織、州政府の指導者たちであるシカゴでは、労働者訓練と訓練された労働者の供給は、訓練された労働者への需要を刺激することになる——訓練された労働者への需要が、その供給を刺激するのではなく——かもしれない。

## 資金

歴史的に、私的財団は、職業訓練への革新的なアプローチの実地講習に対する資金提供において、重要な役割を果たしてきた。しかし、二都市において私的財団は異なる役割を果たしている。ミルウォーキーでは、アニー・E・ケイシー財団が、WRTPが製造におけるその業務を固め、建設と医療セクターへのアプローチを拡大することを可能にした。ケイシー財団が提供する資金は、ほとんどの労働力関連の助成金よりも多く期間も長いので、結果としてWRTPは、ケイシー財団からの資金をテコにして、他の諸財団、州や地域の政府、雇用主から追加して支援を獲得することができた。たいていの労働力開発イニシアチブが、その存続に必要な財団からの資金を見出すことに奮闘している一方で、WRTPは財団資金への依存を、年間収入の約二五%にまで引き下げた。ヘレン・ベイダー財団からのICICプロジェクト向け資金に基づく新たな期は、諸サービスのレベルの拡張に関して、同様の効果を有するかもしれない。なぜならベイダーからの資金は、組織構築を対象とし、期間も複数年となっているからだ。

職業訓練のイノベーションに対する財団からの支援は、シカゴにおいても高いレベルを維持してきた。しかし、その支援は、たいていはより小さなコミュニティ組織へと向けられてきた。わずかな例外を除いて、シカゴにおける財団からの資金提供は、訓練供給機関、コミュニティ・カレッジ、その他の機関がその伝統的なサービスを提供するのを援助してきた。その資金は、政府の労働力開発システムが稼動するその仕方を、変えてはこなかった。シカゴでは、関係者のほとんど誰もが不充分だと認めるシステムの、より徹底した改革に資金が提供されるチャンスが生まれたとき、一連の理由によって、そのチャンスを逃してしまった。

両都市に共通する財団資金の要素は、もちろん、その時間的制約という性質である。そしてまた、連邦職業訓練助成金は、両都市におけるニーズのわずかなパーセンテージ以上を満たしたことがない。したがって労働力開発は、雇用主からの資金提供と、そして徐々に、地方政府からの資金提供を頼りにしている。後者のカテゴリーにおいては、シカゴ市はとりわけ創造的である。シカゴ市は、財産税収増加資金調達（ＴＩＦ）を、荒廃地域での労働力開発に活用した、最初の都市の一つである［訳註3］。

ＴＩＦプログラムは、次のようになっている。市の荒廃地区が開発によって資産価値が高まったとき、区画に対する財産税もまた上昇する。こうして得られた財産税歳入の増加分を、単に市の一般財源に加算するのではなく、市は荒廃地区をＴＩＦ地区に指定し、この追加税歳入を、その地区内の改善に対する歳出として取り分けておく。

シカゴ市では、このＴＩＦ方式が乱用された。貧しい区域のコミュニティ諸グループは、例えば、シカゴの裕福な商業地域である「ループ」の中に創られたＴＩＦ地区について、荒廃地区だなんてとてもじゃないが呼べない、と不満を述べた。実際、シカゴ市には現在のところ一二九のＴＩＦ地区があり――これは市の面積のほぼ三〇％に相当する――また市は約四〇〇万ドルの財源を有している(18)。一九九一年に、労働力開発に関心を持つ三十幾つかの組織が、特別対策本部を結成した。ジョイス財団からの資金援助をも活用し、ＴＩＦ資金の少なくとも幾ばくかを、確実に、低収入層の住民を益するよう活用するためである(19)。一年間の政治的対立の後、市は次のような合意に至った。将来のＴＩＦ歳入の一〇％近くを、ＴＩＦ対象の荒廃地区内の企業に対する職業訓練に充当する、と。ＴＩＦワークスと呼ばれるそのプログラムは、五〇〇万ドルの共同積立金をもって開始された。この資金は、財政収支がトントンのＴＩＦ地区に対して貸し付けられるので、そうした地区は訓練プログラムに対して支払いができる。借入金は、その地区の将来のＴＩＦ歳入から返済される。

恒久的な資金のベースを創出することは、訓練供給機関が直面する、最も困難な課題の一つである。ＴＩＦワークスには、そうした財政基盤を提供するポテンシャルがある。しかし、たいていの伝統的な資金がそうであるように、その資金は依然として訓練される人びとの頭数に結びつけられており、それゆえ職業訓練システムへのより体系的なアプローチの開発を使途とすることができない。さらには、ＴＩＦワークスへの資金は依然として、極めて限られた金額である。このことは、シカゴの製造においてキャリアラダー・システムを創出しようと努める諸組織が、ミルウォーキーの諸組織と比べて、その目標達成にずっと時間がかかる可能性が高いことの、いま一つの理由である。

### コミュニティ・カレッジ

コミュニティ・カレッジは、ＷＲＴＰの中で中心的な役割を果たしており、シカゴでは、歴史的にその程度がより低い。フード・シカゴ・キャリアパス・コンソーシアムは、七つのシカゴ市立カレッジ全てに関与しており、このパートナーシップが、カレッジが任務に取り組むその仕方をどのように変えるのかを辿っていくことは、興味深いことであろう。ミルウォーキーでは、ＷＲＴＰは、地域最大の訓練仲介機関であり、この機関が仲介する全ての訓練は、地域の技術カレッジによって提供されている。ＷＲＴＰのスタッフは、科目内容をめぐってカレッジのスタッフと協議する。結果として、雇用主のニーズに合わされていき、加えて、どこでも通用する全国的な基準を履修証明プログラムや学位プログラムの中に組み込むことに向けて、ミルウォーキーはかなりのところ進捗中である。これに対してシカゴでは、進行中の二つの製造プロジェクトは、依然としてかなり小規模であり、ほとんどの職業訓練は、コミュニティ・カレッジよりもむしろコミュニティ・ベースの組織によって提供されている。シカゴでは、製造スキルの基準が維持されるであろう唯一の保証は、労働力委員会と雇用訓練市長室が、基準に則った教育を条件に、訓練供給機関と契約を締結するか否かである。そしてそのようなステップのみが、シカゴの市立カレッジ――システムとしては雇用主のニーズにとりわけ応答してきたわけではない――に、カリキュラムを変更させる強制力を持つ。フード・シカゴには九つのコミュニティ・カレッジがメンバーとして加わっており、カレッジのパフォーマンス向上において協働することを狙っている。だが今のところ、カリキュラムの変更は生じていない。

両都市におけるコミュニティ・カレッジには、高校や架橋プログラムから履習証明プログラムへ、準学士プログラムへ、そして最終的には、製造分野の学位プログラムへと、学生の移動を容易にするのに適した接続点（articulation）が、かなりある。しかしこのことは、上っていける製造キャリアラダーの創出のカギとは思えない。たいていのコミュニティ・カレッジは、学生の移動状況を照らし出すような記録を取っていない。しかし、この国全体で、あるコースから別の製造コースあるいは何らかの技術訓練分野に移動する学生はほとんどいない。いったん履修証明プログラムを終えて職を見つけると、学生は、学士はもちろんのこと、準学士の取得のために戻ってくることは滅多にない。これは、次のことを示唆する。すなわち、製造キャリアラダーは、架橋プログラムから始まり、たいていの人びとにとっては、準学士以上の学位を必要としない、カレッジ・レベルの何らかの学習で終わるものなのだ。そして、WRTPとフード・シカゴがとった賃金データが明らかにしているように、キャリアパス上でさらに学習を進めることは、かなりの収入増加につながるのである。

## 製造におけるキャリアラダーの未来

キャンディ協会／ワーク・シカゴと当市のパートナーシップは、我々の食品製造セクターを強化するでしょう。フード・シカゴは、我々の地域企業と地域コミュニティのためになる類の、公的／私的パートナーシップなのです。

シカゴ市長、リチャード・M・デイリー

ミルウォーキーとシカゴの両都市における諸組織のスタッフは、雇用主と雇用者の両方にサービスする最善の方法は——そして経済開発と労働力開発を結びつける最善の方法は——キャリアラダーを通じてのものである、と確信している。だが、ミルウォーキーでもシカゴでも、全国的に認知された資格に基礎を置く製造業において、キャリアラダーは機能を果たしていないし、大都市圏の相当割合の雇用主によって、採用されてきてもいない。

この状況を変えるために、シカゴのプロジェクトは、どこでも通用するNIMS資格に基づいて、プログラムを構築するようにと、コミュニティの職業訓練供給機関を説得することに——そうしたシステムへの参加からは、利益が得られるのだと雇用主を説得することに——多大な努力を払っている。製造キャリアパス・連携パイロットとフード・シカゴ・キャリアパス・コンソーシアムは、さまざまな製造業種においてこのアプローチがどのように機能するのかについて証拠提示を行っている。これとは対照的にWRTPは、業界規模の資格に基づいて実践のあり方を調整するようにと雇用主を説得することには、あまり努力を払わないようにすると決定した。むしろWRTPは、企業とその労働組合が、企業内部の昇進階梯と労働者訓練給付について協議することに助力している。同時にWRTPは、地域の技術カレッジに対して、そのプログラムを全国的基準に結びつけるようにと圧力をかけている——こうした方面から、キャリアラダーを開始できる、という希望を持ちつつ。

いずれの戦略の方が有効なのかと判断することは、もしそう言えたとしても、時期尚早である。実際、私たちには、いずれのプログラムにしてもそのハード・データがわずかしかない。WRTPのパートナー企業が、業界規模のキャリアラダーをまだ採用していないとはいえ、より良い職を創出しているということを、私たちは知っている。シカゴの二つのプロジェクトが、依然極めて小規模ながらも、リチャード・デイリー市長のような強力な政治家の支持を得ていることも、私たちは知っている。両都市における参加企業が、低収入層の住民を良い製造職に雇用することに合意しており、これは媒介機関の介入がなかったら生じていないことだろうということもまた、私たちは知っている。これらは全て、吉報である。

しかし、もし雇用主の実践を変えることが重要であるならば、それが生じる程度がどれくらいのものなのか、測定されねばならない。次の問いを吟味することによって、追加すべき評価基準が、考慮される必要がある。何社が、上級訓練への参加者に対してより高い賃金を払ったのか。何人の雇用主が、スキル向上に投資したか。何社が、スキルの獲得に基づいてキャリアラダーを確立したか。どの程度、より多様で非伝統的な労働供給プールから、企業は雇用し始めたか。職業訓練の取り組みの評価は、職業斡旋の件数を数えることを超えて進まねばならない。労働力開発とキャリアラダー・イニシアチブが、製造実践と収益性を、そして製造労働者のスキルと職の保障をどの程度変えたのかについての数量的な測定が、私たちには必要なのである。

## 註

(1) Fingleton (1999). 中村仁美訳『製造業が国を救う』(早川書房、一九九九) 参照。
(2) 例えば、the National Network of Sector Partners に関して次を参照。http://www.nedlc.org.
(3) Parker and Rogers (1996).
(4) この数値は、次の記事から引用。ウィスコンシン戦略センターのウェブサイトの「ウィスコンシンの職場が変わる」。詳細については、以下を参照。http://www.cows.org.
(5) 前掲。
(6) Wisconsin Regional Training Partnership (2002).
(7) Parker and Rogers (2003).
(8) Wisconsin Regional Training Program (2000, 2002).
(9) Parker and Rogers (2003).
(10) Jenkins (2003).
(11) Jenkins and Theodore (1997).
(12) Chicago Federation of Labor and Center for Labor and Community Research (2001).
(13) Jenkins and Theodore (1997).

(14) Chicago Federation of Labor and Center for Work and Community Research (2001).
(15) ダン・スウィニーへのインタビュー（二〇〇四年四月）より。
(16) このデータは、エリのチーズケーキ社および労働とコミュニティ研究センターから提供されたもの。
(17) ボブ・ギンズバーグへのインタビュー（二〇〇四年四月）より。
(18) Neighborhood Capital Budget Group (2004).
(19) Neighborhood Capital Budget Group (2002).

**訳註**

［1］accountabilityを「応責性」と訳した。岡本薫『日本を滅ぼす教育論議』（講談社、二〇〇六）によれば「このことばは『説明責任』と訳されていることが多いが、これも完全な誤訳である。英語でこの言葉が目的語として使われるときの動詞は、通常は『maintain』（維持する）や『keep』（保つ）であり、『説明責任』と訳したのでは意味が通らない」（二二九頁）。

［2］英語の「キャンディ」は、砂糖菓子やチョコレートなども入り、日本語のキャンディより範囲が広い。

［3］財産税収増加資金調達（ＴＩＦ、日本でもこの表記のまま使われることが多いようである）の分かりやすい説明としては、「海外まちづくり情報サロン」http://www.udit.co.jp/machist/kaigai.htm の「一定期間、土地評価を一定とする米国独自の財政プラン、ＴＩＦとは?」を参照。シカゴ市のＴＩＦに関しては、シカゴ市のウェブサイト http://egov.cityofchicago.org/city/webportal/home.do から、「計画開発局」department of planning and development に入り、「データと人口統計学」の「ＴＩＦ地区リポート」を参照。

# 第5章　ニューエコノミーの中で上昇移動するためのアジェンダ

もし全般的な目標が、まともな賃金を支払い、より多くの経験とスキルを獲得するにつれて人びとが上昇する機会を与える経済だとすれば、労働者とその昇進システムへの投資は、その目標達成に必要な幾つかの戦略の一要素に過ぎない。この結論の章では、第1章で提示した、枠組みとなる三つの問いに関して、本書を通して積み上げてきた証拠を検討する。

1　キャリアラダー・プログラムが、ある特定の労働者たちを、所得上昇とキャリアアップの途につかせることに成功するには、何が必要か。

本書で提示されたプログラムは、最善ないし最も有望な実践の多くの例を提供している。それらはまた、仕事の再組織化は、訓練の供給と同様に決定的に重要なキャリアラダー・プログラムの機能であるという想定に、裏付けを与えている。もし職場が、キャリア移動をもたらすよう組織されないのであれば、プログラムは人びとに職を与える程度のことしかできない。したがって、職場が移動に向けて未だ組織化されていないところでは、キャリアラダー・プログラムは、職場を変容させねばならない。そしてそれが成功するには、雇用主は助言とサービスの単なる受け手であってはならない。そうではなく雇用主は、キャリアラダー・プログラムにおいて強力な役割を、訓練機関や労働力媒介機関と同様に果たさねばならないのである。

ときおり雇用主は、啓発された自己利益の問題だとして、その役割を引き受ける。この場合は、キャリアラダー・プログラムの主要な任務は、啓発をもたらすことである。あるときは、規制ないし組合の圧力、または政府補助金という「人参」が、その維持のためにもたらされねばならない。その場合、キャリアラダー・プログラムの主要な任務は、そのためのロビー活動である。あるタイプの労働力媒介機関が、他のタイプよりも、これらの任務をよりよくこなしていることを、証拠は指し示している。いかなるタイプの効果も、産業と職業によってさまざまである。

2　最も成功したキャリアラダー・プログラムですら、どれほどの変化を生み出し得るのか。

補完性のある規制的な、マクロ経済の、労働需要サイドの政策の有無が、地域レベルにおいてさえ、この戦略のインパクトの極めて重大な決定因だということを、多くの研究が示唆している。例えば、相対的にタイトな労働市場は、労働者とその擁護者に対してある程度の交渉力を与える。またほとんどの場合、職場の構造に関する雇用主の決定に影響を及ぼすには、それが必要であるように思える。タイトな全国的労働市場は、完全雇用政策の中にしっかりと固定されれば、いっそうのエンパワーメントをもたらすだろう。さらに、いくつかの産業では、キャリアラダーを進んだことで実際に価値ある賃金上昇が生まれるようにするには、税金を活用した賃金規制や賃金設定が必要である。

雇用主が進んで仕事を再構造化するか否かは、公共政策によって大いに左右され得る。これまで見てきたように、政府の労働者訓練補助金は、もし戦略的に活用されれば、昇進の道筋を生み出すよう雇用主を導けるのだ。コミュニティ・カレッジもまた、公的補助金の一形態である。繰り返せば、より良く教育された労働者は必ずやより高い賃金を支払われるという希望の下に、こうした公的補助金をばら撒くことも可能である。あるいはまた、コミュニティ・カレッジが、キャリアラダーの創出を目的に、慎重なパートナーシップに乗り出すことも可能である。例えば、ノース・カロライナとカリフォルニアのコミュニティ・カレッジでのバイオテクノロジー産業労働者向け訓練は、製造職に労働者を供給し昇進機会を生み出す、よく練られた州政府の戦略の一部である。加えて公共政策は、組合結成の権利を擁護することも求められる。それによって組合は、訓練、昇進システム、より良い賃金を擁護するのである。最後に、職業訓練プログラムへの政府の支出レベルとそうしたプログラムの設計は、キャリアラダー戦略のインパクトに大いに影響を及ぼすだろう。

だが、補完性のある公共政策が実施されたとしても、キャリアラダー・プログラムにどの程度期待し得るのだろうか。結局のところ、私たちはこれにどれくらい賭けるべきなのだろうか。これらの問いから逃げてはならない。本書で示したプログラムという証拠からは、答えを出す前に、もっとよいデータが必要なのは明らかである。

３　いかにして、政府の職業訓練システムと公教育システムは、より効果的にキャリアアップを促進し得るのか。現行の、政府の職業訓練システムと労働者教育プログラムは、キャリアアップを多少のところ支援しているにすぎない。生涯にわたるキャリアの機会から労働者が大いに利益を得ることができる、と私たちが信じるのであれば――本書の個々の物語によって、「できる」と私の信念は強められた――現行の職業訓練システムは、キャリアラダー戦略と明示的に結びつかねばならない。それをいかに遂行するか、それにいくら費やすか、いかにして政府を説得して投資させるか。これらは、キャリアラダーの擁護者が現在答えねばならない最も重要な問題である。

## キャリアラダー戦略の任務を成功させる方法

成功したキャリアラダー・プログラムが、低賃金労働者の賃金とアスピレーションに劇的な変化をもたらし得る多くの証拠を、私たちは見てきた。既存の文献は、求職者とりわけ低収入の求職者に手を差し伸べサービスする最善の方法や、そうするために必要なネットワーキングの種類に関するガイダンスを提供している。しかしながら、本書の証拠は雇用主に手を差し伸べることも同様に、決定的に重要だということを示唆している。キャリアラダーは、以下のいずれかでなければ、職場で構築されたり活用されたりはしない。すなわち、（1）こうしたアプローチは自己利益になるのだと雇用主が説得される、（2）組合や政府といった外的なテコが、雇用主の実践を変更するよう促す。公的な資格が、このプロセスにおいて重要な位置をしめているようなセクターもあれば、あまりそうではないセクターもある。労働力媒介機関が、そう期待されるように、必要な諸サービスの網の目を創出するために全パートナーを一体化するカギである。だが、「媒介」という概念には、依然として政治的次元が欠けている。政治的次元こそ、キャリアアップを支える体系的な変化を創出するために必要なのである。

## より進んで取り組む雇用主

スキルがあり忠誠心の高い雇用者を有することの利益を、自発的に摑もうとする雇用主はあまりにも少ない。この数十年の複合的な構造的変化は、低賃金で高離職率のローロード戦略を雇用主が採用するよう、実に多くの誘引を生み出した。複合的な構造的変化には、組合の弱体化、わずかの中核的従業員と広範囲にわたる契約労働者あるいは派遣労働者、職の地理的移転によるコスト削減という、グローバルなハイテク経済が含まれている。

しかしながら本書は、雇用主についての他の研究と同様に、入職レベルの労働者が、より賃金の良い職へと昇進するより多くの機会を含むよう、仕事の構造を変えた雇用主の数多くの例を提示している。そしてこれらの例は、どのように仕事を構造化しどのように労働者に賃金を支払うかに関して、雇用主が相当の自由裁量を有していることを裏付けている。ローロードとハイロードのいずれの戦略も収益を出し得るとき、ハイロード戦略とキャリアラダー戦略の採用を進んで決めるのには、どのような要因があるのだろうか。一つの要因は固定性である。他の研究者たちが、次の知見を得ている。すなわち、従業員訓練に投資する可能性がより高いのは、簡単には業況がよくならず、他へ移動できず、従業員給付がなく、新しい生産テクノロジーを活用できず、低離職率を享受できない企業である[1]。したがって、キャリアラダーの創出に関して医療がとりわけ有望な分野であるのは驚くことではない。医療職（看護師や研究所の技能技術者）の労働需要は、他の或る産業のように変わりやすいわけではない。また病院と老人ホームはアジアに移転できない。医療と同様に、実質的に政府によって財政的に保障されている、地域に根づいた他のサービスセクター産業もまた、キャリアラダーの格好の候補とすべきである。本研究はこれを証明している。保育もここに含まれる。[訳註1]

製造業種と製造業者は、固定性の程度に関してさまざまに異なる。多くの製造職は、比較的容易に低賃金地域へと移転でき、生産性向上の結果、消滅しつつある。受注量が伸びている、見たところ活発な企業でさえ、気がつけば、人員削減、移転、合併、新たなテクノロジーによる襲撃といった憂き目にあっているかもしれない。ミルウォーキーを扱ったところで見たように、市場の力はハイロードを選択した雇用主すら、圧倒するかもしれない。この制度的な不確実性によって、ある業種、とりわけ途上国でより安く作れる非耐久消費財の製造業種において、キャリアラダーを維持することが困難になっている。他方で、医療器具のようなハイテク製品の製造業は――顧客と研究者に近接している必要のある企業は――熟練労働者を惹きつけ、訓練し、報酬を支払うハイロード戦略をしばしば選択する。[訳註2]

企業規模もまた、雇用主が進んでキャリアラダーを創出するかどうかの一因である。なぜなら大企業は、小企業と比べてフォーマルな職業分類を持つ内部労働市場を有している傾向がより高いからだ。したがって大企業は、訓練給付を提供する傾向がより高い。そしてその規模ゆえに、一人当たりの訓練費用は相対的に低い。大企業はまた、人事部（human resource department）――労働者訓練への投資を奨励する――を有している傾向がより高い。[訳註3]ミルウォーキーの、組合化された大企業は、中小企業よりも、訓練投資にあたってよりよい地位をしめている。訓練投資がより容易だということが恐らく理由で、大企業は、企業内部のキャリアラダーを支援するハイ・パフォーマンスの労働実践の採用に熱心である。

規模はまた、サービスセクターでも一つの論点である。医療においては、たいていの老人ホームは小さすぎて自前の訓練プログラムを持てず、拡張された医療・介護キャリアラダー・イニシアチブ（ＥＣＣＬＩ）のようなプログラムを通じた援助を必要としている。これに対して、より大きな病院は、訓練実施の資源を有するのみならず、訓練生が上っていける仕事が、ずらりと並んでいる。小さな非営利の保育センターは、訓練投資の資源を持たず、職階が複数あるラダーを構築するには、仕事の種類が足りない。だが、より大きなセンターでさえ、［不充分な］補償率のために、さらなる教育の獲得に基づく層化された賃金構造の開発が、できない状態である。

キャリアラダー戦略に対する雇用主の満足はしたがって、複雑でおおいに微妙な差異をともなう問題点である。キャリアラダーの擁護者が、雇用主の現行の仕事組織に対するハイロードの選択肢を提示する時は、それが雇用主の個別の状況に適合するものでなければならない。シカゴの例において私たちは、多くの製造業者が、職業訓練とより明瞭な昇進の道筋とのより良い組み合わせを可能にする、業界全体にわたる職務記述書の採用に、乗り気でなかったことを見た。ハイロードという選択肢が、雇用主の利益に適うことが自明なこともある。だが、実行可能な選択肢にしたり（例えば政府の補助金による現代化によって）、あるいは無理にでも選択させねばならない（例えば組合交渉によって）こともあるのだ。シカゴ労働力委員会による訓練投資は、ある雇用主たちを説得して、業界標準の職務記述書を採用し、キャリアアップの道筋の同定に関与させた。ミルウォーキーの雇用主たちにそうするよう説得したのは、ジョブ・イニシアチブによる投資と、ハイロード生産テクニックの実施に必要な訓練とその採用における組合の協力の両方である。

## 進んで取り組む雇用主は何をすべきか

いまや私たちは、低スキル労働者のための良質な教育訓練プログラムを設計する方法について、たくさんのことを知っている。良質なプログラムは、以下のものを含む、訓練への綜合的なアプローチを提供する。支援サービス、とりわけ子どもの世話、新規労働者が職場の規範について知るためのソフト・スキルの訓練、新規労働者が大変な仕事状況——技術的スキルと対人スキルの両方——に対応できるようになるのを助ける雇用後のサービス、学習の共同体ないし支援グループ、企業との協力の下で開発したカリキュラム、実践ベースの学習。

概して職業訓練プログラムは、深く根づいたマネジメント・スタイルに挑まない。そうした挑戦は、たいていの雇用主が進んでは提供したがらない低スキル労働者の訓練の中で、ある程度生じてくるだろう。しかし、キャリアラダーは、低い地位にある従業員があたかも思考能力がないかのように扱われる、高度に階層化された労働状況においては、機能するとは思えない。したがって、キャリアラダー・プログラムは、マネジメント・スタイルをも問題としなければならない。

その問題は、医療と保育においていっそう複雑である。[訳註4] これらの領域では、専門職―準専門職・補助職の区分が階級区分と、そしてしばしば人種的・民族的区分と重なっている。組織階層の影響は、医療において最も大きい。公認看護助手と在宅介護助手の最大の不満は、自分たちが敬意を持って扱われないということである。老人ホームでは、公認看護助手が最も頻繁に患者と接している。しかし概して、彼らは患者の医療・介護プランを作成するチームの一員ではない。スキル向上のために或る科目を履修した公認看護助手は、履修後も扱いが変わらなかったと報告している。より低スキルの労働者が向上するにつれて、同僚によって受け入れられるというかたちにするのであれば、雇用主は敬意を払う環境を創出しなければならない。老人ホームにせよ病院にせよ、キャリアラダー・プログラムは、訓練あるいは、全員が医療・介護チームに貢献する方法の確立についての、あらゆるレベルの労働者との議論をともなっている必要がある。ボストン小児病院は、当時「雇用とダイバーシティ」のマネジャーであったジョゼフ・カブラルの造語である「プログラムの推進者」を選出することで、これが必ず生じるようにした。推進者の役割は、その他の病院スタッフを説得して、より低い地位の労働者のための機会の創出が組織全体の利益になるようなかたちにすることであった。この特定の役割は、病院と老人ホームの現場で言及されているにすぎない。しかし恐らく、キャリアラダー・プログラムに参加しているあらゆる職場は、あらゆる労働者に対してプログラムの重要性を伝えるトップ・レベルの人間を有することから、利益を得られるだろう。

私が訪問した幾人かの雇用主は、最も低い地位の従業員であっても、目標に向かって働くチームの価値ある一員として確実に扱われるよう、仕事のプロセスを十全に再組織化していた。また他の雇用主は、マネジャーらがその監督下にある労働者により敬意を払って接するための訓練に、彼らを送り出していた。アップル・ヘルスケア老人ホームでの、チーム・ベースの問題解決アプローチの採用は、治療計画を変更する結果となり、それは労働者と専門医実習生をより納得させ、組織の予算を節約することになったのである。こうした変化は、キャリアラダーとは独立の価値を持つ。だが、こうした変化は恐らく、効果的なキャリアラダー・プログラムの不可欠な基盤でもあるだろう。ボストンの「未来への架け橋」のスタッフは、効果的なプログラムの成功のカギはマネジャーたちの訓練から始めることだ、との信念を持つ。訓練されたマネジャーたちは、他の人びとに向かってプログラムを擁護するからである。

雇用主はまた、カリキュラム開発においてコミュニティ・カレッジのスタッフと協働する必要がある。私たちは、進んでそうする雇用主の有りさまを、「未来への架け橋」と幾つかの医療訓練イニシアチブの中に見た。製造においては、ウィスコンシン地域訓練パートナーシップ（WRTP）が、その会員企業のために、カリキュラム開発においてコミュニティ・カレッジならびに技術カレッジと協働していた。［訳註5］

## 資格

キャリアラダーという観念は、公式的な職業名称と資格を示唆している。しかしこれらは、或るセクターよりも別のセクターにおいてより重要性があるようだ。医療では、連邦政府が老人ホームで働く公認看護助手の最低要件を設定しており、幾つかの州はこれに制度化された追加的な訓練要件を課している。州政府は、公認准看護師と正看護師の資格要件を定め試験を実施する。医療は、資格のヒエラルキーになじむセクターであり、キャリアラダーに新たな職階を追加するとき、同様の形式に従うことは道理に適う。したがって、マサチューセッツ州の「拡張された医療・介護キャリアラダー」は、州全体にわたって新たな等級を標準化するという目的を持って、公認看護助手という職業内に追加的な資格を創出しようと試みているのである。これはまだ起こってはいない。しかし、それは最終的には、その資格の通用性の程度を決定するだろう。

訓練プログラムがごちゃ混ぜになっている保育は、全国的に認知された資格の単一システムへとまとめることから、大いに利益を得るだろう。たいていの州は、この分野での異なる職業カテゴリーに関する教育とスキル向上の資格要件を設定した。しかし、資格要件と職業カテゴリーは州によって大きく異なっている。保育産業は、昇進の道筋を必要としている。だが現状では、あまりにも多くの道筋が創られすぎている。第3章は、三つの職階（保育助手、保育士、センター長）を持つキャリアラダーのために開発されている、四つの際立った道筋を同定した。州の指揮による短期コースの資格要件、児童発達機構（ＣＤＡ）による資格プログラム、幼児教育における準学士プログラム、合衆国労働省による徒弟制。誰でも活用できる資格が、全国的に認知されているというのに、州レベルでは、多くの努力が、個々の資格要件の同定に浪費されている。保育の分野は、保育助手のためのＣＤＡの下に――ＥＣＣＬＩが設立している、公認看護助手カテゴリー内の新たな昇進階段のように――幾つかのレベルを創出する必要があるかもしれない。しかしこれらもまた、全国的に標準化し得る。米軍の保育資格システムは、より良く確立され、これをワシントン州が成功裡に模倣しており、全国的な資格付与システムに関して一つのモデルを呈している。

標準化された資格の事例は、製造ではそれほど明瞭ではない。全国的に認知された幾つかの資格が、異なる業種に存在する。全国金属加工標準機構（ＮＩＭＳ）はその一例である。ＮＩＭＳの標準が、しばしば訓練プログラムのカリキュラム開発の中で活用される一方で、概して個々の製造業者は、依然としてそれに対応した職務記述書を活用していない。こうしたわけで、ＷＲＴＰは、雇用主の抵抗が明らかになったとき、共通職務記述書の採用を、無理強いしなかったのだ。これとは対照的に、製造キャリアパス・パイロットとフード・シカゴはともに、職業名称が同じなら共通となるスキル要件を特定し、それらを活用するよう雇用主に依頼している。

労働者にとって、全国的に認知された資格の上に職業と昇進を基礎づけることの強みは、より広いスキルの通用性である。収益の上がる工場ですら、ほとんど気づかれずに移転あるいは閉鎖させられ得る環境では、個々人のスキルを別の雇用主のところに移っても活かせる能力が不可欠となる。キャリアラダーは、アメリカの労働者の新たな「心理的契約」――第1章で議論した、旧来的な職の保障の追求からエンプロイヤビリティの保障の追求へという変化――を反映する必要があるのだ。しかしながら、たいていの高賃金・昇進指向の業種の幾つかにおいては、資格はポイントから外れているかもしれない。[訳註6]

## 測定と応責性

キャリアラダー・プログラムへの公的財政援助を獲得するには、その擁護者は、国民全体が価値ある投資収益を得るということを、実例によってはっきりと示さねばならないだろう。ほとんどのプログラムが現在やっていることといえば、貧しい人びとが職を得た、と示すだけである。それでは駄目なのだ。だが、全米セクター間パートナー・ネットワークの故シンディ・マラーノとキム・タールによれば、七〇%の労働力媒介機関が昇進に関するデータをとっていない。とっている機関の間でも、データが示す成果は大雑把なものである。二三四機関の全国調査は、次の知見を得ている。何らかのデータをとっている七三のプログラムのうち一九が、彼らの顧客の一〇～二五%が、斡旋後一～三年の間に昇進を果たしているというデータを示せる、と報告している。同様に、二五～五〇%が一六機関、五〇～七五%が一八機関、七五%以上が九機関である。(2) どのようなタイプの昇進なのか、どの程度の賃金上昇なのか、ワンストップ・キャリアセンターによる斡旋と比べるとこうした成果はどの程度のものなのか、私たちにはわからない。労働とコミュニティ研究センターのフード・シカゴによる、個々の職業訓練の投資収益を雇用主がどの程度得ているのかについてのデータ収集と分析の取り組みは、より多くのプログラムが実行すべきアプローチである。

組合運営のキャリアラダー・プログラムは、応責性に関する別種の論点を提示している。例えばニューヨーク市教員組合は、雇用者に科目履修の費用を払うよう学区に要求する契約の交渉をした。組合はこの給付を、雇用者にとっての昇進手段のみならず、彼らが欲するいかなる分野の教育をも受けられる手段として見なしている。他方で市当局は、児童が受ける教育の質を直接的に改善することには使われない、対雇用者教育給付を、学区と市民が支払う余裕があるのかどうか疑問を呈している。同様の議論が、ケープ・コッド・コミュニティ病院でも生じている。経営側が、教育給付の使われ方にもっと制限を加えたいと思っているのである。

本書で検討した経済開発プログラムもまた、応責性を欠いている。企業へのさまざまな補助金に、何十億ドルもの金額を――全て経済開発の名の下に――次第に増やしながら費やしてきた州政府や地域の役所を問い質す公の声はほとんどない。開発機関は、理に適った投資収益――あるいは、いかなる投資収益にせよ――を市民が得ている証拠を提示するようにと、要求されることはほとんどない。こうした出費に関するたいていの研究は、次のように結論している。たいていの場合、お金は企業がいずれにしてもやってしまったであろうことへの支払いに費やされており、それは愚かな公的資金の活用である。[3] 確かに、州や市が特定の産業を強化するために投資を行うことが理に適う場合もある。バイオテクノロジーが多くの病気の治療法を生み出すであろうことに疑いはない。この限りでのみ、公的投資は賢明かもしれない。だが、どのくらいの金額なら、どの州においてなら、正当化され得るのだろうか。結局のところ、二、三の企業が特許を取得した薬剤から何百万ドルも稼ぎ出す一方で、極めて限られた数の職あるいは他の分離新設企業が出来るくらいだ。しかも、その地域は限られている。この問題は複雑すぎて、単純な費用―収益計算によっては解決されないのである。しかし意志決定者は、疑わしい支払いのあるセクターへのお金のかけ過ぎと、きちんと認められた支払いのある分野へのお金のかけなさ過ぎに対して鋭敏でなければならない。

雇用と訓練の成果に関するより良いデータを私たちが持っていないことは偶然ではない。訓練資金の額は斡旋の分析に関してなら充分である。だが、それすらないし、定着と昇進の長期的評価は、私的財団の資金が利用可能な場合のみになされる。州の機関は市民に対して、経済開発協力に関して先取的（proactive）なのだと示したがる。ある州で、顧客に合わせた注文仕立ての訓練の成果を評価するにあたって、訓練されたあらゆる労働者が「コストの省けた職」として分類されたことを私は発見した。[4] 雇用主は補助金付きの訓練を得たことに満足し、州政府は先取的であると見なされ、市民は成果についてたくさんの質問をしない。応責性を問い質す聴衆は、初等・中等教育の場合とは異なって、かなり規模が小さい。支出と支払いについて評価するには、より良いデータが何としても必要である。

## 労働力媒介機関——正しい枠組みか？

第1章で論じたように、労働力媒介機関への信頼は、労働者に機会を与えることを正しく評価していないかもしれない雇用主と、与えられているキャリアの機会の活かし方を知らないかもしれない労働者との間の、危機的な構造的ギャップを架橋する最善の方法であると、広く認められている。こうした強い関心には、充分な理由がある。媒介機関のプログラムの規模は小さなものだけれども、多くの労働力媒介機関は、高い訓練修了率、高い職業斡旋率、さらには高い初任給レベルすら達成しているからだ。媒介機関は、この国の低賃金労働者のわずかな部分を、一般に政府のワンストップ・システムの利用によって見つけ得る場合よりも、より良い職へと結びつけることに成功してきたのである。

しかしながら、本書の調査研究の最中に、次の点に関する平均的な見解に対して、私はいくぶん懐疑的になった。何が労働力媒介機関の構成要件なのか。より均等的な地域労働市場、低スキル労働者にとってのより多くの昇進機会、政府の労働力開発システムの幅広い変化を達成するのに、媒介機関はどのくらい効果的になり得るのか、と。組織のジョブ・マッチング活動ではない、こうした従来とは別の機能は、労働力媒介機関を他の職業斡旋機関と区別する価値のある存在にするものなのだ。だが、こうした従来とは別の領域では、わずかな変化しか生じていない。本研究は、こうしたレベルで先導したり触媒作用を及ぼしたりするような影響力を持つ労働力媒介機関は、ほとんどないということを示唆している。

「労働力媒介機関」という術語は、それぞれ非常に異なるアジェンダ［行動の指針］を持つ、多様な組織を合成してしまうものである。この国には二四三ほどの労働力媒介機関があり、その大多数（七三％）は非営利組織である。

最も一般的な労働力媒介機関は、コミュニティ・ベースの組織となっている。政府の雇用・訓練システムの一部である媒介機関もある。労働力委員会とワンストップ・キャリアセンターがそうである。教育組織は、コミュニティ・カレッジを含め、経済開発機関、経営者連盟（商工会議所も含む）、労働組合がそうであるように、媒介機関と見なされている。(5) こんなふうに本質的に異なる団体が、低スキル労働者たちにとって、より均等的な労働市場と昇進の道筋を創出するという共通の目標に向かって動員されるのを想像するのは困難である。例えば合衆国商務省と多くの産業連盟は、最低賃金引き上げと組合組織化を促進する立法に反対であり、デービス＝ベーコン法[訳註7]の廃止に賛成だと述べた、と記録されている。コミュニティ・ベースの組織は、より良い職業機会の獲得に機能する強力な資格を出しているけれども、雇用主と労働市場への影響力は極めて限られたものである。そうすると、厳密に言って何が、商工会議所、コミュニティの組織、労働組合に共通のアジェンダなのだろうか。それは、労働力媒介機関の役割を脱政治化する場合においてのみ存在するのだ。

だが、媒介機関の役割を、見たところ技術的なものとして示すことは――最も効果的な方法で労働者と機会をマッチさせることは――仕事の構造化・再構造化においてカギとなる諸問題の多くは、極めて政治的なものだという事実を黙殺することである。政治的な問いは、低賃金労働者はどのくらい払われるべきかということも含む。どのようなレベルの税金がどのような種類の賃金と訓練補助金を支えるべきか、どのような規制的制約に雇用主たちは向き合うべきか、労働者たちは組合結成の権利の行使を認められるべきかどうか。

労働力媒介機関の枠組みは、自分たちのサービスが「雇用主主導」であることを強調しつつ、組織の「二重の顧客」アプローチへと注意を焦点化する傾向がある。これは、媒介機関が――例えばコミュニティ・カレッジが――企業の労働力とスキルのニーズを特定し、訓練生が確実にそれに適うようにするために、雇用主と協議することを意味する。しかしもし私たちが、雇用主に影響を与えて仕事の質を改善させ、より多くの社内の昇進機会を創出させるというキャリアラダーの目標を、真剣に捉えねばならないとすれば、こうした種類の中立的な、「二重の顧客」の協議は、充分さにはほど遠い。キャリアラダー戦略の目標を考えると、権力の諸問題がいつも決まって生じてくるのであり、労働力媒介機関はそうした観点から評価されねばならない。媒介機関は、より深く構造的な変化に向けた力となっているであろうか。それとも、その「パートナー」という役割によって選出されているのだろうか、と。

労働力開発プログラムの、労働需要側の成果は概して、ときおりなされる雇用主のインタビューによって評価されるのみである——このプログラムから利益を得ていますか、人を雇いましたか、従業員に満足ですか、将来もこのプログラムの修了生から雇うつもりですか、といった質問によって。しかしながら、労働需要側を評価する基準はもっと追加して考えられねばならないのだ——媒介機関の介入によって、プログラム参加者のためにより高い賃金や給付が設定されるに至ったことは何回ぐらいありましたか。雇用主が鼓舞されて、スキル向上やキャリアラダー創出に投資したことは何回ぐらいありましたか。雇用実践が変えられたことは何回ぐらいありましたか。新たな職の創出へと至ったことは何回ぐらいありましたか。企業が励まされて、多様でしばしば非伝統的な労働者（diverse and frequently non-traditional labor force）をどの程度支援するようになりましたか。これらを達成するために、どの程度、労働者の力や立法的な力を結集しましたか。

本書で整理された証拠は、労働組合との結びつきを欠く媒介機関は、こうした問いに対するしっかりした実績をほとんど持っていない、ということを示唆している。そして労働組合は定義上、その他の労働力媒介機関とは異なる存在である。なぜなら、組合の根本的な使命は労働者のエンパワーメントであって、雇用主に仕えることではないからだ。その他の活動の中で、組合は、賃金を抑制し、教育給付を含む諸給付を廃止しようとする雇用主に抵抗する。しばしば組合は、雇用主を説得してキャリアの機会を構造化させようと、先取的に働く。ＷＲＴＰは、組合化された企業と協働しており、ハイ・パフォーマンス生産技術とより高いレベルの職に向けた労働者訓練の採用に関与する雇用主が徐々に増えている、という証拠を提示できる数少ない労働力媒介機関である。他方でＷＲＴＰは、その地域のワンストップとの結びつきも、それへの影響力もほとんど持っていない。したがって、ミルウォーキー地域ですら、その勢力範囲は依然として限られている。

多くのコミュニティ・カレッジは、均等性というアジェンダを有している。だが、誰にサービスすべきかをなかなか決められない状態によってと同様に、不充分な政府投資と資金使途に関するやっかいな規制によって窮している。低収入・低スキルの求職者に、昇進可能性のある入職レベルの職に向けて準備させることに良い実績を持つコミュニティ・カレッジもある。これまでの諸章で検討したように、コミュニティ・カレッジはそうするためにより多くの支援を必要としている。しかし、コミュニティ・カレッジが、地域労働市場、雇用実践、政府の訓練システムを根本的に変える媒介主体となり得るかどうかは、全くのところ明らかではない。コミュニティ・カレッジは、対学生の補習プログラムや技術プログラムの提供と同様に、技術援助と企業が欲する注文仕立ての訓練の提供に関して、素晴らしい仕事をする。しかし、コミュニティ・カレッジを労働力媒介機関と呼ぶのは、もしこの術語が単なるサービスの供給ではなく体系的な変化の促進を含むのであれば、誇張である。

こうした一揃いの但し書きにもかかわらず、私は、幾つかの非凡な組織は、媒介的な役割を最大化できると信じている。労働市場、雇用実践、政府の政策にインパクトを与えてきた一つの媒介機関は、医療補助職機構（ＰＨＩ）である。この機構が創出した三つの在宅介護協同組合は、たいていの看護助手が受けているものよりも、より高いレベルの訓練を低収入女性に提供しており、より高い賃金が支払われる労働者による、より良い質のサービスを創出することによって、地域労働市場を変えようと試みてきた。さらにＰＨＩは、第2章で議論した老人ホーム品質イニシアチブ［州民発案］の可決を擁護し、支持する有権者の幅を広げることで、マサチューセッツ州の政策にも影響を及ぼしてきた。このイニシアチブは、老人ホームに対して、公認看護助手の追加された二つのレベルに対応する、新たな職種の創出と、それらに対する永続的な賃金上昇の付与を要請する。イニシアチブは、著しく賃金を上昇させてはいない。しかし、低賃金労働者のキャリアラダーと賃金を支えるために公共政策を活用する方向への第一歩なのである。

こうした成功物語が滅多にないことは、現在の政治的風潮を考えれば、ほとんど驚くことではない。リビング・ウェイジ戦略とキャリア機会戦略がそろって媒介機関を基礎に構築されることになるならば、いかなる種類の媒介機関がその課題に耐えられるのかについて、さらなる思考をめぐらすことが必要になる。

## キャリアラダー戦略はどれだけ重大な変化をもたらし得るのか

公認准看護師になるために、公認看護助手が複雑な障害を乗り越えている、解雇労働者が、バイオ製造でより賃金の高い職を得ている、保育士になった保育助手がいる、と耳にするのは、勇気づけられることである。しかし、典型的な道筋は、ゆっくりと段階を経ていく、ぽちぽちの昇進である。看護助手や保育助手は、同一職業内に新たに創出されたレベルを、入職レベルの労働者は、二つ三つの等級を上がっていく。これらの移動は、取るに足らないものでは決してない。アメリカ人の労働市場を二股に裂いている甚大な諸力の激しさに対して、何とかしようというこのレベルの取り組みですら、何千もの低賃金労働者に重大な変化をもたらし得るのだ。しかし、どれほど成功しようとも、これらのプログラムは、この国の極端な収入の不平等へと鋭く切り込んでいくことはできない。ほとんどのキャリアラダー・プログラムの修了者は、年間一〇〇人未満であり、それより相当少ないプログラムもある。本書で提示された最大規模のプログラムはWRTPであり、この八年間に約六〇〇〇人の労働者に訓練を提供してきた。また、一一九九C訓練向上基金は、三年間で一〇三人の看護助手を准看護師に昇進させた。これでは全然足りないのだ。年間所得が一万五〇〇〇ドル未満のアメリカ人労働者は、六四二〇万人である。ずっと大きな取り組みだけが、著しい経済的なインパクトを持ちうるだろう。それに必要なのは、ずっと多くの訓練投資と、ハイロードの雇用実践と賃金上昇へのずっと大きなコミットメントである。

地域レベルですら、キャリアラダー・プログラムのインパクトは、プログラムの需要側に対して公共政策——すなわち、キャリアラダーの目標を雇用主が進んで採用するよう促進する公共政策——が及ぼす影響の程度に大きく依存していると思われる。ニューヨーク市では、労働組合が教育給付に関して、市当局と交渉した。シカゴでは、労働力委員会が、標準的な職業分類とキャリアラダーを採用するよう、雇用主に奨励している。シアトルでは、経済機会機構が、州政府は州のキャリアラダー実地講習を支援する方法を、依然として見つけようとしている。

もし目標が、リビング・ウェイジを稼げる仕事、昇進の機会が豊富にある社会ないしコミュニティを有することであるならば、キャリアラダー・プログラムは有効な道具である。しかし、いかなるレベルにせよ、どれだけ重要な変化をもたらせるかは、私たちの政治的意思――賃金補助と賃金規制の促進、組合組織化を支持する環境の創出、低失業の状況での訓練への資金提供とその環境設定など、政治的に何をなすかの選択に依存していると思われる。

## 賃金規制と補助金

公共政策は複雑な方法で賃金構造に影響をもたらす。例えば、賃金と労働時間を規制する法律（公正労働基準法）は、基本的な最低賃金を定めている（この法律は充分な履行システムを有したことがないのだが）。ある特定の諸産業、もっとも顕著には建設業では、政府の政策（デービス＝ベーコン法）は、連邦と契約する雇用主は「一般的な」賃金（通常は組合賃金）を支払うよう命じている。そして政府は、断続的にせよ、保育のような労働のコストの一部と職業訓練の費用に補助金を出している。政府はまた、失業補償のシステムに責任を持っており、それはまともな賃金をあくまでも要求する労働者の交渉力を幾ばくか強めている。加えて政府は、主に勤労所得税控除を通して賃金に補助金を出している。リベラル派も保守派も、労働に報酬を与え最低収入を確実にするという点から、勤労所得税控除が、持ちうる最善の反貧困プログラムであることに賛成している。

しかしながら、こうした政策一式は、働くことが報われるようにする、全国的な政策へとは積み上がらない。専門職や生涯的な職業の中で前進する体系的な機会を、とりわけ労働市場の下層では、生み出しもしない。そうした目標を達成するには、最低賃金の引き上げ（直近のそれは一九九六年である）[訳註8]、所得補助への支出増加、政府契約という影響力の活用によって、建設業のみならず、医療や保育のような政府が直接的あるいは間接的に賃金の大半を支払うような他の産業において、賃金を上げキャリアラダーの構造化を支援することが、不可欠であろう。

## 労働組合の支援

労働者の声とエンパワーメントの組織体として、労働組合は労働者の賃金と昇進可能性への重大なインパクトを有する。組合は、賃金と時間外労働の協約、健康と安全の規制を、雇用主が遵守しているかどうか監視する。彼らはしばしば、内部労働市場とその構造に関してもっと考え方をはっきりさせるようにと、雇用主に迫る。また労働組合の多くは、キャリアラダーについて系統立てて考えてきた長い経験を持っている。歴史的に見て、この国の最も旧いキャリアラダー・プログラムは、労働組合の徒弟制である。建築業における組合の資金負担による徒弟制は、諸給付をともなう賃金の良い職へのアクセスを、何千もの労働者に対して創出してきた（のみならず歴史的に、マイノリティと女性を排除してきた）。労働組合は、他のいかなる組織よりも、教育と昇進に価値をおく職場文化を創出する。ホテル・レストラン従業員組合や一一九九C、サービス従業員国際労働組合のような、相対的に新しいサービスセクターの組合は、より良い賃金と労働条件といった伝統的な目標に向けた交渉のみならず、キャリアアップ・プログラムのための、より創造的な諸勢力の一つであり続けてきた。粘り強い組合組織化の結果、例えばラス・ベガスのホテル産業は、キャリアラダーに加えて、信じられないほど気前の良い賃金を、驚くほど達成する基盤となっているのである。

医療分野では、組合化された施設は、されていない施設よりも、低収入労働者が現実に利用できる教育給付を提供する傾向が大きい（組合化されていない施設は、かりそめにも教育給付を提供する場合は、授業料償還給付を提供する傾向が大きい。しかしそれは、授業料を工面できず授業出席のための休みを与えられていない労働者を援助するものではない）。ケープ・コッド病院のキャリアラダー・プログラムは、契約交渉を通して勝ち取られてきた多くの訓練向上プログラムの一例である。フィラデルフィアの一一九九C訓練向上基金は、一つの訓練施設内でさまざまな雇用主の教育給付を調整する労働組合の力量を示している。しかし、いかなる職場でも可能な給付を維持することは、進行中の取り組みである。この基金と提携している大病院の一つに勤める労働者は、二〇〇三年の契約交渉で、教育給付を喪失している。

カリフォルニアにおける在宅介護労働者の組合化は、賃上げと教育訓練給付をもたらした。保育における発生期の労働組合運動は、労働条件の改善と専門性の向上という同様の希望を与えるかもしれない。シアトルでは、組合化を、より高額の政府保障を要求する一つの方法と見なしている保育施設の経営者もいる。しかしながら、ワシントンの「幼児教育キャリア開発ラダー」に向けた恒久的な資金の流れを見つけ出せないことは、私たちに次のことを思い出させる。すなわち、政府が最終的に支払いをする顧客である場合は、組合の取り組みは、リビング・ウェイジの支払いと専門性の支援への公共政策のコミットメントによって補完される必要がある。

労働者の組合組織化能力はそれを受けて、基本的な三変数に影響する。労働者の自覚と闘志の状態、雇用主の報復からは自由に、組合を組織し加入する労働者の権利を政府が進んで擁護すること、既存の企業がたやすく仕事を移転・外注する態度。もちろん、公共政策が最もすぐに影響を与えられるものは、組合結成の権利の擁護である。

## いかにして政府の職業訓練システムと公教育システムはキャリアアップをよりよく促進し得るか

生涯学習はかなりの間、労働力開発の世界における決まり文句であり続けてきた。理論的には、生涯学習は素晴らしいものに響く。全てのアメリカ人は、自らの生活環境を改善するために教育を続ける機会を持つべきである。公教育システムに失敗したあるいは失敗させられた人びとには、まともな賃金が得られる職に就くために、資格を得るセカンド・チャンスがあるべきである。生涯学習の観念は、成人は、個人的選択と生活環境が許すときに、教育の道筋に乗ったり降りたりすることができるべきだ、というものだ。しかし、実際には、国家の初期職業訓練プログラムと州のコミュニティ・カレッジ・システムを、生涯学習とキャリアアップを支援するよう作り直すには、何が必要だろうか。

## 全米労働者訓練システム

多くの唱導者が気づいているように、熟練労働者は「安上がりで」は創出できない。連邦および州政府と雇用主は、職業訓練を活用できる人びとの数を増やさねばならない。二〇〇二年では、二〇万六〇〇〇人が、国家の初期訓練プログラムである、一九九八年の労働力投資法の下で訓練を受けた。労働省の全資金が合計されるとすると、私たちは年間七〇億ドルを成人と青年の職業訓練に費やしていることになる。しかしこの金額は、成人一人あたり五〇ドル、青年一人あたり三〇〇ドルにしかならない――コミュニティ・カレッジの一コース分の支払いにはほとんど不充分である。スキルのある労働力の来るべき不足への対応に向けて投資することは、現在私たちが費やしているよりも、何十億ドルもが必要であろう。二〇〇四財政年度に関するブッシュ政権の提案は、二〇〇三年の労働力投資法の水準――それは二〇〇二年の水準を下回る――を維持するというものだ。これは、国家のスキル・ギャップへの対応あるいはアメリカ経済のグローバルな競争力の維持に対する充分な資金支出ではない。

さらには、もし目標が、単なる職業斡旋ではなく、キャリアアップであるならば、労働力投資法のシステムは、失業者と同様に現職労働者の向上のための職業訓練を提供しなければならない。現行システムは、異なる集団――初職求職者、解雇労働者、低賃金労働者――の諸ニーズにサービスを適応させることを地域の委員会に認めていない。州は自由裁量資金（州に割り当てられた労働力投資法の総額の一五％）を、とりわけ現職労働者向けの職業訓練に使うことができ、幾つかの州はそのようにしている。だがその成果は、全国的なニーズに適うことからはほど遠い。実際のところ、本書で描かれたほとんど全てのキャリアラダー・プログラムは、全てではないにしてもその資金の大部分を、労働力投資法以外から受給している。

働く成人のスキル向上に関する責任の大部分は、いまや各州にのしかかっており、二州を除く全ての州が現職労働者の何らかの訓練プログラムを有している。これらはたいてい、既存産業を維持あるいは新規産業を開発する、経済開発イニシアチブと結びついている。多くの州は、コミュニティ・カレッジ・システムを通して自由な訓練を、伸張している企業に供給するという、ノース・カロライナ方式を手本にすることを好む。しかし、そのような労働力訓練への州の資金提供は、この数十年、維持するのが困難な状況である。一六州における三〇のプログラムに関する最近の調査によれば、七五％のプログラムで資金は減少しており、将来的な予算削減が予想されている(6)。

十あまりの州が、失業保険の雇用主負担の一部（一％未満）を、現職労働者の訓練プログラムに指定することで、その資金を提供している。マサチューセッツ州では、失業保険基金からは約一万五〇〇〇ドルが、労働者訓練基金に提供されている。連邦失業税法を改正すれば、連邦政府は、失業保険基金を主要産業の現職労働者の訓練に使っている州に対して、マッチング資金を供給したり、失業保険基金の数パーセントを、償還することができよう。同様に、連邦の労働力投資法基金は、州の注文仕立ての訓練プログラムにマッチするよう活用され得よう。これは、教育と労働力開発分野において卓越した、研究・コンサルティングと擁護の非営利組織である「未来への職業」によって唱導されている資金提供戦略である。こうしたアプローチは、連邦および州政府と雇用主に、スキル向上に関する相互責任を与えるのだ。

その他には、雇用主と個々人がスキル向上訓練に投資するインセンティブは、生涯学習口座――職業スキル向上に活用される個人の普通預金口座であり、雇用主の負担金は従業員と同額とする――によって上げられ得るだろう。成人・経験学習協議会（CAEL）は現在、三ヵ所で三五〇人を含む実地講習プロジェクトを支援しており（シカゴ、インディアナ北東部、サンフランシスコ）、こうした口座を支援する連邦と州の政策を唱導している。実地講習プロジェクトにおいては、雇用主は、負担金を個々の従業員と折半して、設定された上限額まで拠出する。従業員は、キャリアと教育のアドバイザーの助力の下に学習計画を開発することが求められ、キャリア目標に向けて自分達を前進させるコースにのみ、この基金を活用することができる。CAELの趣旨は、そうでもしなければ、より低いレベルの労働者に教育訓練投資をしないであろう雇用主を動機づけることである。もっと幅広い実地講習のための資金集めの一方で、CAELは、従業員個人の口座を税控除の対象にし、費用を負担している雇用主に税控除を適用する、新しい税法を唱導している。

労働力投資法の下における、地域の政策決定組織である労働力投資委員会は、既存の労働者のスキル向上に、プログラムをもっと適合させることもできる。二〇〇三年の労働力投資法の延長は、まだ議会を通過していないけれども、[訳註9]それは新しい履行要件を含んでいる。すなわち、職業斡旋に力点をおく現在のやり方から、定着と昇進に力点をおく地域委員会を報奨するやり方へと変わるものだ。シカゴ労働力委員会の、製造キャリアパス・パイロットへの資金提供は、いかにして地域委員会が、大都市圏の現職労働者向けの調整された訓練を促進できるかということを例証している。

合衆国の二六歳以上人口の約一六%が、高卒未満の学歴である。彼らに対する唯一の求人が、公認看護助手や警備員であるとすれば、こうした職に就く人びとには、より良い賃金の職につけるようにするスキルを得る機会が現存していなければならない。さもなければ、彼らはまともな賃金を決して稼げないだろう。現行の職業訓練システムの下では、適切な訓練も、こうした人びとが訓練プログラムを活用できるようにするその他の支援やサービスも、広く利用可能にはなっていない。

**コミュニティ・カレッジ**

大体いずれの経済セクターでも、コミュニティ・カレッジは、キャリアラダー戦略の、教育訓練のカギとなるリンクである。本書の各章で私たちは、コミュニティ・カレッジが多くのレベルの訓練——基礎的な読み書き能力から第二言語としての英語教育、補習コースから学士レベルの技術コースまで――を提供しているのを見た。しかし、こうしたプログラムのほとんどは、低賃金労働者や低スキル求職者のための、キャリアの道筋の一部となるよう特別に設計されていない。これらの人びとは、次のような行動が取れなくてはならない。すなわち、仕事に戻るために学校や訓練を中断し、仕事の中断時には再び学校や訓練に戻れる――あるいは、通学しながら仕事もできる、といった行動である。これらの人びとはまた、一連の教育プログラムを全てやり通すことで向上していく必要があるかもしれない。

プレ・架橋プログラム→架橋プログラム→履習証明プログラム→準学士→学士

たいていの場合、コミュニティ・カレッジは、これらのニーズに対して効果的に応えてはいない。

概してコミュニティの組織は、製造における進歩的ラテン系アメリカ人協会のプログラムのところで見たように、架橋プログラムを提供している。[訳註10] 理論的には、コミュニティ・カレッジは、そこから引き継いで行き、四年制教育機関へのリンクとなるものである。だが実際はそのようには動いていない。たいていのコミュニティ・カレッジは、コミュニティの諸組織との協働や調整に関心を持っておらず、四年制大学への接続にほとんど成功していない。コミュニティ・カレッジは、両方向を向くようなインセンティブと指令を必要としているように思われる。そしてコミュニティ・カレッジは、生涯学習の機会を必要とする学生たちへのサービスという義務を負うのであれば、より多くの資金が必要である。州の予算は、通常はコミュニティ・カレッジの財源の六〇%を供給しているものの、最近その支出を劇的に削減した。全国的に見ると、コミュニティ・カレッジの授業料は、二〇〇三年には平均一一・五%上昇した。もし州が、労働者のスキルのレベルを向上させたいのであれば、コミュニティ・カレッジへの資金提供を劇的に回復し増加させなければならない。しかしながら、いかなる資金の増額であれ、それは実績とより密接に結びつけられなければならない。

例えば、補習プログラムや、大学の単位にはならない履習証明プログラムに在籍するコミュニティ・カレッジの学生は現在、極めて低い割合でしか、単位になる履習証明プログラムや学位プログラムに進んでいけていない。架橋プログラムは、個別の職業的状況に適した基礎的スキルを組み込むことによって、こうした結果を改善するよう設計されていた。予備的証拠は、架橋プログラムが、履習証明プログラム、すなわちラダーの次の段階に向けて、学生を準備させることにおいて、非常に効果的であることを示唆している。私たちはこのことを、シカゴの製造架橋プログラムのところで見た。[訳註11] しかし、準学士プログラムへの前進に関しては、充分な証拠はない。確かに架橋プログラムは、かつては存在しなかった機会を創出している。だが、架橋プログラムを設けて、これを続けていくには、多大な時間と資源を必要とする。例えばシカゴの製造架橋プログラムは、立案に数年を要し、財団と州政府から何十万ドルもの資金提供を受けている。平均すると、三二〇時間の架橋プログラムにかかる学生一人あたりの費用は、一二〇〇ドル(開発コストと間接費は含まない)である。そして、概してコミュニティの組織によって提供される募集、ケース管理、職業斡旋のサービスは、学生一人あたり、さらに三五〇〇ドルを追加する。[7] これは、まともな賃金が得られる職に就けるようにするのに、高い値段ではない。しかし、もし目標が、人びとが準学士に至りさらに進んでいくことだとすれば、架橋プログラムがそれを行っているかどうかは、まだ明らかではない。

現在の資金政策は概して、コミュニティ・カレッジを他の方向へと歪めている。コミュニティ・カレッジは、架橋プログラムのコースと同様、大学の単位にはならないコースに在籍する学生に対する補償金を、ほとんどあるいは全く受給していない。それゆえ、コミュニティ・カレッジのインセンティブは、その他のプログラムに焦点化することにある。節約のために、最初の二年間をコミュニティ・カレッジですごす新規高卒進学者の数が増えている。そして、学生一人につき、新規高卒進学者へのサービスの方が、履習証明プログラムの受講の前にすら補習の必要な低収入層の学生よりも費用が安く、授業料収入も多く得られる。そしてまた、財政的により魅力的なのは、職業に関連する技術的スキルを習得するために、科目履修生としてコミュニティ・カレッジに通う(学位を求めてはいない)大卒者や成人である。こうした科目は、学生あるいはその雇用主によって授業料が払われる。これらの学生は、受講の前に補習や単位にはならない訓練を受ける必要のない学生である。[訳註12]

コミュニティ・カレッジの優先順位をさらに歪めているのは、低収入層の学生がしばしば、授業料支払いに使える労働力投資法のバウチャーを持っているという事実である。コミュニティ・カレッジは、バウチャーを使われると書類仕事と報告義務が増えて面倒だと言い、その多くが、バウチャーの受領を拒否している。

コミュニティ・カレッジはまた、経済開発という使命を持っており、幾つかのカレッジはその他のカレッジよりもこの使命をより良く果たしている。たいていのコミュニティ・カレッジにとって、地域の或る特定の企業との契約に基づく、技術援助を提供する独立のユニットと、注文仕立ての従業員訓練とは、重要な存在である。現職労働者は実際に、そうした短期訓練の結果として収入を増やしていることを、証拠は示している。[8] しかし、ほとんどの州は、大学の単位にはならないこうした授業に対して資金提供をしないため、たいていのコミュニティ・カレッジは、授業を維持するために必要なスタッフの人件費と間接費をまかなえない。[訳註13] 利用可能な財源における非一貫性が原因で、シアトル地区のショアライン・コミュニティ・カレッジの「成人教育と雇用主へのアウトリーチ」で統括者を長く務めているジョン・レデラーは、次のように主張する。「生涯学習とカレッジ—企業間のパートナーシップを促す最善の方法の一つは、大学の単位になる教育が受給しているのと同じ財源によって、契約による教育と大学の単位にはならない教育を支援することである[9]」。

四年制教育機関へのより良い上昇移動リンケージはまた、生涯学習とキャリアアップを支援するだろう。幾つかの州のコミュニティ・カレッジは、学士取得に向けた最初の二年間を提供するために設置されている。だが、たいていの場合、四年制大学へと進学できる学生はわずかである。[10] 本書で研究対象とされたプログラムは、こうした結果を改善する幾つかの異なる方法を示唆している。ケンタッキー州、オクラホマ州、テキサス州は、コミュニティ・カレッジと総合大学で、共通科目のナンバリング・システムを活用し、一方から他方への移動すなわち正しい方向への第一歩を促進するようにしている。ノースカロライナ州は、バイオテクノロジーのような特定の諸産業におけるプログラムの構築を試みている。そのプログラムは、履習証明書から始まり、学位へと続いていくものである。カリーグ・イン・ケアリングは、幾つかの州の高等教育機関と協働し、ある機関から他の機関へと転籍する看護・介護の学生が、不必要に科目を重ねて履修しないようにしている。

コミュニティ・カレッジを四年制教育機関に連結することは、非常に異なる文化と学生母体を有する機関同士を連結することよりは、財源の問題は少ないように思える。四年制教育機関の学部は、研究と論文発表・出版によって報奨されるのであって、コミュニティ・カレッジとのリンケージの促進によってではない。したがって、接続に関する合意は、特命を受けた委員会によって、州レベルで得られる必要があるだろう、ということになりそうだ。

コミュニティ・カレッジは、初等・中等教育システムと同様の応責性の圧力を、これまで受ける必要はなかった。そのために、コミュニティ・カレッジは何を上手くこなせるかについて、未解答の疑問がたくさんある。これらの疑問の幾つかは、私たちの教育機関は低収入労働者の生涯学習を支援できるという憶測のもとで急進する前に、答えられていなければならない。架橋アプローチは、製造、バイオテクノロジー、情報テクノロジーにおいて試みられてきた。幾つかの顕著な例外はあるものの、その結果については、あまりよく裏付けが取れていない。架橋プログラムの追加と開発を正当化するには、架橋プログラムに在籍する学生の充分多くが、まともな収入が得られる仕事に就いたというより多くの証拠が、私たちには必要である。また反対に、大学への架橋が現実に必要だという証拠も必要である。製造の章で見たように［訳註14］、応用科学準学士取得のために学校に戻ることは、企業がＯＪＴを行っているなら、昇進に必要ではないかもしれない。加えて私たちは、架橋プログラムのために創られたタイプの科目を、大学の履修単位にするべきかどうか、批判的に評価しなければならない。たいていの学問分野では、履習証明書向けの勉強を役立つ内容にすることと、大学レベルの水準を維持することとの間には、微妙なバランスがある。

その他の重要な観点の一つからすると、私たちの現行の職業訓練・教育システムは、成人学習者に対して支援的ではない。この国の、大学進学資金の主要な提供元であるペル奨学金は、コミュニティ・カレッジに在籍する勤労成人には、根本的にアクセスできない。ペル奨学金プログラム（高等教育法第四条）は、年間約九五億ドルを、収入適格基準に適った大学生に分配している（これとは別に四二〇〇万ドルは貸与である）。しかしこの奨学金は、学位取得に向けた勉強にのみ適用可能であり、実務的な履習証明書ないし学位に向けた勉強や、架橋プログラムやその他の短期プログラムには適用されない。[訳註15] さらには、学位取得に向けた申し分のない向上という、ペル奨学金プログラムの要件を満たすには、受給者はほとんどフルタイムで在籍しなければならず、これは勤労成人にはほんどどうすることもできない。ヒラリー・クリントン上院議員（ニューヨーク州選出）とボブ・グラハム上院議員（フロリダ州選出）は二〇〇四年に、「非伝統的学生の成功」法を提出した。勤労成人への金銭的援助を高め、彼らのニーズに応える処置を講ずる学校に対しインセンティブを与えるためである。しかしこの法案では、ペル奨学金の学位取得という要件は依然としてそのままだろう。そしてまた、履修がフルタイム学生の半分未満である勤労学生は、受給資格がないだろう。キャリアラダーを支援する職業訓練と教育のシステムであるならば、こうした制約を変更し、「希望と生涯学習税控除」プログラムに対しても、同様に変更をもたらすものであろう。

結局のところ、この国の職業訓練システムと教育システムが、勤労成人のキャリアアップの努力をより支援するように変える手段は幾つかある。それらにどのくらいの資金を投入すべきかは、明らかではない。しかし、いつクビになるか分からない仕事で構成された経済——エンプロイヤビリティが金銭的安全への唯一のルートかもしれない経済——においては、私たちは教育と訓練へのアクセスをもっと拡大しなければならない、と言って間違いない。

## 経済開発か公共の福祉か

究極的に、低スキル・低賃金労働者にとっての、キャリアアップの機会の創出に使われる資金の量は、市民がそのような支出を経済への投資と見なすか公共の福祉と見なすかの関数である。その報酬が幾らなのかは明らかではないけれども、アメリカ人は、重点産業の新しい企業や拡大している企業に対する、自由な訓練の提供によって、経済開発と労働力開発を結びつけるノースカロライナのようなプログラムを支持する傾向がある。たいていの人びとは、新しい成長産業を惹きつけよという論理を理解している。補助金によってビジネスをものにすると重大ニュースになる。だが、約束された職の実現が何年先になるのかに気をとめる人はほとんどいない。ところが、貧しい人びとに高校卒業程度認定証書取得や職業訓練修了の、第二、第三のチャンスを与えることにお金を費やすことは、政治的論争の度合いをいっそう強める。とりわけ、貧しい人びとの圧倒的多数がマイノリティや移民である場合には。

ある状況下では、有権者は低賃金労働者への投資に向けて成熟させられ得る。医療（とりわけ老人ホーム）、保育、そしてある程度のところ教育における、対人的なケアワーカーは、彼らのために動員され得る中産階級の有権者を有している。［訳註16］マサチューセッツの老人ホーム品質イニシアチブ［州民発案］は、医療補助職機構が、家族が水準以下の介護を受けた経験があり、仕事の質と介護の質の関連性を理解している人びとの間に、広範な支持を動員し得たために、設立された。同様に、ワシントン州幼児教育キャリア開発ラダーも、経済機会機構と保育の擁護者によるキャンペーンの産物である。もし低賃金労働者が労働組合を有していないならば、彼らの運動を前進させる中産階級の有権者を有する方が良いと思われる。

## 結論

キャリアラダー戦略に関する以上の再吟味は、政策的な結論を幾つか示唆する。第一に、キャリアパスのより明確な構造化を奨励して、相対的に低スキルの労働者が、彼らのライフコース全体にわたって経済的な向上を望めるようにするために、公共政策を用いることは、極めて価値のある目標である。それは、個々人を益するのみならず、国全体の生産性のためにもなるだろう。第二に、しかしながら、キャリアラダーは、「働くことが報われるようにする」ための唯一の国家的戦略とはなり得ない。なぜなら、多くの職業は幅の狭い昇進ピラミッドを有しているからだ。昇進への道筋という文脈を超えて、働けばリビング・ウェイジが稼げる、ということでなければならない。第三に、キャリアラダーは、リビング・ウェイジ戦略全体の中の、非常に有益な一部分なのであって、銀の弾丸ではない。キャリアアップ戦略は、もしそれが概してタイトな労働市場と労働者に優しい規制政策、場合によっては強制的な政策によって補完されなければ、名目以上のものを成就するのは、実質不可能である。第四に、雇用と訓練の既存のシステムは、議案通過によってのみキャリアラダーを促進する。このシステムは、先に議論したように、単なる職業斡旋ではなく昇進を、明示的に体系的な目標とするよう、再構造化されねばならない。そしてシステム全体はまた、充分な資金投入を必要とする。最後に、労働力媒介機関という概念は有望であるけれども、もしこれら幾つかの変化が生じなければ、そのアプローチ全体は、形ばかりないし宣伝のレベルで衰える、他の有望な財団による資金提供のイニシアチブと同じ運命を辿り、その可能性を成就し得ないだろう。アメリカの低賃金労働者は、もっと報いられて当然である——ニューエコノミーの中で上昇移動する機会に恵まれて当然なのである。

## 註

（１）Frazis, Gittleman, and Joyce（2000）.
（２）Marano and Tarr（2004）.
（３）Fitzgerald（2002）, Bartlett and Steele（1998）, Harrison and Kantor（1978）. 最近の企業補助金の契約内容に関する最新の説明については以下を参照。http://www.goodjobfirst.org.
（４）Fitzgerald and Patton（1994）.
（５）Marano and Tarr（2004）.
（６）Mills and Biswas（2003）.

（7） Jenkins (2003).
（8） Duscha (2002).
（9） Lederer (2002).
（10） Jenkins (2003).

## 訳註

［1］ 原文は、「保育と教育もここに含まれる」である。

［2］ 原文では、このあと次の文章が入る。「バイオテクノロジーでは、特定地域での生産工程に関していったん食品医薬品局の認可を得たら、その企業は移転する可能性は低い。これによってバイオテクノロジー製造は、キャリアラダー戦略に関する格好の焦点となったのだ。分析の章で見たように、バイオ製造業者自身が、相当量の時間と資源を労働者訓練に投資するつもりでいる」。

［3］ 原文では、このあと次の文章が入る。「そのパターンは、バイオテクノロジーの章で見られ得る」。

［4］ 原文は、「その問題は、医療、保育、教育においていっそう複雑である」と、割愛した章の「教育」が入っている。

［5］ 原文では、このあと次の文章が入る。「バイオテクノロジーでは、雇用主は必要なスキルが何であるか分かり始めたばかりのところで、短期訓練プログラムから学士プログラムまでのカリキュラムの開発において、コミュニティ・カレッジと緊密に協働している」。

［6］ 原文では、このあと次の文章が入る。「例えばバイオテクノロジーは、非常に新しい産業なので、一企業内ですら、職務名称と昇進のあり得る道筋は、しばしば流動的である」。

［7］ デービス＝ベーコン法（公契約法、一九一三年制定）は、労働条件を規定する法律の一つで、連邦政府または連邦の補助を受けた工事において、労働者に支払う賃金と付加給付について定める。二〇〇〇ドル以上の請負工事に適用され、その地域における一般的な賃金水準を下回ってはならないと定められている。その一般的な賃金額は労働省が決定する。

［8］ 米国の上下両院は二〇〇七年五月二四日、連邦最低賃金の引き上げを含む法案を賛成多数で可決し、翌二五日ブッシュ大統領が署名し法案は成立した。その結果、現行五・一五ドルの連邦最賃は七・二五ドルまで引き上げられる二〇〇九年七月二四日までに三段階で実施し、初回は二〇〇七年七月二四日＝五・八五ドル、二回目は二〇〇八年七月二四

日＝六・五五ドルである。最賃引き上げに伴う経営者の負担を軽減するために中小企業を対象とする四八・四億ドルの減税も抱き合わせで実施する。

[9] 労働力投資法（WIA）は五年間の時限立法であったものの、二〇〇三年九月三〇日の期日までにその延長は可決されなかった。その後、第一〇九議会（二〇〇五〜〇六年）の両院本会議で可決された延長は、両院協議会には至らず、最終的に不成立となった。第一〇九議会（二〇〇七〜〇八年）においては、二〇〇七年一〇月四日に「労働力投資改善法」が提出され、教育・労働委員会に、さらに二つの小委員会に付託された。二〇〇八年六月現在、動きはない（米国議会図書館オンライン情報サービス＝THOMAS（http://thomas.loc.gov/）を参照）。なお、最近のWIAの政策評価に関する日本語文献としては、原ひろみ（二〇〇八）「アメリカの職業訓練政策の現状と政策評価の取り組み――労働力投資法を取り上げて」『日本労働研究雑誌』五七九号を参照。

[10] 原文は、「概してコミュニティの組織は、バイオテクノロジーにおける、サンフランシスコ・ワークスのオン・ランプ・プログラムや、製造における進歩的ラテン系アメリカ人協会のプログラムのところで見たように、架橋プログラムを提供している」である。

[11] 原文は、「私たちはこのことを、サンフランシスコ・ワークスのオン・ランプ・プログラムや、シカゴの製造架橋プログラムのところで見た」である。

[12] 原文は、「これらの学生は、バイオテクノロジーの履習証明プログラムのたいていにおいて見られるように、受講の前に補習や単位にはならない訓練を受ける必要のない学生である」となっている。

[13] 原文では、このあと次の文章が入る。「バイオテクノロジーの章で議論された三つの州のうち、カリフォルニア州とノースカロライナ州は、労働力開発の三つの財源――コミュニティ・カレッジの充当金の一部となる州の財源、他機関からの州の財源、州以外の資金――を有している。マサチューセッツ州は、労働力開発への恒常的な充当金を有してはいないけれども、他の二つの財源にアクセスできる」。

[14] 原文は、「製造とバイオテクノロジーの章で見たように」である。

[15] 原文は、「バイオワークやBESTのような、架橋プログラムやその他の短期プログラムには適用されない」と、割愛されたバイオテクノロジーの章の事例にも言及している。

[16] 原文は、「医療（とりわけ老人ホーム）、保育、そしてある程度のところ教育における、対人的なケアワーカーは…」となっている。

## 論点提起1　非正規雇用の日本的特殊性とキャリアラダー戦略の可能性

阿部　真大

ここでは、本文の第2章（医療）の翻訳を担当した阿部が、前半で、若年労働問題における本書の位置を確認し、後半で、本書で論じられているアメリカにおける医療分野のキャリアラダーの問題を日本で考えるに際して注意しなくてはならないことを確認しつつ、いくつかの論点を提起する。

### 1　若年労働問題における本書の位置

#### 「やりたいこと」志向

未来が閉ざされて目の前が真っ暗になるような経験は、受験戦争と就職氷河期をかいくぐってきた「ロストジェネレーション」の人びと（現在、二十代後半から三十代前半くらいにあたる）にとってはあまりに日常的に訪れるものなので、私が、『搾取される若者たち　バイク便ライダーは見た！』で描いたバイク便ライダーがもっているような心性（やけっぱちで刹那的な「やりたいこと」志向）は「そんなこと知ってます」と一蹴されかねないものだった。しかし、それでもバイク便ライダーたちの物語を書こうと思ったのは、そうした人びとの「やりたいこと」志向を彼らの「心理」の問題だけに回収しようとする言説が、それでも数多く出回っていたためである。

確かにバイク便ライダーたちはひどい労働状況のなかに置かれているし、未来も明るいようには見えない。そんななかで、好きな仕事にのめり込んで刹那的に生きる彼らを批判するのはたやすい。しかし、それは、未来への不透明感という社会的要因から帰結された彼らの「生きる知恵」でもあることに注意しなくてはならない。

雇用の流動性が高まると、人は少しでも流動的でないものを求める。その確固たるものを自分のなかに求めたのが「やりたいこと」志向であった。ちなみに、その逆に社会のなかに求めたのが「公務員志向」である。確固とした「やりたいこと」、または確固とした「職場」のいずれかを手に入れることで、彼らは流動的な社会のなかで何とか正気を保とうとしてきたのである。それらはともに、流動的（liquid）な社会で少しでも堅固（solid）なものを求めようとする心性のあらわれである。

『リキッド・モダニティ』の著者であるジグムント・バウマンが論じるように、雇用の流動性が高まるとともにそのなかにいる人びとの職業倫理までもが流動化するとは限らない。まったく逆の方向、少しでも流動化を食い止める方向へと、人びとの思いが傾くこともある。そう考えると、しばしば言われているように、「やりたいこと」志向と公務員志向は対極に位置するものではない。それらは表裏一体の関係にある。バイク便ライダーとは、「やりたいこと」志向の極北に位置する存在である。

**裏切られる「再生」**

しかし、刹那的な「やりたいこと」志向が長続きすることはない。その意味で、『搾取される若者たち』とは「青春の終わり」の物語であった。三〇歳も過ぎて体も思うように動かなくなって、結婚して子どもを産んでマイホームを買ってという「普通の幸せ」に惹かれるようになったとき、「やりたいこと」だけではあまりにきつすぎる。そんなときに、「やりたいこと」志向から公務員志向へとベクトルが変わる。「さんざん好きなことやったから資格でもとろう」というわけである。

高齢者介護を仕事にするケアワーカーたちの実態に迫った、拙著『働きすぎる若者たち「自分探し」の果てに』は、まさにそうした「再生」に挑戦し、そして裏切られた人びとの物語であった。「介護福祉士」という資格、または「介護の資格をとれば生活が安定する」という評判に「再生」を賭けて資格をとったはいいが、介護の仕事は、実際に働きはじめてみたら長続きしない袋小路職（dead-end job）であった…という悲劇は、ケアワーカーたちに対するインタビューのなかで何度も聞かれた。

アメリカでベストセラーになった『ニッケル・アンド・ダイムド』で知られるB・エーレンライクは、その次の著書『捨てられるホワイトカラー　格差社会アメリカで仕事を探すということ』のなかで、偽りのキャリアアップ・プログラムのことを、「ベイト・アンド・スイッチ（bait-and-switch）」と呼んだ。bait-and-switch とは、餌にひっかけて（bait）、そしてすぐに替える（switch）、いわゆる「おとり販売」のことである。この問題は、個々人の「心構え」だけではどうにもならない、より大きな社会構造の問題である。

「やりたいこと」志向のバイク便ライダーに対しては「そろそろ目を覚ませよ」なんてことも言えたかもしれないが、「ベイト・アンド・スイッチ」の状態に陥ってしまったケアワーカーに対してはそんな無責任なことは言えない。彼らは、毎年の授業料を何十万円もはらって資格をとってこの職場に入ってきた人もいるわけで、原付免許だけではじめられるバイク便ライダーたちとはわけが違う。最後の力をふりしぼって信じたものに裏切られた彼らの絶望は、「好きを仕事に」で燃焼したバイク便ライダーたちの挫折とは違い、深く、重い。つまり、『搾取される若者たち』が「青春の終わり」の物語であるとするならば、『働きすぎる若者たち』とは「再生の裏切り」の物語である。

## キャリアラダー

そこで、「キャリアラダー」の議論が出てくる。キャリアラダーとは、キャリアの階段と賃金、給付が連動する、つまり、頑張った人が頑張っただけキャリアアップできる、「努力が報われる」システムのことだ。ただ、それがすべての職種において可能であるかと言うとそれはなかなか難しくて、キャリアラダーをつくりやすい職種とそうでない職種がある。私たちにできることは、キャリアラダーがあってもよいはずなのにないところを見つけ出し「未来のある安定した仕事」の割合を少しでも増やしていくことしかない。そんな個別的な陣地戦である。

例えばケアの現場。介護士も看護師も慢性的な人手不足に悩まされている。介護士も看護師も外国から労働者を入れようという動きが加速している。しかし、時給九〇〇円の介護士のなかには、報酬さえ上がれば、この仕事を続けたいと願う者もいる。つまり、介護士から看護師へとステップアップできればやめなくて済むような日本人の介護士もいるのだ。働きながらそのステップアップが可能となるようなシステムの構築、つまりは介護士から看護師への段階的なキャリアラダーの構築が、今、求められている。

そのような取り組みが、ネオリベラリズムの先進国であるアメリカですでにおこなわれている。この手の問題に対する対処法もアメリカは先進国である。学ぶことは多いのではないかと思い、原著を手にとってみた。これが、私がこの本の翻訳に関わることになったきっかけである。『キャリアラダーとは何か』は、個別的な陣地戦の記録を記した、いわば、「再生への戦い」の物語である。その意味で、まさに『搾取される若者たち』(「青春の終わり」の物語)と『働きすぎる若者たち』(「裏切られた再生」の物語) の後に位置づけられる作品と考えることができるだろう。

## 2　非正規雇用の日本的特殊性

しかし、本書で展開されているキャリアラダーの議論を、そのまま日本の現場に適用することは難しい。以下では、

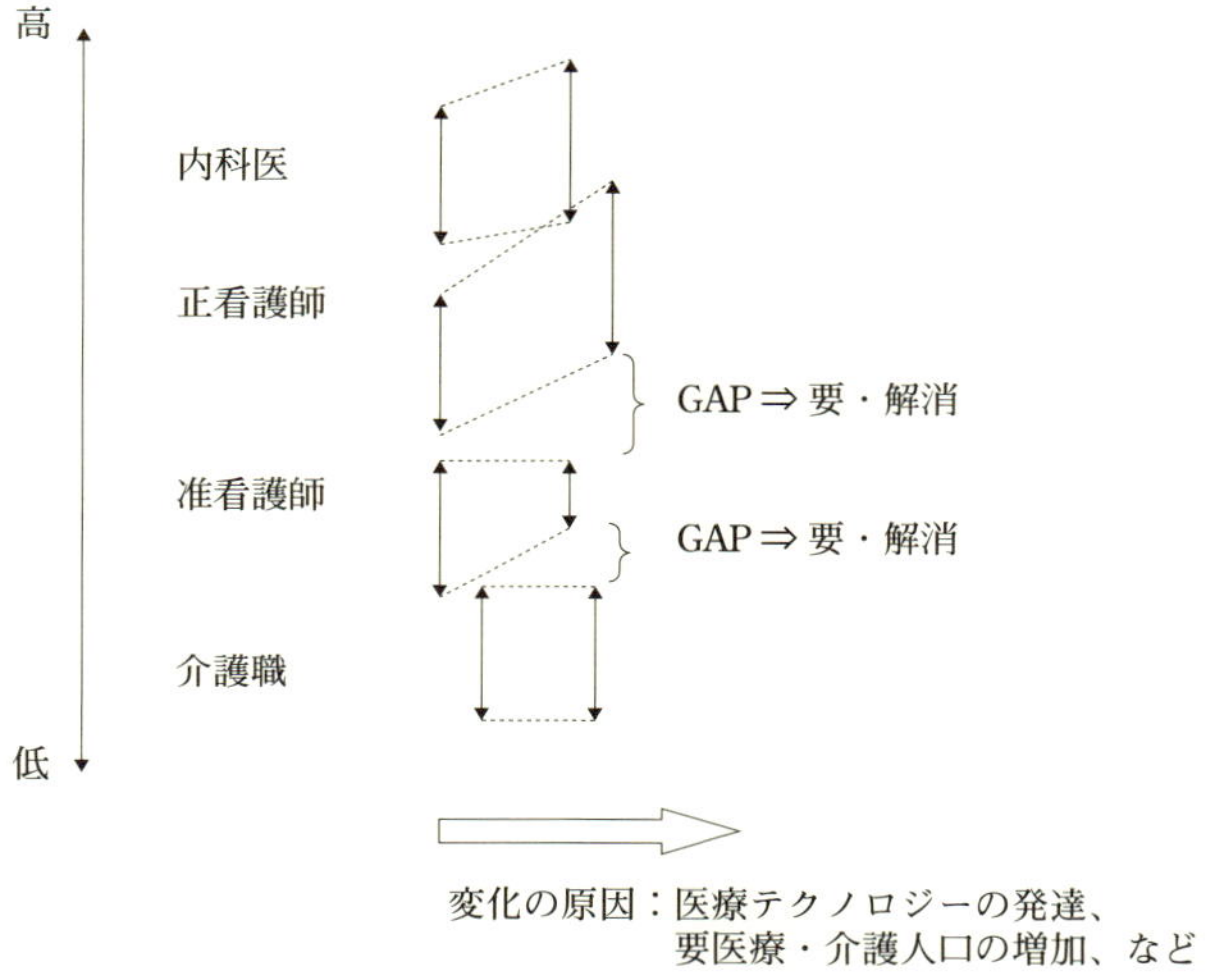


**図論 1.1**　医療分野のキャリアラダー戦略

医療分野に焦点を絞って、対立する専門性とキャリアラダーの構築の困難という非正規雇用の現場の日本的特殊性について考えていきたい。その前に、本書で論じられているアメリカの医療分野におけるキャリアラダーの現状について簡単にふりかえっておこう。

**アメリカにおけるキャリアラダー戦略**

① 人口の高齢化に伴って、医療・介護を必要とする人口が増加している。

② 新自由主義的なトレンドの中で、政府の医療支出のカットや、病院経営の効率化（例：ベッドの回転率アップ＝患者をできるだけ早く退院させる）によって、自宅でのよりきめ細かな医療・介護を望む人口が増えている。

③ 医療テクノロジーの発達によって、看護職や介護職に求められるスキルの水準が、上方に伸びている。

このように、量と質の両面からいって、看護職や介護職において、中間スキル層の「厚み」が求められている。これが本書で扱われるアメリカの医療現場の現状である。

しかしながら、看護職や介護職を輩出する仕組みは、こうした変化に対応していない。フィッツジェラルド氏は私たちがインタビューした際に、現在、正看護師がますます内科医に近い仕事を求められるようになってきていることを指摘した。ところが、「注射を打ったりする」レベルの仕事は、正看護師より下位の従事者の仕事になってきているのである。「差し込み便器を換えたり体を拭いたりする」介護職は、注射は打てない。そこで、注射を打てる人間が圧倒的に足りなくなる。

では、この中間スキル層の「厚み」を増すにはどうすればよいのか。すでにスキルをもっている外国からの労働力を移入するということが一つの方策として考えられる。しかし、そうではなく、レベルは多少低くても介護従事者を対象とし、彼らを訓練し、スキルアップさせていくということも考えうる。この発想の転換がキャリアラダー戦略である（図論1・1）。そして、それに果敢に挑んでいるのが第2章で紹介されている様々な団体である。

## 異なるケアの担い手

ただし、こうしたキャリアラダー戦略を日本の医療・介護の現場にあてはめることには慎重でなくてはならない。前述の①、②、③で示した医療・介護職をめぐる世界的なトレンドについては共通するとしても、両者では社会的な文脈が大きく異なる。それは、ケアの担い手の違いである。

第2章でキャリアラダー・プログラムの対象となっている、対人の、実践的な、終わることのない患者のケアをおこなう最底辺にいる医療従事者たちは、その大半がマイノリティの女性であり、リビング・ウェイジを稼いでいないことがそのまま生活苦につながるような、いわゆる「ワーキングプア」の人びとである。だから、もちろん収入を増やしたいし、増やさなくては、今の貧しい生活から抜け出すことができない。本文で紹介されている「やらなかったら、残りの人生、ずっと貧乏でしょ」という、ブレスリン・センターで准看護師養成のクラスを受講する看護助手の女性の言葉は象徴的である。しかし、だからこそ、本文で紹介されている数々の成功例は感動的なのである。

だが、日本において、ケアの仕事に従事する人びとは少し性格を異にする。戦後日本の「ケアの社会化」を担ったのは主に配偶者の扶養の範囲内で働く主婦層であり、現在もその多くを占めている。彼女らは、キャリアを上っていくつもりがあるのだろうか、また、その必要があるのだろうか。彼女らにその気がない、またはその必要がないならば、職場にキャリアラダーをつくってもうまく機能しないだろう。

## 日本型福祉社会論

日本におけるケア労働の担い手の問題を考える際には、「日本型福祉社会論」について知る必要がある。日本型福祉社会論とは、高度成長以降の低成長期における福祉見直しの動きを受け、高齢化社会に対して、家庭基盤の充実、すなわち主婦役割の強化をはかったものである。これは、一九八〇年代以降の政府の社会保障政策の根幹にあった考え方である。一九七〇年代の初頭には「充実・拡張」の対象とされていた社会保障は、石油危機後の「整備・調整」期を経たのち、一九八〇年代には明確な「抑制」の対象として位置づけ直された。そのなかで、社会保障政策における、家族に対する位置づけも、一九七〇年台の初頭にみられたような「社会的援助の対象としての家族」から、「社会保障の抑制の支え手としての家族」、さらには「社会保障の担い手としての家族」という位置づけへと変化した(原田、一九九八、三六七〜三七三頁)。

伝統的な家族規範の復興という側面を持ち合わせた日本型福祉社会論は、確かに、時代錯誤的なものであった。しかし、介護労働のアウトソースされた先が、家庭の主婦労働だけでなく、低賃金な介護労働でもあり、その多くを主婦パートが担ったことを考えると、日本型福祉社会論も、まったく意味がなかったとも言い切れない。

塩田咲子は、一九八〇年代が、働く主婦、地域活動に参加する主婦など、主婦の多様化を促した時代であるとしつつ、それらの多くが、主婦のパート労働によって担われたものであり、その主婦を扶養する配偶者がいることが前提とされていたことを指摘している。塩田によると、一九七五年以降に急増した主婦パートタイマーは、その七〇%が被扶養型の共働き世帯であり、それは、まぎれもなく、性別役割分業の基盤であった(塩田、一九九二、四三頁)。

戦後日本においてケア労働を担ったのも、その主婦たちであった。それを考えると、社会的に低い評価しか与えられていないケア労働を専業主婦が担ったことは、その担い手が「家庭の主婦」ではなく「地域の主婦パート」となったという多少の誤差を除けば、充分に日本型福祉社会論の枠内で語りうるものである。

## 分断される職場

ただし、こうした日本型福祉社会も一九九〇年代以降、崩れていくことになる。一九九〇年代、労働市場の拡大と就職氷河期という二つの要因が合わさって、大量の若者が福祉の世界へとなだれこんだ。その結果、介護の職場に若者と主婦という二つのアクターが登場した。ただし、このことは、主婦パートが減少しているということを意味しているわけではない。実際、一九九〇年代以降、「共働き世帯」と「専業主婦世帯」が減少する一方、「妻パート世帯」は増加している。[1] 正確には、主婦パートが中心となって低賃金なケア労働を担うというかたちでの日本型福祉社会が崩れた、と言うべきだろう。[2]

ケアの職場は主婦と若者の双方がいることで分断される。両者の労働条件に対する意識には大きな差がある。「お小遣い」程度に働く前者の多くは、労働条件の向上よりも仕事の「やりがい」のほうを重視する。一方、ケアの仕事を安定した一生の仕事にしたい後者の多くは、一刻も早く少しでも労働条件を向上させたいと願っている。

こうした「二重化する職場」においてキャリアラダーを必要としているのは、当然、若者たちのほうである。もちろんここで言う「若者」とは、比喩的に使っているだけで、文字通りの「若者」のことではない。扶養の範囲内で働かない人たち、つまり、自分ひとりの力で経済的に自立した生活を送っていかなくてはならない人たちのことである。だから、例えばシングルマザーなどは、ここでは「若者」の範疇に入ると考えてもらってよい。

## 3　対立する専門性

### 二重化した職場におけるケアの専門性

日本に特有な二重化した非正規雇用の職場でケアの仕事におけるキャリアラダーについて考えるときには注意しなくてはならない。つまり、上るキャリアラダーが存在するか否かという議論をする前に、そのキャリアラダーを上るつもりのある人とない人がいるということを認識した上で、ケアの仕事を、キャリアアップにつながる仕事とキャリアアップにつながらない仕事に分けて、それぞれに見合った労働力を供給する必要がある。そのためには、ケアの専門性を丁寧に切り分けて考えなくてはならない。そうすれば、前者（キャリアアップにつながる仕事）の議論をするときに、本書でみてきたような戦略は非常に有益なものとなるだろう。

しかし、現時点では、日本におけるケアの職場は混乱している。ケア労働をキャリアアップの道筋をたてられるものとそうでないものに分けるという作業をする以前に、ケアの専門性をめぐる対立が起こっているのである。

### 専門性の対立

阿部（二〇〇七）でも論じたように、ケア労働にはコミュニケーション労働としての側面と医療労働としての側面がある。したがって、どちらに注目するかによって、キャリアアップの道筋は異なったものとなる。

本書のアップル・ヘルスケアにおけるキャリアラダーの例で紹介されているように、ケア労働のコミュニケーション労働としての側面に注目すると、そのキャリアの上限は非常に限られたものとなってしまう。その反面、医療労働としての側面に注目すると、看護職などへとつながったより長いキャリアの道筋を描くことができる。本書で紹介されているジャマイカ・プレイン地区開発会社（ＪＰＮＤＣ）の特別イニシアチブなどの「十全なキャリアラダー・プログラム」である。

本来ならば、その両側面を明確に切り分けて、それぞれに応じたキャリアラダー・プログラムを作成し、その上で主婦と若者をそれぞれに供給するといったことがなされるべきなのだが、ケアの職場では、それぞれの専門性の間で「理想のケア」をめぐる（不毛な）対立が起きてしまうこともある。それは、しばしば、利用者主体のコミュニケーションを重視したケアと、ワーカー主体の医療行為を重視したケアの間の対立として現れることになる（阿部、二〇〇七）。また、新雅史は、農村地帯のある特別擁護老人ホームで介護予防の一環として導入された筋力トレーニングが、職場において「筋トレ擁護派」と「筋トレ反対派」の間の対立を深めたこと、そして「筋トレ反対派」であるケアワーカーたちがコミュニケーション労働としてみずからの労働の専門性を強く定義づけていく過程を明らかにした（新、二〇〇八）。

## 専門性の対立を超えて

こうした専門性の対立は、本来ならばコミュニケーション行為と医療行為の両方が必要なケア労働を、どちらか両極に偏ってしまうものとしてしまう危険性をもっている。社会福祉法人、福祉楽団の飯田大輔は次のように述べる。

この前、私が行った、あるユニットケアの研修では、利用者が起きたくないって言ったら起こさない。食べたくないって言ったら、まあ、程度はあるんでしょうけど、食べさせない。それが個別ケアだっていうわけです。それって本当なのかなと。（略）今、一番の問題だと思っているのは入浴で、特養に入居すると週に二回しか入浴できない。国の基準がそうなっているんです。今の日本で週に二回しか入浴しないという人はどのくらいいるでしょうか。だから、「その人らしく」二回入浴するよりも、集団的な入浴でもいいから四回入浴できたほうがいいように思っています。(3)

集団ケアから個別ケアへ、ワーカー主導から利用者主導へ、という流れは分かるが、それがあまり極端なものとなりすぎると問題がある。現実のケアのニーズに合わせて適切なケアの方法を探っていく必要がある、と飯田は主張する。

## 4 おわりに

現在、ケア労働の市場は若年労働対策として注目され、実際に多くの若者が参入してきている。ポスト日本型福祉社会のなかでのケア労働は、リビング・ウェイジを稼げるだけの仕事でなくてはならない。そのためのキャリアラダーを構築するためには、ケアの仕事をキャリアアップのできる職種とキャリアアップの難しい職種に分ける必要がある。その上で、労働者がみずからの経済状況に合わせて職種を選べるようにすればよい。しかし、現実は、「理想のケア」をめぐる専門性の間での対立が起きてしまっている。

本書の表2・1（三五頁）からも分かるように、アメリカでは、ホームヘルパーなど、日本で言うところの看護職は介護職の上位に位置づけられており、そういったヒエラルキーのなかではキャリアラダーを構築しやすい。しかし、日本では看護とは異なる介護の専門性が現実の賃金体系とは別に主張されがちである。これが、偽りのキャリアラダー、つまり、ベイト・アンド・スイッチを招きやすい。

まとめると図論1・2のようになるだろう。介護職と看護職は日本においてもアメリカにおいても別々の教育システムのなかで養成されるが、アメリカにおいては介護職にはキャリアラダーはないも同然である。そして、そのための長期にわたる教育もない。よって、ラダーを上りたい人は看護職のラダーを最初から上ることになる。一方の日本は介護職にはキャリアラダーはないにもかかわらず、そのための教育システム（または「あるべきだ」とする理念）

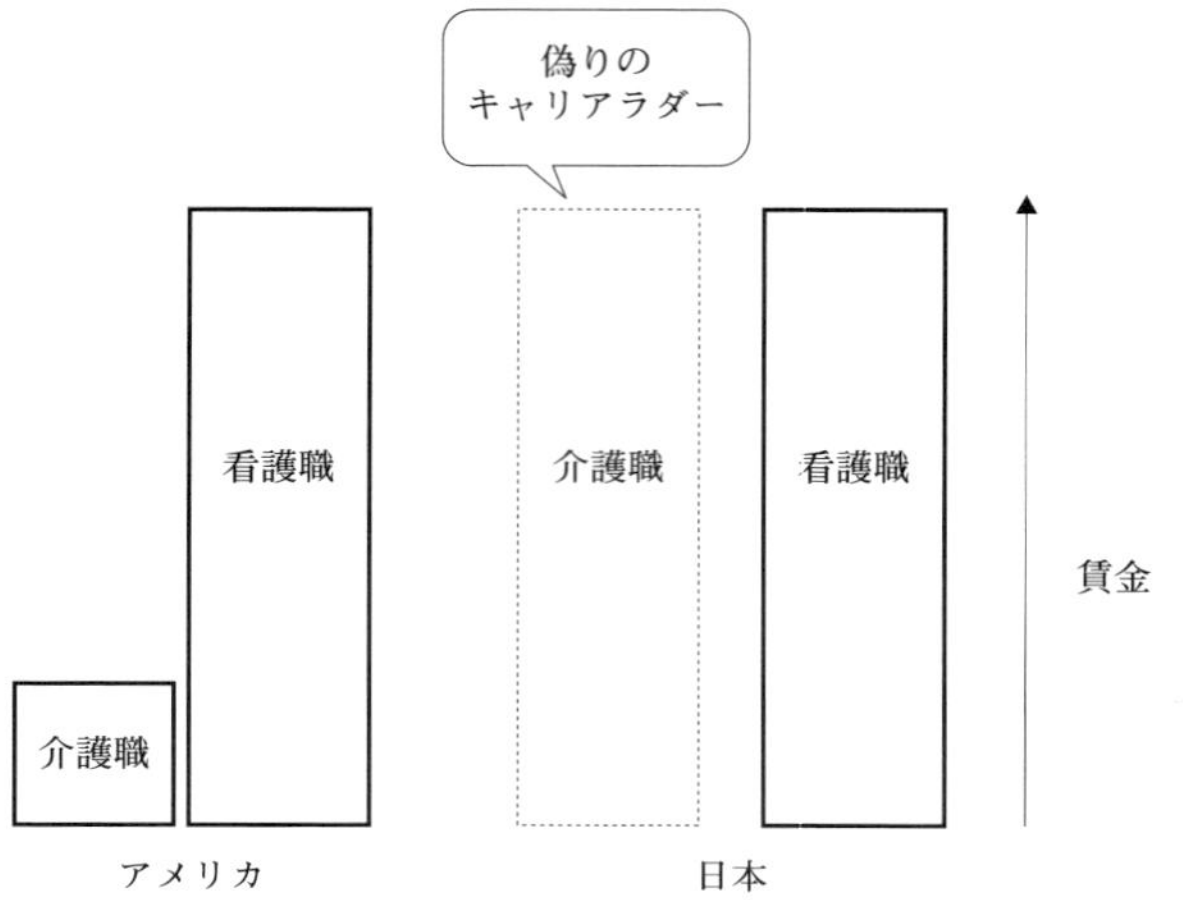


**図論 1.2** 日米の看護職／介護職のキャリアラダーのイメージ

は存在している。そこにベイト・アンド・スイッチが生じる可能性が出てくるのである。

本書で紹介されているようなキャリアラダーを構築するためには、まず、こうした介護・看護職の日本的特殊性を見直し、さまざまな立場から語られるケアの専門性を調整するところからはじめなくてはならない[4]。

**註**

(1) 平成一五年度版「国民生活白書」によると、一九八〇年に二六・五%だった妻就業世帯は、八〇年代と九〇年代を通じて増加し、二〇〇一年には三九・五%になった。

(2) 雇用開発センターが平成一六年度の事業のなかで、「若年労働者対策として極めて重要である」と、介護労働者の環境改善に関する調査研究をおこなっていることからも分かるように、若年労働対策としても介護労働市場は注目されている（平成一六年度　雇用開発センター事業報告（http://www.mhlw.go.jp/general/seido/hojin/antei03/pdf/04.pdf）

(3) 阿部（二〇〇七）に採録のインタビュー。飯田氏の主張に関してはhttp://www.gakudan.org/rondan.html も参照していただきたい。

(4) しかし、日本の看護学校の実態はそういった流れと逆行している。本解説論文にコメントを寄せていただいた中囿桐代教授（釧路公立大学）によると、現在、日本では、看護教育の中心が大学に移る中で准看護師から正看護師を目指す専門学校は閉鎖が相次いでおり、本書で議論されていることとは逆の様相を呈している。最初（高卒時）からゴールが決まっている教育へと傾斜しているのである。

**参考文献**


阿部真大（二〇〇六）『搾取される若者たち　バイク便ライダーは見た！』集英社。

阿部真大（二〇〇七）『働きすぎる若者たち　「自分探し」の果てに』ＮＨＫ出版。

新雅史（二〇〇八）「少子高齢化期における「日常生活のスポーツ化」の実態、および日常生活におけるスポーツ／運動実践構造の解明に関する研究」東京大学ジェロントロジー寄付講座　モジュール報告。

Barbara Ehrenreich (2005) *Bait and Switch: The (Futile) Pursuit of the American Dream*, Granta Books, 曽田和子訳『捨てられるホワイトカラー　格差社会アメリカで仕事を探すということ』（東洋経済新報社、二〇〇七）。

Barbara Ehrenreich (2002) *Nickel and Dimed: On (Not) Getting by in America*, Owl Books, 曽田和子訳『ニッケル・アンド・ダイムド　アメリカ下流社会の現実』（東洋経済新報社、二〇〇六）。

Bauman,Zygmunt (1998) *Work, Consumerism, and the New Poor*, Open University Press, 渋谷望訳「労働倫理から消費の美学へ」山之内靖・酒井直樹編『総力戦体制からグローバリゼーションへ――新たな貧困とアイデンティティのゆくえ』（平凡社、二〇〇三）。

本田由紀（二〇〇五）『多元化する「能力」と日本社会――ハイパー・メリトクラシー化のなかで』ＮＴＴ出版。

原田純孝（一九八八）「「日本型福祉社会」論の家族像」『転換期の福祉国家』東京大学出版会。

塩田咲子（一九九二）「現代フェミニズムと日本の社会政策」『女性学と政治実践　女性学研究　第２号』勁草書房。

## 論点提起2　保育におけるキャリアラダー戦略が私たちに投げかける論点とは

居郷　至伸

ここでは、本書第3章「保育」に書かれている内容を踏まえて、キャリアラダー戦略の意義と限界について論点を提起する。キャリアラダー戦略は保育を支える労働に焦点を当てた議論であるが、保育をとりまく状況を支配しているイデオロギーを踏まえつつ、なぜキャリアラダー戦略が提唱されるのか、著者が本書で明示していない意図を読み解くことで考察を深めるための足がかりを示すことが、ここでのねらいである。

### 1　保育をめぐる状況――ペアレントクラシーとメリトクラシー

子育てに注ぐことのできる家庭の資源と、どのようにわが子を育てていくことが望ましいかという子育てにおける親の嗜好によって、私たちの社会における子どもが育ち、育てるあり方が左右されるようになってきた。イギリスの教育社会学者フィリップ・ブラウンは、このような時代状況をペアレントクラシーと呼び、私たちが何をしたか、どのように努力したかに基づいて社会的地位達成をめぐる配分が行われるべきだとする業績主義（メリトクラシー）の時代から移行していると論じた。もっとも、メリトクラシーの時代においても、実際には親の資源や嗜好によって子どもの社会的地位達成が影響を受けており、子どもはどういった家庭に生まれ育ったかという当人の属性に基づいた社会的地位配分が展開しているという意味で属性原理の影響力が強く反映されているという現実があった。その意味で、親の保有する資源（財産）や嗜好が子育てに反映されている状況は以前にも見出されていた。だが、ペアレントクラシーがイデオロギーとして称揚される社会においては、次世代における社会的地位達成のあり方として、まず家庭という私事的領域が子育てのあり方に強い影響力を及ぼすことを望ましいとする人びとの認識が浸透し、諸政策にも反映されるようになっている。かつては保育を含め教育や福祉をめぐる不平等の是正に向けて実施されてきた福祉国家的政策が衰退し、人びとの生活においてもたらされる格差の是正をいかに図るかという課題に私たちは直面しているのである。

本書は、この課題への対応として目下のところ進行している、公的介入は極力抑制しながら市場を介したモノやサービスの購入と選択に委ねるあり方に対する警鐘と、現状に対するオルタナティブを提起する目的のもとで書かれている。著者のフィッツジェラルド氏が提示するオルタナティブとは、一言でいえばキャリアラダー戦略を組み込んだ社会政策の立て直しである。社会で営まれているさまざまな事業に従事する者が投入する知識やスキルに見合った職業的地位と報酬を得られる職場となることで、私たちに提供されるモノやサービスの向上が見込まれ、それは社会の活性化にもつながるというわけである。当然のことながら、キャリアラダーを組み込んだ社会政策が効力を発揮するには職場への介入と公的資金の投入を伴うので、人びとのコンセンサスが必要となる。

しかしながら、著者の提示するオルタナティブが実践されるのはなかなか難しいということもまた、現実であることが本書から伝わってくる。第3章中で著者が指摘しているように、事例として取り上げたケースであっても、アメリカ軍の保育システムを除いて、キャリアラダー戦略は大きな成功をおさめているとは言い難い。堅固なキャリアラダーを社会に構築するには、公的資金の充分な投入が不可欠であるが、シアトルで保育事業向上のためにエスプレッソに課税するという提案が却下された例にみられるように、キャリアラダー戦略についての市民のコンセンサスがなかなか得られない現実に直面しているのである。先行きが不透明であり、不安定な状況に直面するリスクがあるという認識が高まるほど、個人の力ではどうすることもできない課題ゆえに社会としての対応策が求められるべきはずだが、現実には個人的にできる改善の方途に人びとは労力を注ぐようになっているのである。

### ペアレントクラシーが浸透する社会の抱える課題

そもそもアメリカに住む人びとは、自国の保育水準にどのような評価を与えているのであろうか。本書ではこの点についてはあまり触れていないが、実は保育に関する先行研究からはアメリカでは子育ての満足度が先進国の中でも決して低いわけではないことが示されている。例えば白波瀬（二〇〇八）が指摘しているように、ＯＥＣＤの指標からみても、フランスよりもアメリカの方が、満足度が高いという結果が示されている。また、白波瀬は国際意識調査（内閣府「少子化社会に関する国際意識調査」）における「自分の国が子どもを生み育てやすいか」という質問において、アメリカはフランスよりも高く、むしろ日本の方が否定的認識を示す者が多いことも明示している。これは見方を変えれば、日本はアメリカよりももっと深刻な状態にあることを示しているともいえよう。また、阿部（二〇〇八）によれば、子どものいる世帯における貧困率は悪化していることが示されている。加えて、保育に関する再配分後の格差も縮小してはおらず、子育ての個人化が進みながらも国が行う保育政策の水準に人びとは満足していない状況にあるのである。保育に関するテコ入れは、日本においても重要な政策的課題であるが、ではアメリカの保育の水準は社会政策上の問題として取り上げるほどのものではないのだろうか？

ペアレントクラシーが支持される社会とは、子育ては社会政策の領域から家庭の教育力（母親の子育てに注入する能力と努力の関数）によって解決が図られるべき問題として定式化されていることを私たちに示していることを先に述べた。このことは、ペアレントクラシーの時代において、キャリアラダー戦略を伴った保育が社会的営みとして浸透するにはいささか厄介な時代状況にあることを私たちに突きつけている。なぜなら、ペアレントクラシーの時代においては、保育＝親の保育力の問題として対応することが望ましいとされるからだ。保育の充実とその責任を政策や言説が家庭教育に求めるばかりでなく、当事者である（ほとんどの場合母親である）親自身も肯定することによって、よりよい保育とは、各家庭がどれだけ子育てに資源や労力を注入できるかという私的な営みへと置き換えられてしまうのである。

本書第3章一一五頁で紹介されている「親になるという意思決定は個人の選択であり、それ以外の人びとがなぜそうした補助金の分を負担せねばならないのか」という、子どものいない人たちの一部の主張は、アメリカでは保育に関しては子どもをもつ各家族のプライベートな問題として扱い、合衆国および州政府が社会福祉・家族政策という枠組みで介入することを忌避する社会的風潮をあからさまに表現していることが読み取れよう。ペアレントクラシーが支持される社会においては、公的な教育システムを通じた保育は不要とされるのだ。子どもを生み育て次世代に継承していくことで私たちの社会は再生産されていく。しかし、この再生産のあり方が各家庭の私的領域に委ねられ、望ましいと思える保育サービスを提供する場を購入するようになると、資源が不足している家庭の子どもは相対的に劣悪な保育環境のもとで育つことを余儀なくされてしまう。子どもの親がすべからく良好な保育環境をわが子に与えることができているならば、ペアレントクラシーは保育にとってさしたる問題とはならないのかもしれない。だが、全ての家庭が子育てに充分な労力を投入できるわけではない。事実、未就学児のいる世帯の貧困率は先進国のなかにおいてアメリカは非常に高いという実態が明らかにされているし、それは母子家庭（一人親世帯）が直面する厳しい養育環境の問題とも密接に関連しているのである。保育が各家庭の責任に委ねられることで、子どもはどういった家庭に生まれ育ったか、属性的要因に強く左右されることになるが、これではしかし子が育つうえでの公正な機会が社会に提供されているとは言い難い状況がもたらされてしまうのである。

## キャリアラダー戦略の社会的意義

そこで、フィッツジェラルド氏が第3章で指摘したことが重みを持つ。それを再度提示しておこう（本書一一五頁）。

子どもがよりよい保育を受けて育っているとき、社会全体が利益を得るという良い展開もありうる。結局のところ、子どもたちは私たちの未来なのだ。

保育への取り組み方には、その社会の行く末が問われているということを人びとが認識し、考えていかなければならない。子を育てる者は、その子の親だけが該当するのではない。社会に生きる全ての人たちが、生まれた家庭状況によらず良好な保育サービスを享受できるような社会のあり方について真剣に考えるべきなのだ。そのためには、親の資源や嗜好の如何にかかわらず、全ての子どもが一定水準以上の保育サービスを享受できるような保育環境が整備されなくてはならず、サービスを供給する労働力の質の向上を要請することになる。それは、この分野に従事する者が保育労働にそれなりの魅力を持てることが条件となるであろう。その方策として、本書では奨学金制度の充実や保育分野に関連した資格水準＝当人の能力指標に対応した給与と職務階層に基づいた労働条件を含む安定した職場環境の提供といった、キャリアラダー戦略が提示されているわけなのである。保育への入職を考えている者や保育従事者にとっても、何をどれだけ頑張ればどういった資格が取得でき、その資格が能力の代理指標として自身の処遇に反映されるということが明示されていることは、保育分野での就業に対するモチベーションを高める有効な手法となる。

いわば、キャリアラダー戦略とは、メリトクラシーに基づいた保育従事者の育成および処遇を通じて、社会における保育環境を整備し、ペアレントクラシーの専横によってもたらされる保育機会の不平等な状況に歯止めをかけるための方策なのである。社会の保育水準が劣悪であれば保育は私事化し、保育労働力の質が悪ければますます子育ての主体として親が前面に出てくることが容認される。それはすなわち、ペアレントクラシーの正当化につながる。こういった状況に対し、保育にまつわる教育システムを整備し、メリトクラティックな手法による保育サービスのテコ入れを図ることで、子どもを社会で育てるという営みへと開くことが可能となる。この戦略が目論んでいることは、ペアレントクラシーが後景に追いやったメリトクラシーを保育分野に呼び戻し、公的な財政支出を伴いながら教育と福祉の橋渡しをすることにある、と解釈しても過言ではないだろう。

## 2　日本の保育にキャリアラダー戦略を導入することの是非

本書が提示するキャリアラダー戦略をこのように理解することができるならば、その社会的意義を認めた上でこの戦略を日本の読者に紹介する際に留意すべき点についても触れておかなくてはならない。以下では、保育をめぐるアメリカと日本の置かれた状況の違いを踏まえて、キャリアラダー戦略が日本の保育にとって有用たりうるのか、批判的に検討しておこう。

保育分野においてはそもそも、日本とアメリカとでは提供される保育の水準が異なっており、本書で論じられている内容をそのまま日本に導入しようとすることには留保が必要である(1)。アメリカにおいては本書で提示されているように、保育に従事する者の教育レベルがかなり低く、よってサービス水準は劣悪である。一方、日本においては国の保育予算が充実しているとは言い難い状態のなかでも、保育の質は全般的にみて一定程度の水準が確保されている。これは、短期大学や専門学校といった教育機関における保育者養成と、保育所や幼稚園といった保育現場への担い手供給の流れが確立されている点によるところが大きいといえる。つまり、日本においてアメリカよりは入職段階において保育スタッフの質が保てるだけの教育システムが機能しているといえるのであるが、アメリカでは保育者養成の段階から整備が必要な状況にある。それゆえ保育職にキャリアラダーを設け、しっかりとした教育と訓練を受けた者によって保育が提供されることを保証していく意義が、本書では強調されているわけである。

このような入職段階でのアメリカと日本の保育従事者双方におけるレベルの違いを踏まえると、果たして日本の保育現場において本書が提示するキャリアラダー戦略は有効に機能するであろうか。言いかえるならば、保育の現場にキャリアラダーのような職業階層を設けることが、入職時に保育従事者としての能力が学校教育を通じて一定水準のレベルまで獲得できている者によって職場の人員編成がなされている場合にも有効性を担保できるであろうか、ということである。日本においては、保育士資格を習得したものが保育士として、幼稚園教員には一種と二種の免許を取得した者がそれぞれ保育職に就くことが認められている。つまり、実際のところ日本では保育職員の人員編成において、本書で示されたような細かな職業階層を設けてはいないのである。このことは子を育てる上で主に二つの側面から理由を見出すことができる。

一つは、現場で保育に従事する全ての者に対して子どもへの対応に関する裁量権が与えられ、保育内容などを決定していく権限を有することで臨機応変な対応が可能となるということが挙げられる。職階が設けられるということは、子どもや親への対応に関する権限もまた取得資格によって制限が加えられていることになり、不測の事態への対応を含めて職務ランクが上位の者でなければ決定ができない仕組みとなる。アメリカのように入職段階での保育従事者のレベルが著しく低い場合には、保育の質を底上げする有効な手法となりうるであろうが、このことは同時に子どもに接する際のフットワークが職務編成上の都合により奪われてしまうおそれも潜伏させている。子どもの側に立った保育を志向するに際しては、必ずしもラダーが適切とは言えない点があるということには留意すべきであろう。

二つめとして、日本の保育職に対する処遇に及ぼす影響の面で、本書で記されたような職務上の地位と賃金ランクが、導入のされ方によっては保育者の労働条件を低める危険性もあるということが考えられる。日本の保育職に従事する者は一定水準の教育課程を経ていることを先述しておいた。このことは保育の質を維持することに寄与するとともに、日本の保育者の社会的地位や給与を含めた処遇が公務員制度に準じる形として保障されてきたことで存続を可能としてきた。こういった保育職員の教育水準と処遇の維持にはそれなりのコストが必要とされるのであるが、本書で提示したようなキャリアラダーを日本の保育職層にもそのまま導入することは、入職に必要な資格水準を低めることが同時に賃金水準も抑制する形で人員を入れ替えていく方向に動く可能性ももつということである。実際のところ日本では、保育現場における非正規雇用者の割合が公立保育園においても増加してきており、国や自治体の政策として保育職の就業形態がパート労働化している流れを物語っている。こういった状況にあっては、本書が提示する、教育水準と職務階層に対応した賃金体系の保育現場への取り入れにより、保育スタッフの人件費削減を正当化してしまう作用をもたらしかねない。確かに、公務員制度に組み込まれた日本の保育者にとっては、就業条件を含めて労働の社会的価値の面で改善すべき点は少なくないだろう。しかし、キャリアラダー戦略を導入することが、保育の質の低下と引き換えに保育サービスの利用可能性を高めるというような帰結をもたらすことは忌避しなければならないのである。

## 社会政策のなかの保育

このように、日本とアメリカの保育状況をめぐる違いから、キャリアラダー戦略を保育現場に導入することは日本においてはそぐわない点がある。二つの国の保育をめぐる実態を念頭におくと、キャリアラダー戦略は保育従事者の入職前の質を確保する方策の一つとして考えるべきなのかもしれない。別の言い方をすれば、保育の質を維持するには保育従事者に対する教育・訓練を含めてそれ相応のコストを調達することを忘れてはならないことを、キャリアラダー戦略の提唱によってテコ入れを図るべきだと著者が主張しているアメリカの状況が教えてくれている、ともいえるのである。このことは、保育の質の維持と向上に対して社会政策的観点を踏まえてどういった事柄が課題となるのかを論じるべきポイントでもある。ここでは詳述できないが、保育へのテコ入れを図る際に誰のどういったニーズに対して応えるべきなのか、支出の優先順位はどうすればよいのかという問題にどう対応すべきか、いわゆる政策一貫性の問題を踏まえて言及しておこう。

必要なモノやサービスの提供、何が必要とされているのか、個々の家庭における子育てニーズと子育てにおける社会的ディマンドとの間に重なりを見出すことは同時に、双方にとって何が最良の方法なのか、利益は何か、一致しないことをも顕にする。保育をめぐるニーズの充足を、他のニーズの充足によって対応可能であると政策的判断がなされたとき、保育をめぐる社会政策への資源投入は抑制されてしまうだろう。本章で唯一といってよいかもしれない成功例として取り上げられたアメリカ軍の保育環境が向上したのも、軍の保育サービス水準が劣悪であることによって、軍人の採用、定着等において著しく支障を来したという「実害」が共有され、保育従事者の高い離職率に歯止めをかけ、軍という共同体が機能するための手法としてキャリアラダーという戦略が用いられたとみることができる。ここには保育に関する社会政策を展開する上で乗り越えなくてはならない大きな課題が示唆されている。それは、大沢真理（二〇〇八）が述べる「政策システムとしての整合性や他の政策との整合性も、機能と逆機能の問題として問わなければならない」という問題である。

とりわけ、日本においては本田由紀（二〇〇八）が指摘するように、母親自身が家庭教育に目いっぱい労力を注ぎ、またそれを望ましいととらえている状況において、家庭教育を重視するような政策動向は子どもを持つことに対する女性の不安や躊躇を増幅させるし、子どもをもつ母親が就労を控えるという動きに拍車をかけてしまう。本田の指摘からは、家庭教育重視の政策が少子化対策や男女共同参画政策といった他の諸政策と齟齬をきたしてしまう可能性を多分に孕んでいるという意味において、まさに大沢のいう政策一貫性が問われているのである。

もっとも、家庭教育重視の政策から、本書の述べるキャリアラダー戦略を基調とした政策へと転換することによって「政策一貫性」の問題が緩和されるとは断言できない。ペアレントクラシーが支持される社会では、たとえキャリアラダー戦略がうまく組み込まれた保育システムが十全に機能するようになったとしても、それがよりよい保育をめぐる新たな差異化の手段に用いられる可能性も潜伏させるからである。よい保育機会が提供され、それが選択を通じて流通することになれば、結局は購買力のある家庭がよりよい機会を得ることになってしまう。メリトクラシーが社会の編成原理の一つとして作動していることは、人びとがより有利な能力評価を得られるための行為を正当化するためのイデオロギーとなっているのであり、このことはペアレントクラシーの時代にあっても（むしろあればこそ）、解消されない問題なのである。

## 3　キャリアラダー研究の今後に向けて

以上、本稿では保育に焦点を当ててキャリアラダー戦略が提唱される社会的背景を踏まえ、日本の状況に鑑みつつこの戦略が提唱される意義を批判的に論じてきた。保育は私たちが生きていくことの根幹にかかわる営みであるがゆえに、市場を通じた保育商品の購入という形に委ねることには大きな問題が孕まれている。反面、キャリアラダーのような職階に準じた対応では、保育が市場原理に絡めとられる状況にある程度は歯止めをかけることはできたとしても、必要充分条件とはならないことも指摘した。子どもの育ちには無限の可能性があり、どのような成長にも開かれているという意味で、保育は普遍性を帯びた対象への働きかけである。それゆえに、終わりのない果てしない営みである。子を育てる側にしてみれば、ここまでやればよいという線引きが難しくなればなるほど、よりよい子育ての機会の確保をめぐって私事化、市場化の方向が指向されるというパラドクスがもたらされる。私たちは飽くなき普遍性を追求していくなかで市場という装置を生みだし発展させ、この装置が機能するよう労働力の提供を含め、生を組み込んできた状況をいまいちど見つめ直す段階にいるのである。この状況はなにも保育に限った話ではない。保育以外にもさまざまな方面で同様の性質を見出すことができる。

そこで、本稿では最後に、現代社会において、生きる営みに市場的価値を見出しそこに労働が組み込まれる状況――それは、キャリアラダーを職場に組み込むことで全ての職業に有効なテコ入れができるわけではないという現実をもたらしている――に対して私たちは何を考えるべきか、キャリアラダー戦略の守備範囲（限界）を提示しながら論点を提起しておこう。

## サービス経済化とキャリアラダーの限界

マサチューセッツ工科大学のデイビッド・オーターは、先進国で広がる所得格差の背景にはコンピュータの普及に伴う労働需要の変化が絡んでいると指摘している。(2) オーターによれば、コンピュータの普及による「ハイテク革命」により、規則性が明らかでプログラミングできる定型的な仕事に従事する職種（事務職、会計係、保険数理士など）の労働需要が減る一方で、コンピュータが肩代わりのできない二つのタイプの仕事に対する需要が増しているという。一つは、創造性、直感、洞察力といった「抽象思考」を要する仕事であり、高度な教育を受けた人びとに任される。もう一つは、予測不能の事態に直面したときにも臨機応変に対応しなければならないが、さほど高度な教育は必要とされていない仕事（混雑した市街地での運転、空腹でいらだつ客への対応、写真と似ていない顔つきの人物のパスポートチェックなど）である。このようなコンピュータが肩代わりのできない仕事領域で二つのタイプの職業に労働需要が二極化している状況において、前者は最上位の所得層を形成し、労働集約型の後者は底辺を形成するという所得格差の面でも二極化を助長しているというのだ。このような「ハイテク革命」は就業構造を変化させ、それが生産性の向上と同時に所得やキャリア形成上の深刻な格差をもたらしている。それゆえオーターが指摘するように、「人手を要する対人サービスなどの比率が高まっていることは悩ましい現象」なのだ。サービス経済化のなかで、コンピュータでは肩代わりのできない対人接客の従事者への労働需要は高まっているのである。人手を多く必要とするがゆえに、企業収益を維持する上でも一人当たりに割くことのできるコストを低めざるを得ない。さらには、顧客とのコミュニケーションのあり方や顧客のニーズにきめ細かく対応することが求められれば求められるほど、その場、その状況に応じた臨機応変な行動に反映させなくてはならなくなる。

こういった行動特性をなんとか能力の構成要素として表現するならば、「コミュニケーション能力」とか「人間力」といった言葉で括るぐらいに留まるだろう。どういった対応が顧客に対してふさわしいやり方なのかは、まさにその状況に直面しなければ適切な解を導きだすことはできないのである。予めマニュアルを覚えて対応できる領域は限られるし、臨機応変な行動様式がとれるスキームやメンタリティーを、仮にキャリアラダーとして提示することができたとしても、そこに多くの人たちを包含するような仕組みとして機能していくだけの人的・物的コストは、例えば本書で所収の医療や保育の分野に比べても、膨大なものとなってしまうだろう。

細分化し、きめ細かな消費者へのニーズを追求する＝新たなビジネスチャンスの開拓によって、企業は生き残りを図る。こういった企業における市場への働きかけに伴って現出している非典型雇用従事者への対応策が、キャリアラダーの提供とはまた別に必要とされているのである。市場原理に任せることでは大きな問題が生じたことに対する反省として、キャリアラダー戦略がとられた。この戦略の持つ意義を踏まえながらも、しかしこの戦略の守備範囲を見極めつつ別の方策も考えなくてはならないという、二重の課題に私たちは直面しているのである。

## 生に対する労働の位置づけの再考に向けて

オーターの指摘を踏まえながら、私たちは「キャリアラダー」なき就業支援策が抱える欺瞞から目を醒ましつつ、キャリアラダー戦略では状況が打開できないタイプの労働に対し、いかなるキャリアデザインを構想することができるかを検討しなければいけないことを述べてきた。さらにいうならば、キャリアラダーでは対応が困難な非典型雇用の拡大とそれに伴う問題は、生きていくうえで必要とされるニーズの充足に市場を介して労働が対応していくことがもたらしている事態であることを私たちに提示しているともいえるのである。それはすなわち、労働することが私たちの生きる営み全般を覆っていく状況のなかで、生きていくことにとっての労働の位置づけを改めて見つめ直すことを要請していることを意味する。この点について最後に触れておこう。

私たちが生きていくうえで必要とするニーズを追求し充足する営みとして、市場を介した商品の売買を発達させることで社会は成熟してきた。この市場経済に対して、私たちは労働力を提供し生計を立てるというあり方を作り上げてきたのであり、メリトクラシーが労働力の配置を正当化する原理として組み込まれてきた。こうすることで、労働する生を市場で商品という形態に変換し生計を立てる元手とすることを可能としてきたわけだ。しかし皮肉にも、生きることに関する普遍性の追求を志向した市場に対応すべく商品化した労働が私たちの生活に深く入り込むほどに、商品化した労働によって得られる収入では生計を立てることが困難な状況がもたらされているのである。

脱商品化した労働のオルタナティブとして家族が代替することになれば、それがもたらす事態とはペアレントクラシーが支持される社会となることを先に指摘したが、無論、私たちは生活者であることをそのまま消費者として等値することができない。もし、この世で生活する者はみな消費者であるとするならば、生活に必要な糧は全て市場を通じて購入しなくてはならないことになるからだ。とするならば、市場を通じた労働の商品化の話としても、家庭の資源や嗜好に委ねる話どちらにも回収不能な事態がもたらされていることを、私たちは真剣に問うてみなくてはならない。

キャリアラダーが処方箋とはなりがたい職に従事する人たちばかりでなく、生きていくためには商品化した労働を経由しなければ成立不能であるのか、あるいは生まれた家庭の資本状態に委ねることになるのか、社会のあり方が問われているのである。このことこそ、保育というテーマを切り口として本稿が提起しておきたい論点なのである。

**註**

（1）日本における保育をめぐる実情および問題点については、塩崎美穂氏（お茶の水女子大学）から多くをご教示いただいた。氏からは、本書の訳文に関してもいろいろとアドバイスをくださっており、この場を借りて心より感謝申し上げたい。

（2）二〇〇七年八月二十日付、日本経済新聞「経済教室」というコラム所収の記事内より引用。

## 参考文献


阿部彩（二〇〇八）「日本における子育て世帯の貧困・相対的剥奪と社会政策」『子育てをめぐる社会政策――その機能と逆機能』社会政策学会誌第一九号、二一―四〇頁。

フィリップ・ブラウン「文化資源と社会的排除」A・H・ハルゼー他編、住田正樹他訳『教育社会学――第三のソリューション』九州大学出版会、二〇〇五年。

本田由紀（二〇〇八）『「家庭教育」の隘路――子育てに強迫される母親たち』勁草書房。

大沢真理（二〇〇八）「子育てをめぐる社会政策――その機能と逆機能」『社会政策学会誌』第一九号、三―二〇頁。

白波瀬佐和子（二〇〇八）「子どものいる世帯の経済格差に関する国際比較」『子育てをめぐる社会政策――その機能と逆機能』社会政策学会誌第一九号、三―二〇頁。

天童睦子編（二〇〇四）『育児戦略の社会学――育児雑誌の変容と再生産』世界思想社。

# 訳者あとがき

まえがきでも触れたように、私が原書を手にしたきっかけは、洋書の新刊案内だった。まとまった時間を確保してじっくり原書に取り組んだときの「これは！の直感は間違っていなかった」という確信、うまく言語化できないが何かがそこにあるという確信は、いまにして思えば、日本の就業支援政策とそれを対象とする諸言説（研究やマスコミ報道など）に対する「これでいいのか？」という疑問・不満から先に進むさいの、一つの方向性であった。

訳出は、筒井が第1、4章、5章、阿部が第2章、居郷が第3章、と担当した。何度も相互チェックに努めたが、誤訳や不充分な箇所があろう。それら全ては監訳の役割を担った筒井の責任である。ご教示戴ければ幸いである。

本書の出版までには、実に多くの方々のお世話になった。まずは、フィッツジェラルド氏。「質問があります！」という突然のメールに、「よかったらボストンにいらっしゃい。私がインタビューした労働力媒介機関に、直接あなたたちが行けるようにコーディネートするから」。義理があるわけでもない見知らぬ私たちのために、あちこち連絡をとって下さった。名もない「ぺえぺえ」の私たちの手による翻訳も、快諾して下さった。本当に心から感謝申し上げたい。氏は「誠意を尽くし、ベストを尽くせば道は開ける」という私たちの信条を強めてくれた。「ぺえぺえ」といえば、「頭と後ろに解説論文・論点提起の付いた翻訳書」というこの持ち込み企画を受けて下さったのは、勁草書房の松野菜穂子氏である。草稿段階でも、直訳調の箇所や一般的ではないカタカナ語などを丁寧にチェックして頂いた。

私たちが訪問した、ジャマイカ・プレイン地域開発会社（ＪＰＮＤＣ）のみなさんは、ＮＰＯが抱える諸問題や各自の胸のうちを率直に語って下さった（「ノースイースタン大学は、口は出すけど金は出さない」もそのうちの一つである）。また、そのあとヌリアさんたちは、連携先のロクスベリー・コミュニティ・カレッジとヌリアさんのオフィスがあるMission Worksを案内して下さった。この組織は、本書第2章で出てくる、ボストンのメディカル・エリアで清掃員や配膳係、看護助手として働く人びとが住む地域の中に建つ、地域支援のＮＰＯである。強い日差しの中、この地域を歩いていると、慎ましやかな家々から、エスニック・フードのにおいが漂ってくる。それが大通りを一本わたると、いきなり無機的な高層ビル、ビル、ビル…メディカル・エリアである。「いまのＮＰＯで働いていたんじゃ、私と夫は食べていけない」。別れ際の大通りでヌリアさんはこうつぶやいた。

実はボストン滞在の前に、私たちは中西部にいた。いきなり「本番」ではきついだろう、肩ならしが必要だ——オハイオ州在住の友人、マーラ・ウッド氏（セント・ポール教会、信徒ディレクター）に連絡をとると、ホスピスとして働く友人のマイク・ショーブ牧師や、病院時代の元上司のジョン牧師、彼女が勤める教会の信徒の一人、リッチ・オーウェンス氏（まえがきで登場）とのインタビューをセッティングしてくれた。それだけではなく、買ったばかりというマイホームに数日やっかいになり、移動には車を出してくれた。もう一度、You are the BEST! と伝えたい。

ところでそもそも、二〇〇七年の夏にアメリカを訪れることができたのは、広田照幸氏（日本大学）が、科研費研究から資金を出して下さったからである。「どこか行きたい人は手ぇ挙げて（メールせよ、の意味）」。英語もあんまりできないし、最初は誰か「偉い」先生について行って——でもそんな時間は私にはないし——「えいやあ」で手を挙げた。そうしてよかった。研究というかたちでは初めて海外に行く私たちに、「えいやあ」で資金を出して下さった広田氏に感謝申し上げる（本書は、平成一八〜二〇年度日本学術振興会科学研究費補助金基盤研究（Ｂ）「グローバル化・ポスト産業化社会における教育社会学の理論的基盤の再構築に関する研究」（研究代表者：広田照幸、課題番号18830176）による研究成果の一部である。また本書は、平成二〇年度京都女子大学出版助成（経費の一部助成）も受けた）。

もちろん、勢いだけでは駄目である。やはり英語が通じなくては。アメリカ福音ルーテル教会から、信徒宣教師として東京に滞在中のパメラ・サーセン氏は、短期集中のレッスンをつけて下さった。彼女の辛抱強い導きのお陰で、私たちの英語はだいぶん改善された（だとよいのだが）。

アメリカ訪問の前、上記の科研費研究会と日本労働社会学会の定例研究会で、本書について発表する機会を戴いた。感謝申し上げる。「こういうふうに読み込みを示すと、こういうふうに反応がくるのか」——周到な議論にはまだほど遠いことを痛感させられた。貴重なコメントを無駄にしないよう、もっと考えを詰めねば、と。もっともその気持ちは、日本一時脱出の嬉しさとさまざまな体験の新鮮さのあまり、しばらくは忘れてしまっていたのだが。

九月一日、ハイになって帰国し、訳者まえがきや論点提起に向けて作成したレジュメを、白川優治氏（千葉大学）に読んで頂いた。極めて有益なコメントを戴いたものの、その後の作業はなかなか進まなかった。これだけをやっていたわけじゃないから——言い訳以外の何物でもないのだが、そのために、第三次草稿（なんとかまともになったバージョン）をコメントして下さる方にお渡ししたのが入稿の三週間前と、大変ご迷惑をおかけしてしまった。私たちの至らなさにもかかわらず、五人の方々は、本当に丁寧にコメントを下さった。労働社会学者の中囿桐代氏（釧路公立大学）は、母子家庭支援の実証研究にもかかわっておられ、特に第2章と第4章に貴重なコメントを寄せられた。本田由紀氏（東京大学）は、話の筋の甘いところを容赦なく指摘された。アメリカの高等教育がご専門の林未央氏（元東京大学学術研究支援員）は、つい羅列に見えがちなさまざまな制度の背景と、「これでも分かるが論理がやや飛躍」の箇所について教示された。塩崎美穂氏（お茶の水女子大学）は、日米欧の保育の現状を、その背後にある保育思想から照らし出しつつ解説され、定訳のない言葉の訳出にもアイデアを寄せられた。平井秀幸氏（日本学術振興会）は、キャリアラダー戦略自体を相対化するメタレベルの指摘に加えて、「こう書いた方がベター」という修辞上のアドバイスもされた。これら五人の方々のお力添えがなかったら、本書は完成していない。共著という言葉の本当の意味で、本書はこれら五人の方々と私たちの共著である。どんなに感謝しても感謝してもしきれない。なお、東京大学大学院の米澤旦氏には、原著参考文献の、邦訳の有無をチェックして戴いた。「チェックしたら、この文献はタイトルから or が抜けているようです」――極めて緻密な仕事ぶりに、記して感謝を申し上げる。

本書が、私たちの尊厳ある生活と学びと労働のあり方、それに関する政策について、議論と（広義の）運動を活発化することができれば、私たち三人にとって望外の喜びである。私たち三人はまた、櫻井純理氏（大阪地方自治研究センター）、本田由紀氏（東京大学）、堀有喜衣氏（労働政策研究・研修機構）とともに、「市場化・分権化時代の就業支援政策の有意味性と公共性に関する教育・労働社会学的研究」（研究代表・筒井美紀）と題する科研費研究として、次なる課題に取り組み始めたところである。

二〇〇八年　新緑に心洗れたる京都にて

訳者を代表して　筒井　美紀

本田由紀　「家庭教育」の隘路　子育てに強迫される母親たち　四六判　二一〇〇円
本田由紀 編　女性の就業と親子関係　母親たちの階層戦略　A5判　三一五五円
浅野智彦 編　検証・若者の変貌　失われた10年の後に　四六判　二五二〇円
上野千鶴子 編　脱アイデンティティ　四六判　二六二五円
上野千鶴子 編　構築主義とは何か　四六判　二九四〇円
崎山治男　「心の時代」と自己　感情社会学の視座　A5判　四〇九五円
岩村暢子　変わる家族　変わる食卓　真実に破壊されるマーケティング常識　四六判　一八九〇円
小杉礼子 編　フリーターとニート　四六判　一九九五円
小杉礼子　フリーターという生き方　四六判　二一〇〇円
安田　雪　働きたいのに…高校生就職難の社会構造　四六判　二五二〇円
三井さよ　ケアの社会学　臨床現場との対話　四六判　二七三〇円
大岡頼光　なぜ老人を介護するのか　スウェーデンと日本の家と死生観　四六判　二九四〇円
金野美奈子　OLの創造　意味世界としてのジェンダー　四六判　二五二〇円

＊表示価格は二〇〇八年一二月現在。消費税は含まれております。

キャリアラダーとは何か　アメリカにおける地域と企業の戦略転換

2008年 9月17日　第1版第1刷発行
2008年12月10日　第1版第2刷発行

著　者　ジョーン・フィッツジェラルド

訳　者　筒　井　美　紀
阿　部　真　大
居　郷　至　伸

発行者　井　村　寿　人

発行所　株式会社　勁《けい》　草《そう》　書　房
112-0005　東京都文京区水道2-1-1　振替　00150-2-175253
（編集）電話 03-3815-5277／FAX 03-3814-6968
（営業）電話 03-3814-6861／FAX 03-3814-6854
理想社・青木製本



ISBN 978-4-326-60215-5　Printed in Japan

**原著者略歴**

ジョーン・フィッツジェラルド（Joan Fitzgerald）

ノースイースタン大学（ボストン）の社会学教授、法律・政策・社会プログラム（大学院）のディレクター。専門は都市経済開発と労働力開発、持続可能な都市計画、地球環境に配慮した経済開発。著書に *Economic Revitalization: Cases and Strategies for City and Suburb*（Nancy Leigh との共著、2002年）があり、研究雑誌に多数の論文を発表。現在は新著 *Emerald Cities: Linking Climate Change and Economic Development*（Oxford University Press）に向けての研究と執筆に取り組んでいる。

**訳者略歴**

筒井美紀（つつい　みき）

1968年生まれ

2002年　東京大学大学院教育学研究科博士課程単位取得退学／博士（教育学）

現　在　京都女子大学現代社会学部　准教授

主　著『高卒労働市場の変貌と高校進路指導・就職斡旋における構造と認識の不一致――高卒就職を切り拓く』（東洋館出版社、2006 年。本書にて、日本労働社会学会　第 3 回学会奨励賞、日本教育社会学会　第 2 回学会奨励賞を受賞）、「企業による新規高卒者の位置づけはなぜ・どのように変動するのか？」労働政策研究・研修機構『「日本的高卒就職システム」の変容と模索』（2008 年）、『リーディングス　日本の教育と社会』第 19 巻（共編著、日本図書センター、近刊）

阿部真大（あべ　まさひろ）

1976年生まれ

2007年　東京大学大学院人文社会系研究科博士課程単位取得退学

現　在　学習院大学・東京女子大学・駒澤大学　非常勤講師

主　著『搾取される若者たち　バイク便ライダーは見た！』（集英社、2006 年）、『働きすぎる若者たち　「自分探し」の果てに』（NHK 出版、2007 年）、『合コンの社会学』（共著、光文社、2007 年）

居郷至伸（いごう　よしのぶ）

1974年生まれ

2008年　東京大学大学院教育学研究科博士課程単位取得退学

現　在　横浜国立大学大学教育総合センター特任教員（講師）

主論文「キャリア形成なき能力育成のメカニズム――コンビニエンス・ストアにおける非正規従業員を事例として」『教育社会学研究』（東洋館出版社、2004 年）、「救いはコミュニケーション「能力」にあるのか？――コンビニエンス・ストア従業員の要員管理に着目して」『ソシオロゴス』（ソシオロゴス編集委員会、2005 年）、「コンビニエンスストア――便利なシステムを下支えする擬似自営業者たち」『若者の労働と生活世界』（共著、大月書店、2007 年）

# 索　引

（各項目を主に扱っている頁を示す。なお、翻訳書であることに鑑み、必要に応じ加除修正を行った）

**【あ行】**

IBM, 12
アウトソーシング／外注　Outsourcing, 4, 12, 127, 183
新しい心理的契約　New psychological contract, 13–14, 174
アップル・ヘルスケア　Apple Health Care, 48–49, 69, 73, 172
アニー・E・ケイシー財団　Annie E. Casey Foundation, 135, 137–139, 157
アネット・バーンハート　Bernhardt, Annette, 10, 29–30, *9*
アンナ・スメビー　Smeby, Anna, 107
いつクビになるか分からない雇用　Precarious employment, 11–17, 25, 191
イニシアチブ［州民発案］Initiative, マサチューセッツ州の—— →「マサチューセッツ老人ホーム品質イニシアチブ」参照、ワシントン州の——, 102–104, ジョージア州の——, 111
イリノイ製造業者連盟　Illinois Manufacturers Association, 140, 156
医療研究所　Institute of Medicine, 41
衣料産業開発会社　Garment Industry Development Corporation, 128
医療補助職機構　Paraprofessional Healthcare Institute（PHI）, 46, 67, 73, 179, 192
ウィスコンシン製造拡張パートナーシップ　Wisconsin Manufacturing Extension Partnership（WMEP）, 131
ウィスコンシン戦略センター　Center on Wisconsin Strategy（COWS）, 130
ウィスコンシン地域訓練パートナーシップ　Wisconsin Regional Training Partnership（WRTP）, 129–139, 154, 156–157, 159, 161, 172, 178, 180
ウィリアム・ヒューレット　Hewlett, William, 15
ウィリー・ブラウン　Brown, Willy, 106
ウェルフェア・トゥ・ワーク（福祉から労働へ）　Welfare-to-Work, 26, 53, 62, 71, 104
AFSCME 1199C 訓練向上基金　AFSCME 1199 C Training and Upgrading Fund, 53–56, 67, 70–71, 75–77, 180, 182
AT&T, 15
エリック・パーカー　Parker, Eric, 130–131, 133, 137, 139, 162, *12*
エリのチーズケーキ社　Eli's Cheesecake, 152–154
エンプロイヤビリティ　Employability, 14, 134, 143, 191
応責性　Accountability, 144, 146, 163, 174–176, 190
応用科学準学士　Associate in Applied Science（AAS）, 190

**【か行】**

介助者協議会　Personal Assistance Service Council, 43
拡張された医療・介護キャリアラダー・イニシアチブ　Extended Care Career Ladder Initiative（ECCLI）, 49, 67–68, 72, 172
家族・教育税徴収　Family Education Levy, 104
カリーグ・イン・ケアリング　Colleagues in Caring, 57–59, 70, 72, 190
カリフォルニア州・小児家庭委員会　California's State Children and Families Commission, 107
カロライン・ヴァンス　Vance, Caroline, 105–106
看護キャリアラダー　Ladders in Nursing Careers（L.I.N.C.）, 56–57
看護教育協議会　Council of Nursing Edu-

cation, 58
看護助手全国ネットワーク　National Network of Career Nursing Assistants, 37, 47
希望と生涯学習税控除　Hope and Lifetime Learning Tax Credit, 191
キム・クック　Cook, Kim, 99
キャサリン・ストーン　Stone, Katherine, 13–14, 30, *12*
キャリアラダー　Career ladder, 1–32
競争力あるインナー・シティのためのミルウォーキー・イニシアチブ　Initiative for a Competitive Inner City (ICIC), 135–139, 157
共同キャリア開発委員会　Joint Career Development Committee, 60
クック郡行政委員会　Cook County Board of Commissioners, 140
グレイ・デービス　Davis, Gray, 105
グレッグ・ダンカン　Duncan, Greg, 10–11, 30, *10*
経済機会機構　Economic Opportunity Institute (EOI), 99, 104, 116, 181, 192
ケープコッド病院　Cape Cod Hospital, 59–62, 70, 72–73, 182, ――ヘルスケア 62, 73
広域ミルウォーキー委員会　Greater Milwaukee Committee, 135–136, 139
高校卒業程度認定証書　General Equivalency Diploma (GED), 35, 65–66, 77, 100–101, 134
厚生省医療保険財政管理局　Health Care Financing Agency (HCFA), 37, 76
公正労働基準法　Fair Labor Standards Act, 181
公認看護助手　Certified Nurse Assistant (CNA), 47, 76, 171
高齢者ケアの改善のための連合　Coalition to Reform Elder Care (CORE), 50
国立衛生研究所　National Institutes of Health (NIH), 83
国立小児発達研究所　National Institute of Child Health and Human Development (NICHD), 83
コミュニティ・ベースの組織　Community-based Organization (CBO), 22

**【さ行】**

財産税収増加資金調達　Tax Increment Financing (TIF), 158–159, 163
最低賃金　Minimum wage, 44, 79, 91, 106, 177, 181
サービス従業員国際労働組合　Service Employees International Union (SEIU), 41–43, 60–61, 99, 116, 182
財政収支均衡法　Balanced Budget Act, 38
サラ・グリフィン　Griffin, Sarah, 62–65, 70–71, 77, *10*
シアトル・保育士にふさわしい賃金　Seattle Worthy Wages for Child Care Teachers, 99
実地講習　Demonstration, 26, 67–68, 73–74, 132, 185–186
児童発達機構　Child Development Associate (CDA), 88, 90, 96, 100–101, 112–113, 118, 173
ジェフリー・キーフェ　Keefe, Jeffrey, 15–16, 30, *9*
ジェーン・アダムス・リソース社　Jane Addams Resource Corporation (JARC), 22, 128, 150
シカゴ労働力委員会　Chicago Workforce Committee, 146, 148, 152, 159
シカゴ労働連盟　Chicago Federation of Labor (CFL), 140–154, 156–157, 162, *9*
シカゴ労働連盟サービス従業員国際組合　Chicago Federation of Labor Service Employees International Union, 149
ジャマイカ・プレイン地区開発会社　Jamaica Plain Neighborhood Development Corporation (JPNDC), 62–65
就学準備室　Office of School Readiness (OSR), 111–112, *10*
自由裁量（雇用主の――）　Latitude, 17–21
終身雇用　Life long employment, 11

准看護師　Licensed Practical Nurse (LPN), 35, 172
ジョエル・ロジャーズ　Rogers, Joel, 130, 137, 162, *12*
職業訓練パートナーシップ法　Job Training Partnership Act, 5–6, 134
職務記述書　Job description, 11, 28, 52, 65, 128, 147, 155, 170, 173
職務納得　Job satisfaction, 20, 28, 31, 40–41, 70, 94
女性教育・産業組合　Women's Education and Industrial Union, 52
女性政策研究所　Institute for Women's Policy Research (IWPR), 116
ジョセフ・カブラル　Cabral, Joseph, 65, 71, 171
所得動態パネル調査　Panel Study of Income Dynamics (PSID), 10
ジョン・バーバンク　Burbank, John, 99, 104, 106
ジョン・レデラー　Lederer, John, 189, *11*
シーラ・ノーマン　Norman, Sheila, 93
人的資源サービス局　Department of Human Services (DHS), 106
進歩的ラテン系アメリカ人協会　Instituto del Progresso Latino, 140, 150, 187
スーザン・C・イートン　Eaton, Susan C., 38, 76, *10*
スザンヌ・ゴードン　Gordon, Suzanne, 39
スージー・ブロドフ　Brodof, Suzi, 91, 119
スティーブ・ドーソン　Dawson, Steve, 27, 31, 46, 71, 73, *9*
スティーブン・ローズ　Rose, Stephen, 17, 31, *9*
「全ての子供の就学前教育を、の実現に向けて」法　Act for Establishing Early Education for All, 116
スマートスタート　Smart Start, 89, 118
スー・ラッセル　Russell, Sue, 86–87, 118
正看護師　Registered Nurse (RN), 36, 172
成人教育と雇用主へのアウトリーチ　Adult Education and Employer Outreach, 189
成人・経験学習協議会　Council for Adult and Experiential Learning (CAEL), 185–186
製造キャリアパス・パイロット　Manufacturing Career Path Pilot, 146, 173
製パン・菓子製造・タバコ・製粉組合　Bakery, Confectionery, Tobacco and Grainmillers Union, 149
セクター別戦略　Sectoral strategy, 127–130
接続　Articulation, 57–59, 72, 92, 116, 190
ゼル・ミラー　Miller, Zell, 111
全国学術研究会議　National Research Council, 82, 117
全国労働関係委員会　National Labor Relations Board (NLR), 77
先任権制度　Seniority, 11, 13, 16, 31, 59, 132
全米運輸労働者組合　Transportation Workers of America, 22
全米科学アカデミー　National Academy of Sciences, 41
全米金属加工技術機構　National Institute of Metalworking Skills (NIMS), 142, 147, 161, 173
全米州・郡・市職員同盟　American Federation of State, County, and Municipal Employees (AFSCME), 42, 53
全米女性法律センター　National Women's Law Center, 84
全米製造業者連盟　National Association of Manufacturing, 124
全米セクター間パートナー・ネットワーク　National Network of Sectoral Partnership, 162, 174
全米トラック運転手組合　Teamsters, 151
全米保育情報センター　National Child Care Information Center, 81
全米ユダヤ人女性協議会　National Council of Jewish Women, 94
全米幼児教育協会　National Association for the Education of Young Children (NAEYC), 82, 93, 95

全米幼児プログラム・アカデミー　National Academy of Early Childhood Programs, 82
全米労働総同盟産別会議　AFL-CIO, 130
綜合的雇用訓練支援　Comprehensive Employment Training Assistance, 5
測定　Measurement, 162, 174–176
「尊厳のある加齢」法　Aging with Dignity Act, 44

**【た行】**

対人ケア　Direct care, 26–27, 34
第二言語としての英語教育　English as a Second Language (ESL), 23, 51, 65–66, 187
第二言語としての職業英語教育　Vocational English as a Second Language (VESL), 149, 151
ダウンサイジング／人員削減　Downsizing, 4, 12
脱政治化　Depoliticization, 177
ダン・スウィニー　Swinney, Dan, 144–146, 151, 163
地域製造業訓練連盟　Regional Manufacturing Training Alliance (RMTA), 22
賃金パススルー　Wage Pass Through, 49, 74–75
通用性　Portability, 18, 31, 72, 91, 128, 147
T.E.A.C.H.® Teacher Education and Compensation Helps Early Childhood®, 85–90, 102
デービス＝ベーコン法　Davis-Bacon Act, 177, 181, 194
徒弟制（制度）　Apprenticeship, 85, 90–92, 120–121, 131, 133, 145, 182
ドン・ターナー　Turner, Don, 145, 156

**【な行】**

ナイキ　Nike, 127
内部労働市場　Internal labor market, 4, 12, 18–19
ナース・プラクティショナー　Nurse Practitioner, 36, 72, 77
二重の顧客アプローチ　Dual customer approach, 130, 177
入職レベル製造スキル　Entry-Level Manufacturing Skills (ELMS), 132
入職レベルのスタッフにプラスしていく賃金増加分の基金　Wage Augmentation Funding for Entry-level Staff Plus (WAGES Plus), 93, 106–110, 113
乳児保育園　Pre-kindergarden, 110–112, 121
ニュー・バランス　New Balance, 127

**【は行】**

ハイロード　High road, 18, 32, 126–129, 134, 141–142, 154–156, 168–170
ハーバード事務・技術職員組合　Harvard Union of Clerical and Technical Workers, 64
バーバラ・トンプソン　Thompson, Barbara, 96, 119
バーバラ・バーグマン　Bergman, Barbara, 117
バーバラ・フランク　Frank, Barbara, 50, 67, 69
バリー・ブルーストーン　Bluestone, Barry, 8, 29, 31, *9*, *10*
ピーター・キャペリ　Cappelli, Peter, 15, 30–31, *9*
「非伝統的学生の成功」法　Non-Traditional Student Success Act, 191
ピート・ウィルソン　Wilson, Pete, 105, 114–115
ヒラリー・クリントン　Clinton, Hilary, 191
ビル・グラハム　Graham, Bill, 155
貧困家庭一時扶助　Temporary Assistance to Needy Families (TANF), 100
貧困レベル／ライン　Poverty line/level, 8, 11
VHA 保健財団　VHA Health Foundation, 22
フィル・ニューエンフェルト　Neuenfeld,

Phil, 130
フェンウェイ地域開発会社　Fenway Community Development Corporation, 63
不可欠な技能訓練の構築　Building Essential Skills Training（BEST), 195
フード・シカゴ　Food Chicago, 146, 148–154, 159, 161, 173–174
ブレスリン・センター　Breslin Center, 53–54, 56, 71
フレデリカ・ケイダー　Kaider, Friederica, 149
フロリアナ・トンプソン　Thompson, Floriana, 85, 87–89, 92
米軍児童発達プログラム　Military Child Development Program（MCDP), 95–98
米軍保育法　Military Child Care Act, 94
米国看護師協会　American Nurses Association, 39
米国教員連盟・教育フォーラム　American Federation of Teachers Education Forum, 93
ヘッドスタート　Head Start, 80, 90, 107, 111, 120
ベネット・ハリソン　Harrison, Bennett, 8, 12, 29–30, 193, *10*
ペル奨学金　Pell Grant, 191
ヘレン・ベイダー財団　Helen Bader Foundation, 135, 139, 157
保育サービス連盟　Child Care Service Association, 86
保育賃金制度　Child Care Wage $, 89–90
保育の質向上イニシアチブ　Quality Child Care Initiative（QCCI), 91–92
保育発達専門職徒弟制度　Apprenticeship for Child Development Specialists（ACDS), 90–91
保育労働力センター　Center for the Child Care Workforce, 93, 106, 116
保健維持機構　Health Maintenance Organization（HMO), 19
補償による定着と向上　Compensation and Retention Encourage Stability（CARES), 80, 93, 104–110, 114, 116
ボストン医療・研究訓練機構　Boston Health Care and Research Training Institute, 66, 73, 75
ボストン民間産業協議会　Boston Private Industry Council, 66
ボストン労働力開発イニシアチブ　Boston Workforce Development Initiative, 67
ホテル・レストラン従業員組合　Hotel Employees and Restaurant Employees Union, 182
ボブ・ギンズバーグ　Ginsburg, Bob, 129, 146–147, 155, 163
ホームヘルパー協同組合協会　Cooperative Home Care Associates（CHCA), 44–46, 71, 179

**【ま行】**

マイク・カスプルザック　Kasprzak, Mike, 103
マサチューセッツ医療政策会議　Massachusetts Health Policy Forum, 37
マサチューセッツ老人ホーム品質イニシアチブ［州民発案］　Massachusetts Nursing Home Quality Initiative, 49, 179, 192
マーシー・ホワイトブック　Whitebook, Marcy, 106, *13*
マンパワー開発訓練支援　Manpower Development Training Assistance, 5
見習いを終えたばかりの保育士　Journeyman, 91, 121
未来への架け橋　Bridge to the Future, 62–68, 70–71, 172
未来への職業　Jobs for the Future, 185
メディケア　MEDICARE, 34, 38, 40, 74, 77
メディケイド　MEDICADE, 34, 38, 43, 77

**【や行】**

UPS 宅急便　United Parcel Service, 20
幼児教育キャリア開発ラダー　Early Childhood Education Career Development Ladder, 100–104, 183, 192

幼児教育のキャリア・賃金ラダー　Early Childhood Education Career and Wage Ladder, 99
履修証明書　Certificate, 22, 32, 59, 70, 74, 85, 96, 112–113, 132, 140, 190
履修証明プログラム　Certificate program, 140, 159–160, 187–188, 190

**【ら行】**

リストラクチュアリング　Restructuring, 18–19
リチャード・M・デイリー　Daley, Richard M., 151, 160–161
リチャード・フリーマン　Freeman, Richard, 9, 29, *10*
リック・サーピン　Surpin, Rick, 27, 31, 45, 71, *9*
リビング・ウェイジ　Living wage, 9, 31, 41, 44, 76, 92, 106, 119–120, 179–181, 183, 193
リーボック　Reebok, 127
リーン生産方式　Lean production system, 151, 155
連邦均衡予算法　Federal Balanced Budget Refinement Act, 74
連邦失業税法（の改正）（Amendment to）Federal Unemployment Tax Account, 185
連邦職業訓練助成金　Federal job-training funds, 132, 158
労働組合　Union, ――の衰退 8–9, 12–13, ――と政策 17, 労働力媒介機関としての―― 22, 177, ――とキャリアラダー・プログラム 3, ――とニューエコノミーにおけるアジェンダ, 182–183
労働とコミュニティ開発センター　Center on Work and Community Development (CWCD), 129, 146
労働とコミュニティ研究センター　Center for Labor and Community Research (CLCR), 140–154, 156, 162, 174, *9*
労働力投資法　Workforce Investment Act, 5, 145, 184–186, 189, 195
労働力媒介機関　Workforce intermediary, 6, 21–23, 176–180
ローズマリー・バット　Batt, Rosemary, 15–16, 30, *9*
ロバート・ウッド・ジョンソン財団　Robert Wood Johnson Foundation, 56–57
ローロード　Low road, 18, 32, 126–127, 134, 168

**【わ行】**

ワークキーズ　WorkKeys, 142
ワーク・シカゴ　Work Chicago, 140–146
ワンストップ・センター　One-stop center, 5, 174, 177–178

# 原著主要参考文献

(邦訳のあるものはそれを記しておいた)


Ballantine, John W., and Ronald F. Fergusen. 2003. "Plastic Manufacturers: How Competitive Strategies and Technology Decisions Transformed Jobs and Increased Pay Disparity among Rank-and-File Workers." In *Low-Wage America: How Employers Are Reshaping Opportunity in the Workplace*, ed. Eileen Applebaum, Annette Bernhardt, and Richard Murnane, 195–228. New York: Russell Sage Foundation.

Bartlett, D., and J. B. Steele. 1998. "Corporate Welfare, Part One." *Time*, November 8, 9, 16, 23, 30, 38.

Batt, Rosemary, and Jeffrey Keefe. 1998. "Human Resource and Employment Practices in Telecommunications Services, 1980–1998." In *Employment Practices and Business Strategy*, ed. Peter Cappelli, 107–152. Oxford: Oxford University Press.

Bernhardt, Annette, Martina Morris, Mark S. Handcock, and Marc A. Scott. 2001. *Divergent Paths: Economic Mobility in the New American Labor Market*. 2001. New York: Russell Sage Foundation.

Bluestone, Barry, and Stephen Rose. 1997. "Overworked and Underemployed." *American Prospect* 8(3): 58–69.

Bowers, Barbara, and Marian Becker. 1992. "Nurse's Aides in Nursing Homes: The Relationship between Organization and Quality." *Gerontologist* 32: 360–366.

Bureau of Labor Statistics. 2000. *National Occupational Employment and Wage Estimates*. Washington, D. C.: Bureau of Labor Statistics. http://www.bls.gov/oes/2000/oessrci.htm.

Campbell, Nancy D., Judith C. Appelbaum, Karin Martinson, and Emily Martin. 2000. *Be All That We Can Be: Lessons from the Military for Improving Our Nation's Child Care*. Washington, D. C.: National Women's Law Center.

Cappelli, Peter, 1999, *The New Deal at Work*. Cambridge, Mass.: Harvard Business School Press. 若山由美訳（2001）『雇用の未来』、日本経済新聞社。

Chicago Federation of Labor and Center for Labor and Community Research. 2001. *Creating a Career Path System in Cook County*. Chicago: Chicago Federation of Labor and Center for Labor and Community Research.

Children's Defense Fund. 2001. *Child Care Basics*, http://www.childrensdefense.org/earlychildhood/childcare/basics.asp.

Danziger, Sheldon, and Peter Gottschalk, eds. 1994. *Uneven Tides: Rising Inequality in America*. New York: Russell Sage Foundation.

Dawson, Steven L., and Rick Surpin. 2001. "Direct-Care Healthcare Workers; You Get What You Pay For." *Workforce Issues in a Changing Society*. Washington, D. C.: Aspen Institute.

Devaney, Barbara L., Marilyn R. Ellwood, and John M. Love. 1997. "Programs That Mitigate the Effects of Poverty on Children." *Children and Poverty* 7(2): 88–112.

Duscha, Steve. 2002. *Jobs after Training: The Report Card for California*. Sacramento: Steve Duscha Advisories.

Duncan, Greg, Johanne Boisjoly, and Timothy M. Smeeding. 1995. *Slow Motion: Economic Mobility of Young Workers in the 1970s and 1980s*. Syracuse, N. Y.: Center for Policy Research, Maxwell School of Citizenship and Public Affairs, Syracuse University.

Eaton, Susan C., and Lotte Bailyn. 2000. "Careers as Life Paths in Firms of the Future." In *Career Frontiers: New Conceptions of Working Lives*, ed. Maury Peiperl, Michael B. Arthur, Rob Goffee, and Tim Morris, 177–198. Oxford: Oxford University Press.

Fingleton, Eamonn. 1999. *In Praise of Hard Industries*. Boston: Houghton Mifflin. 中村仁美訳（1999）『製造業が国を救う』、早川書房。

Fitzgerald, Joan. 2000. *Community Colleges as Labor Market Intermediaries: Building Career Ladders for Low-Wage Workers*. New York: Community Development Research Center, New School University.

——. 2002. "Retention Deficit Disorder." *City Limits* (April): 37–38.

Fitzgerald, Joan, and N. Leigh. 2002. *Economic Revitalization: Cases and Strategies for City and Suburb*. Thousand Oaks, Cal.: Sage.

Fitzgerald, Joan, and Wendy Patton. 1994. "Race, Job Training, and Economic Development: Barriers to Racial Equity in Program Planning." *The Review of Black Political Economy* 23: 93–112.

Frazis, Harley J., Mauray Gittleman, and Mary Joyce. 2000. "Correlates of Training: An Analysis Using Both Employer and Employee Characteristics." *Industrial and Labor Relations Review* 53: 443–462.

Freeman, Richard B. 1996. "Labor Market Institutions and Earnings Inequality." *New England Economic Review* (May-June): 157–168.

Gallagher, James, Jenna Clayton, and Sarah Heinemeier. 2001. *Education for Four-Year-Olds: State Initiatives — Technical Report No. 2*. Chapel Hill: University of North Carolina, National Center for Early Development and Learning.

Georgia Office of School Readiness. 2002–2003. *Georgia Pre-K Program Guidelines*. http://www.decal.state.ga.us/prek/prekguidelines.html.

Griffen, Sarah. 2001. *Bridges to the Future First Year Report*. Boston: Jamaica Plain Neighborhood Development Corporation.

Harrison, Bennett. 1994. *Lean and Mean*. New York: Basic Books.

Harrison, Bennett, and Barry Bluestone. 1988. *The Great U-Turn*. New York: Basic Books.

Harrison, Bennett, and S. Kantor. 1978. "The political economy of state job-creation business incentives." *Journal of the American Institute of Planners* 44(2): 424–435.

Jenkins, Davis. 2003. *The Potential of Community Colleges as Bridge to Opportunity for the Disadvantaged : Can It Be Achieved on a Large Scale?* Paper presented at the Seminar on Access and Equality, Community College Research Center, Teachers College, Columbia University.

Jenkins, Davis, and Nik Theodore. 1997. *Hiring Needs and Practices of Chicago Manufacturer.* Chicago : Great Cities Institute, University of Illinois at Chicago.

Karoly, Lynn A. 1993. "The Trend in Inequality among Families, Individuals, and Workers in the United States : A Twenty-Five-Year Perspective." In *Uneven Tides : Rising Inequality in America*, ed. Sheldon Danzinger and Peter Gottschalk, 19–98. New York : Russell Sage Foundation.

Katz, Lawrence, and Kevin Murphy. 1992. "Changes in Relative Wages, 1963–87 : The Role of Supply and Demand Factors." *Quarterly Journal of Economics* 107 : 35–78.

Kazis, Richard. 2004. "Opportunity and Advancement for Low-Wage Workers : New Challenges, New Solutions." In *Low-Wage Workers in the New Economy*, ed. Richard Kazis and Marc Miller, 1–18. Washington, D. C. : Urban Institute Press.

Kuttner, Robert. 1997. *Everything for Sale.* New York : Knopf.

Laverty, Kassin, Alice Burton, Marcy Whitebook, and Dan Bellm. 2001. *Current Data on Child Care Salaries and Benefits in the United States.* Washington, D. C. : Center for the Child Care Workforce.

Lederer, John. 2002. *Broken Promises : Lifelong Learning, Community Colleges, and the Sad State of Incumbent Worker Training.* Seattle, Wash. : Shoreline Community College.

Leigh, Duane. 1989. *Assisting Displaced Workers.* Kalamazoo, Mich. : The W. E. Upjohn Institute for Employment Research.

Marano, Cindy, and Kirn Tarr. 2004. "The Workforce Intermediary : Profiling the Field of Practice and Its Challenges." In *Workforce Intermediaries for the Twenty-first Century*, ed. Robert Giloth, 93–123. Philadelphia : Temple University Press.

Mills, Jack, and Radha Roy Biswas. 2003. *State Financing Declines for Job Training : Need for Federal Funding Increases.* Boston : Jobs for the Future.

Mishel, Lawrence, Jared Bernstein, and Sylvia Allegretto. 2004. *The State of Working America, 2004–2005.* Ithaca, N. Y. : Cornell University Press.

Mitnik, Pablo A., Matthew Zeidenberg, and Laura Dresser. 2002. *Can Career Ladders Really Be a Way Out of Dead-End Jobs?: A Look at Job Structure and Upward Mobility in the Service Industries.* Madison : Center on Wisconsin Strategy, University of Wisconsin.

Moss, Philip, Harold Salzman, and Chris Tilly. 2000. "Limits to Market-Mediated Employment : From Deconstruction to Reconstruction of Internal Labor Markets." In *Non-Standard Work : The Nature and Challenges of Changing Employment Arrangements*, ed. Françoise Carré, Marianne A. Ferber, Lonnie Golden, and Steve Her-

tzenberg, 95–121. Champaign, Ill.: Industrial Relations Research Association.

Needleman, Jack, Peter I. Buerhaus, Soeren Mattke, Maureen Suewart, and Katya Zelevinsky. 2001. *Nurse Staffing and Patient Outcomes in Hospitals*. Boston: Harvard School of Public Health.

Neighborhood Capital Budget Group. 2002. "What Is TIFWORKS?" http://www.ncbg.org/tifs/tif_works.htm.

——. 2004. "How TIF Funds Are Spent in Chicago." http://www.ncbg.org/tifs/tif_spend.htm.

Osterman, Paul. 1993. "Why Don't They Work? Employment Patterns in a High Pressure Economy." *Social Science Research* 22 (2): 115–130.

Parker, Eric, and Joel Rogers. 2003. *Milwaukee Jobs Initiative: Five Years of Better Jobs*. http://www.cows.org/pdf/projects/mji/ov-accompshmts.pdf (accessed July 13, 2003).

Parker, Eric, and Joel Rogers. 1996. *The Wisconsin Regional Training Partnership: Lessons for National Policy*. Berkeley: University of California, Berkeley Institute of Industrial Relations.

Piore, Michael, and Charles F. Sabel. 1984. *The Second Industrial Divide: Possibilities for Prosperity*. New York: Basic Books. 山之内靖ほか訳（1993）『第二の産業分水嶺』、筑摩書房。

Reich, Robert. 1991. *The Work of Nations: Preparing Ourselves for 21st-Century Capitalism*. New York: Knopf. 中谷巌訳（1991）『ザ・ワーク・オブ・ネーションズ』、ダイヤモンド社。

Reynolds, Arthur J., Judy A. Temple, Dylan L. Robertson, and Emily A. Mann. 2001. "Long-Term Effects of an Early Childhood Intervention on Educational Achievement and Juvenile Arrest." *Journal of the American Medical Association* 285 (18): 2339–2346.

Salzman, Jeffrey, Susana Morales, and Aaron Dalton. 2003. "Statistical Picture of Participants in the Quality Child-Care Initiative: Apprentices, Journey Workers Sponsors." *Social Policy Research Association Final Report*. http://www.spra.com/pdf/Statistical_Picture_of_Participants_in_the_QCCI_1371b.pdf.

Seeley, J. 1999. *A Gray Area: Governor Stands in Way of Decent Wages for Health-Care Workers. LA Weekly*, October 8–14.

Silvestri, George T. 1993. "Occupational Employment: Wide Variations in Growth." *Monthly Labor Review* (November): 58–86.

Stone, Katherine V. W. 2001. "The New Psychological Contract: Implications of the Changing Workplace for Labor and Employment Law." *UCLA Law Review* 48: 519–661.

——. 2004. *From Widgets to Digits*. Cambridge: Cambridge University Press.

Twombly, Eric C., Maria D. Montilla, and Carol J. DeVita. 2001. *State Initiatives to Increase Compensation for Child Care Workers*. Washington, D. C.: Urban Institute.

U. S. Department of Health and Human Services. 2000. "New Statistics Show Only Small Percentage of Eligible Families Receive Child Care Help." Press release, December 6. http://www.acf.dhhs.gov/news/ccstudy2.htm.

U. S. General Accounting Office. 2000. *Child Care: State Efforts to Enforce Safety and Health Requirements*. January. http://www.mfrc-dodqol.org/pdffiles/gaostudy.pdf.

Vandell, Deborah Lowe, and Barbara Wolfe. 2000. *Child Care Quality: Does It Matter? and Does It Need to Be Improved?* Madison: University of Wisconsin-Madison, Institute for Research on Poverty.

Whitebook, Marcy, and Abby Eichberg. 2002. *Finding a Better Way: Defining and Assessing Public Policies to Improve Child Care Workforce Compensation*. Center for the Study of Childcare Employment. Paper 2002-002.

Whitebook, Marcy, Laura Sakai, Emily Gerber, and Carollee Howes. 2001. *Then and Now: Changes in Child Care Staffing, 1994–2000*. Washington, D. C.: Center for the Child-Care Workforce.

Wiener, Joshua M., and David G. Stevenson. 1997. *Long-Term Care for the Elderly and State Health Policy*. Washington, D. C: Urban Institute.

Wisconsin Regional Training Program. 2000. *Annual Report*. Milwaukee: Wisconsin Regional Training Program.

——. 2002. *Annual Report*. Milwaukee: Wisconsin Regional Training Program.